● 本书系教育部规划基金项目"人工智能赋能西部高校大学生在线学习体验提升研究"（项目批准号：22YJA880006）的阶段性成果。

● **本书合作者**（以下按照贡献大小排序）

李广平（厦门大学教育研究院博士生）

曹苤蕾（江西师范大学教育学院讲师）

贾文军（厦门大学教师发展中心博士生）

郭瀛霞（厦门大学党委宣传部干部）

阮　慷（厦门大学教师发展中心博士生）

王怡倩（厦门大学教师发展中心博士生）

吴　彬（浙江旅游职业学院教师）

唐舟赢（浙江师范大学教育学院辅导员）

黄玉珍（深圳市职工继续教育学院职工教育组负责人）

陈武元 等 ● 著

高等教育普及化背景下
我国高校人才培养
问题探析

厦门大学出版社
国家一级出版社
全国百佳图书出版单位
XIAMEN UNIVERSITY PRESS

图书在版编目（CIP）数据

高等教育普及化背景下我国高校人才培养问题探析 /
陈武元等著. -- 厦门：厦门大学出版社，2025.3.
ISBN 978-7-5615-9655-5

Ⅰ. G649.2

中国国家版本馆 CIP 数据核字第 20251LR237 号

责任编辑　曾妍妍
美术编辑　李嘉彬
技术编辑　朱　楷

出版发行　厦门大学出版社
社　　址　厦门市软件园二期望海路 39 号
邮政编码　361008
总　　机　0592-2181111　0592-2181406(传真)
营销中心　0592-2184458　0592-2181365
网　　址　http://www.xmupress.com
邮　　箱　xmup@xmupress.com
印　　刷　厦门市竞成印刷有限公司

开本　720 mm×1 020 mm　1/16
印张　19.75
插页　2
字数　305 千字
版次　2025 年 3 月第 1 版
印次　2025 年 3 月第 1 次印刷
定价　118.00 元

本书如有印装质量问题请直接寄承印厂调换

厦门大学出版社
微信二维码

厦门大学出版社
微博二维码

序　回归高等教育自身

　　宇宙是超循环的，生命是超循环的。尼采在《查拉图斯特拉如是说》中如是说："万物去了又来，存在之轮永远在转；花儿谢了又开，存在之光一直循环。万物分了又合，同一存在之屋不停自建；一切离了又聚，存在之环始终对自己忠实无欺。"2024 年 10 月 28 日下午 5 时左右，我正沉浸在这一经典语句的意境与欣赏中，突然接到陈武元教授从内蒙古海拉尔打来的电话，邀我为他的大作《高等教育普及化背景下我国高校人才培养问题探析》作序，并强调说"你让我给你写序，我没有完成；我让你写序，你必须得完成"。这话听起来有些"霸道"，却彰显了"写也得写、不写也得写"的情谊和诚意。发自肺腑地说，这么些年来，我早已习惯了这种"霸道"，同时也打心底喜欢这种"霸道"，更何况第一次有这么自信的学术兄长邀我写序！

　　过去，我写过两次序，第一次是给《东盟高等教育研究概说》写序，当时只是把发表过的《文献综述：学术创新的基石》(发表在《学位与研究生教育》2011年第 9 期)拿来凑数；第二次，我最早毕业的博士生将自己的硕士论文拓展为专著《共同体视域下大学与城市文化互动研究——以广西百色市大学与城市文化互动为例》，请我帮写一个序，说是为了增加书的"影响力"，我依然把发表过的《大学与城市互动发展的共同体逻辑》(发表在《北京教育(高教)》2021 年第 12 期)拿来凑数。我突然发现，别人往往是"先写序后发表"，而我则是"先发表再当序"。二者刚好反过来，虽不矛盾，却有异曲同工之妙。总之，我很少有机会写序，但有很多机会看别人写的序。这些年来，我深感不同的人写序的方式不同、用意也大相径庭,就算是同一个人给不同的人写序,也往往表现出不同的风格,目的也大为不同,或以序论事,或以序谈人,或以序言志,抑或还有其他。面对《高等教育普及化背景下我国高校人才培养问题探析》一书,我只想谈点"读后感",也"只能"谈点读后感。这部著作由陈武元教授学术团队发表的若干系列论文集结、拓展和整理而成,其中不少论文我以前拜读过,个别论文在写作过程中我还参与了讨论,这次重新读来,深感这些论文经由"重组创新"实现了"浴火重生",真正感受到了这些论文经由"概念化、原理化、逻辑化和系统化"之后产生的学术张力。至此,我突然发觉理想的学术也是超循环的,是分形与聚形之间的超循环,《高等教育普及化背景下我国高校人才培养问题探析》可谓"从分形到聚形"的产物,我们热切期待下一部"从聚形到分形"的"姊妹篇"。

与前两次写序"似而不同",这一次我只是也只能从发表过的文章中抽点观点来凑数。前不久,我和郭新伟联袂在《江苏高教》2024 年第 5 期发过一篇题为《高等教育高质量发展的"三个反思"》,其中一个反思就是"高等教育高质量发展高在何处"。我们认为,高等教育高质量发展,在根本上高就高在"高等教育自身"而非"高等教育条件",高就高在"高质量的人才培养"。具体而言,高质量人才培养既是高等教育高质量发展的元点或出发点,也是高等教育高质量发展的回归点或归宿。反观现实,我们的高等教育实践也好,高等教育研究也罢,多半聚焦于"高等教育条件"的高质量,没有将主要精力投入"高等教育自身"的建设上来。这些年来,我国高等教育领域的"211 工程""985 工程""2011 计划""111 计划"以及眼下加紧推进的"双一流"建设工程等,在很大程度上都反映了政府、社会和大学对"高等教育条件"的关注。重视"高等教育条件"建设固然没错,但我们必须明了:一流大学和一流学科建设必须服务于一流人才培养,一流大学和一流学科优势必须转化为人才培养优势,否则,形形色色的"工程计划"或"一流建设"就会如同豪华住宅无人居住,就只能是邬大光教授所言的"炫富的资本"或"装饰的摆设"。

着迷于物质属性的高等教育条件建设,不懂得将主要精力投入精神属性的高等教育自身的建设,无异于没有抓住高等教育高质量发展的主要矛盾,或者即便抓住了主要矛盾也无法抓住这些主要矛盾的主要方面。众所周知,高等教育条件是高等教育高质量发展的外因,高等教育自身的高质量才是高等教育高质量发展的内因。从终极关怀来看,高等教育高质量发展是高等教育自身的高质量发展,而非高等教育条件的高质量发展。高等教育条件的高质量发展固然重要,但如果只有高等教育条件的高质量发展而没有高等教育自身的高质量发展,那就是没有终极关怀的高等教育高质量发展,就是失去了灵魂的高等教育高质量发展。近些年来,我们的高等教育条件越来越好,高等教育自身的问题却未被妥善观照,我们必须回到高等教育自身,而回到高等教育自身就是要"回到高校人才培养"。仅从《高等教育普及化背景下我国高校人才培养问题探析》的书名足见,陈武元教授学术团队高度重视高校人才培养问题,倡导高等教育建设要回到高等教育自身,这实乃难能可贵。实事求是地说,在共同关注和重视高校人才培养这个问题上,我们事先绝对没有商量过,这种志同道合只能用"心有灵犀"或"英雄所见略同"来解释。

高校人才培养要立足教、教学中介和学三大基本要素以及它们之间的互动关系,即教师要在教上下功夫,尤其要在教学理念、教学内容、教学方法上下功夫;学生要在学上下功夫,尤其要在学习态度、学习方法和学习能力上下功夫;我们还要在课程建设上下功夫,打造一大批满足高质量人才培养需要的高水平课程。毋庸讳言,我们在这三个方面都投入不足。直观地看,学生发展的内生动力不足或缺失,可谓当今大学较为普遍的现象。事实上,不只是学生存在学习动力或发展动力不足的情况,教师也存在教学动力不足的问题。当今社会,不少的大学教师,其主要精力难以投到教学上,经常被各种指标裹挟着前行,尤其是以科研为核心的评价制度成为大学教师精力投入的指挥棒。要想激发学生发展的内生动力,必须超前激发教师教学及其发展的内生动力。教师教的动力或发展动力,在某种程度上能够感化和带动学生学的动力或发展动力。这也是为什么教师的学应走在教的前面,教师的教应走在学生学的前面。不过,教师的教学行为相对于学生发展而言仍然是一种外部驱动力,而非学生发展的内生动力。学生发展不能没有内生动力,这如同一颗种子之所以可以长成参天大树,除了良好的外部环境条件以外,在根本上还在于种子存有一种内在的向上生长的力量。鉴于此,我们一方面要为学生成长发展创造良好的环境,为学生成长发展提供一种特殊的"培养基";另一方面,我们还要从内部激发学生发展的自觉性和主动性,鼓励学生在自我管理和自主自觉发展中实现自我完善、自我否定、自我超越和自我再造。

高质量人才培养要向大学课程教学要质量,尤其要向真正的而非名不副实的"金课"讨质量。真正的"金课",意味着传授有良知的知识、推行有人文的科学、浇灌有思想的崇拜、渗透有独立的精神、谈论有真实的历史、宣扬有人性的政治;意味着从根本上清除"挂羊头卖狗肉"的课,杜绝基础课不基础、通识课不通识、专业课不专业、选修课不选修、理论课不理论、实践课不实践等诸如此类的问题;意味着打造一批高效的、长远的、务实的、学生体验深刻的课,一批讲究艺术、独具风格、充满智慧的课,一批扎实、丰实、充实、平实的课,一批既有知识生产又有智慧生成、既注重教学内容又兼顾教学方法、经典知识传授与反思质疑并进、现代反映论与后现代阐释学在其中共同起作用的课……最重要的是,真正坚持至真、至善、至美辩证统一的课,真正把促进学生个性发展、全面发展和辩证发展放在首位的课,真正激发学生学习兴趣和内生动力的课。真正的"金课"要求教师"带着责任与使命走进课堂,带着期望与理想走进课堂,带着喜悦与幸福走进课堂,带着热情与感染走进课堂,带着经纶与问题走进课堂,带着耕耘与播种走进课堂,带着感悟与觉醒走进课堂,带着智慧与生命走进课堂"(张楚廷)。真正的"金课"要求教师对于"宏观线索的勾勒,微观细节的阐述,逻辑分析的独白,讲解视角的转换,典型实例的穿插,恰到好处的板书,思想情感的交流,疑难问题的提示,人格力量的感染,理论境界的升华,所有这些必须是成竹在胸,水乳交融,挥洒自如,引人入胜"(孙正聿)。真正的"金课"要求教师扮演好多重角色,诸如知识的呈现者、对话的引导者、学习的指导者、学业的评价者、纪律的管理者、信息的重组者、智慧的开启者、事理的明白者、生活的理解者、生命的延拓者。真正的"金课"要求教师用自己的知识去丰实学生的知识,用自己的智慧去启迪学生的智慧,用自己的生活去点亮学生的生活,用自己的人生去唤醒学生的人生,用自己的生命去延拓学生的生命。

总之,高等教育建设要回到高等教育自身,回到高等教育自身就是回到人才培养。可以说,高等教育高质量发展在根本上高在高质量人才培养。高质量人才培养既是一个"重要的"高等教育理论与实践命题,也是一个"复杂的"高等教育理论与实践命题,还是一个"深刻的"高等教育理论与实践命题。首先,高质量人才培养是一个"重要的"高等教育理论与实践命题,潜含高等教育理论与高等教育实践的对话。之所以说它重要,是因为它内在地关联着教育强国、科技强国、人才强国以及教育、科技、人才一体化建设,关联着"双一流"建设,关联着教育综合改革,关联着新质生产力,关联着中国式现代化。作为一个重要的"高等教育理论问题",它潜含着当今中国一系列重要的高等教育实践的根本承诺和底层逻辑。作为一个重要的"高等教育实践命题",它本身又蕴含着一系列重大的高等教育理论命题,诸如:如何建立高等教育规律谱系,如何建立和谐的高等教育内外部关系,高等教育高质量发展如何实现,等等。其次,高质量人才培养是一个"复杂的"高等教育理论与实践命题,内含建立高等教育规律体系的合理性和逻辑性。它关联着或折射着高等教育的理念、制度、政策、规模、结构、质量、效益、公平、国际化、治理体系和治理能力现代化等一系列命题,而且在这些方面不能存有短板。从整体上看,这些命题既在关系中"自成系统",又在关系中"互成系统",还在关系中"生成演化"。也就是说,它们既具有各自的独立性和特殊性,又彼此相互关联、相互影响和相互制约,还在相互作用中发展变化。这就决定了高质量人才培养只能在系统关联中"整体生成"或"整体涌现",决定了人才培养只有同时遵循高等教育总体规律、高等教育一般规律和高等教育特殊规律才能抵达高质量的彼岸。再次,高质量人才培养是一个"深刻的"高等教育理论与实践命题,蕴含丰富的哲学内涵、时代内涵和思想内涵。一方面,高质量人才培养是高等教育发展的存在依据、终极关怀、解释原则和价值尺度;另一方面,高质量人才培养是高等教育的发展理念、发展目标、发展状态和发展范式。更为重要的是,高质量人才培养是中国特色社会主义教育强国建设的支撑点和阶梯,是强大的"思政引领力、人才竞争力、科技支撑力、民生保障力、社会协同力、国际影响力"的拱顶石,要求我们的"教育改革要坚持党对教育事业的全面领导、坚持把立德树人作为根本任务、坚持优先发展教育事业、坚持社会主义办学方向、坚持扎根中国大地办教育、坚持以人民为中心发展教育、坚持深化教育改革创新、坚持把服务中华民族伟大复兴作为教育的重要使命、坚持把教师队伍建设作为基础工作"。

走进高质量人才培养的理论世界和实践现场并非易事,需要我们满怀强烈的高等教育责任感和使命感,需要我们对高等教育理论有一种遏制不住的热情和渴望,需要我们带着期望和理想躬耕于高等教育实践,需要我们具有反思的智慧、质疑的智慧、批判的智慧和创造的智慧。毫无疑问,陈武元教授领衔的这部《高等教育普及化背景下我国高校人才培养问题探析》充分地展现了整个学术团队的这种使命、担当、追求和境界,着实令人钦佩、感动和敬仰。

是为序。

李枭鹰

2024 年 10 月 30 日于厚民楼 522

前　言

....

　　长期以来,我专注于比较高等教育、教育经济与管理领域的研究,在人才培养领域的涉足较少,关注程度也有所欠缺。近年来,由于我指导的硕士生对人才培养问题兴趣浓厚,她们的学位论文选题大多集中在这一研究领域;更重要的是,2020 年初新冠疫情突然暴发,邬大光教授敏锐地察觉到大规模线上教学对人才培养影响这一重大课题,组织人员对全国高校开展问卷调查、建立自制数据库,并组建研究团队深入研究,我有幸参与其中,收获颇丰。基于这些原因和契机,自 2020 年起,我将主要精力投入人才培养研究中。在这四年间,我与学生合作发表了 20 余篇论文,成功申报立项 2 项教育部基金课题,本书收录的便是其中 18 篇。

　　人才培养问题始终是高等教育研究的核心议题。在高等教育发展的不同阶段,受经济发展水平、科技发展程度等的影响,高校在人才培养方面面临的问题各不相同。在精英高等教育阶段,高校在人才培养方面拥有垄断地位,如同"独立王国"一般,那时人们对高校人才培养问题的关注度较低。然而,进入大众高等教育阶段后,政府评价、第三方评价、社会(市场)评价等纷纷涌现,高校的人才培养垄断权逐渐丧失,高校的角色也转变为"教育超市""服务站"。经济繁荣时期,社会对人才培养的态度较为宽容,因为大学毕业生就业相对容易;而在经济不景气时,由于大学毕业生就业困难,社会对高校的要求就会变得极为严苛。这种现象在国内外都普遍存在。

　　随着高等教育规模持续扩张,世界各国普遍陷入数量与质量难以协调的困境,至今尚未有国家能妥善解决这一难题。与较早实现高等教育大众化、普及化的国家不同,我国在超大规模人口的背景下要实现高等教育大众化并迈向普及化,同时还面临着信息技术迅猛发展和经济全球化的复杂形势,这进一步加剧了解决该问题的难度。一方面,我国高等教育规模扩张仍侧重于传统的供给侧,导致毕业生与社会需求的不匹配问题愈发突出;另一方面,高校内部考核机制对人才培养的有意或无意忽视,也间接影响了人才培养质量。更令人担忧的是,即便我国高等教育已发展到普及化阶段,部分人"上大学包就业"的观念仍未彻底转变。

美国著名教育社会学家马丁·特罗(Martin Trow)是较早关注高等教育规模扩张的学者之一,他提出的高等教育发展阶段理论,让我们认识到高等教育数量指标的特征,但该理论未能使我们充分领会高等教育内在已发生或正在发生的深刻变革。这致使教育决策者在发展和扩张高等教育规模时,往往只关注到问题的一个方面,而忽略了其他方面。特罗多次强调,随着高等教育规模扩张,质量问题应得到更多关注。然而,我们却错误地将特罗理论当作"目标理论",而非"预警理论"。

在特罗提出并不断完善高等教育发展阶段理论时,信息技术的发展才刚刚起步,所以他并未详细阐述信息技术对高等教育的深刻影响。不过,他多次修订普及化阶段毛入学率的计算方式,这或许暗示着他对信息技术影响高等教育规模扩张的思考。进入 21 世纪,尤其是近十年来,网络技术、人工智能、大数据、区块链、云计算等信息技术快速迭代,持续推动教育教学方式变革,甚至有可能颠覆传统高等教育发展模式。但目前,我国高校在人才培养过程中,对信息技术的整体融入还较为欠缺,在许多高校,信息技术仅作为一种辅助教学手段,甚至只是一种摆设。新冠疫情期间频繁运用信息技术开展教学的场景,在疫情过后已基本消失,一切似乎又恢复到了疫情前的状态。

高等教育从精英化向大众化再到普及化的转变,是世界各国高等教育发展的普遍规律。在不同发展阶段,各国高等教育系统都会面临独特的挑战和问题。自 1999 年我国高等教育开始扩招,仅用 20 年时间就实现了从精英化到大众化再到普及化的跨越式发展。在这一过程中,我国高等教育系统面临着诸多挑战和问题。本书以人才培养为主线,以人工智能、大数据等信息技术高速发展为背景,从大学转型、教师教学、学生学习、课程设置、教学管理、教学评价等中微观视角展开研究,旨在回应我国社会在高等教育普及化背景下,对高校如何确保和提高人才培养质量的普遍关切。

全书共包含 18 篇论文,大致可分为四个板块,每个板块聚焦一个主题。以下直接呈现各篇章的研究发现或研究结论(观点),权当本书的导读,感兴趣的读者可自行阅读相关篇章,深入了解论证过程。

第一篇至第五篇探讨了人才培养模式变革问题。关于大学转型与人才培养,我们认为大学转型发展的核心是更好地发挥大学职能,人才培养是大学转型发展必须坚守的基本原则。人才培养的转型程度不仅是大学转型发展的重要标志,更决定着大学转型的成败。针对当前我国高校人才培养存在的痛点、短板与软肋,强化大学生批判性思维培养、加强多学科知识传授、重视大学生阅读习惯养成,是解决此问题的关键切入点。然而,人才培养不仅关乎知识传授,更关乎价值塑造。立德树人是教育的根本任务,也是我国高校的立足之本。推进高校思想政治教育协同育人,思政课教师、专业课教师与辅导员的协同育人意识和能力至关重要,需要打造三者协同合作的育人团队,构建学校、教务部门与二级学院(系)协调配合的育人格局,并全面加强师资队伍建设。面对人工智能给高校人才培养带来的挑战,高校一方面要明确智能化时代与工业化时代社会对人才需求的差异,另一方面要反思当前人才培养存在的问题,充分结合人工智能技术优势,转变人才培养理念。通过将人工智能与高等教育深度融合,能够推动人才培养向智能化、个性化、网络化方向发展,借助现代信息技术变革教学方式、学习方式和学习环境,有望实现人才质量的"变轨超车"。

普及化阶段高等教育规模的扩张体现在各个层次,随着我国研究生教育规模的迅速扩大,如何构建和谐的导学关系成为近年来研究生教育研究的热点话题。我们认为,导学关系本质上是导师与研究生作为现代社会个体之间的关系,同样遵循着人际关系的一般规律,且其特征会随着研究生教育规模的扩大愈发明显。互惠利他理论在构建良好人际关系方面具有较强的解释力和积极的引导价值。

第六篇至第九篇围绕教学管理和教学评价问题展开讨论。高等教育进入普及化阶段后,大学生群体特征发生变化,其学习需求和学习行为的改变,对高校教学管理提出了新的要求和挑战。当前,高校教学管理面临诸多困境,如管理理念尚未完全以"为学生服务"为导向、管理制度限制了学生的自由选择、组织结构不利于学生主体性的发挥、运行机制无法适应信息化学习的发展需求等。对此,高校应树立"以学生为本"的教学管理新理念,深化完全学分制教学管理制度改革,构建多元共治的教学管理组织结构,加强信息化教学管理运行机制建设,以此提升管理水平和教学质量,满足大学生的发展需求,推动普及化阶段高等教育的可持续发展。此外,在高等教育普及化背景下,大学教师教学评价的改革也迫在眉睫。针对教学评价存在的缺乏教学学术理念、未充分尊重个体差异、评价流于表面、评价主体动力不足等问题,可通过将教学评价纳入学术评价体系、采用职业周期分段式评价方法、建立教师教学档案袋、激发利益相关者评价活力等改革措施加以解决,从而充分肯定教师的教学贡献,增强教师的教学内驱力,明确教学改进方向,彰显大学教学与育人的品质。

在高等教育普及化阶段,与精英化、大众化阶段相比,教育规模的持续扩张导致学生群体更加多样、学习场域更加开放、人才培养目标更加多元,这使得高校教师在开展个性化教学时面临诸多困境,如教师角色文化、个人教学精力、高校资源供给、教师管理制度等方面的限制。我们认为,可以从以下几个方面寻求解决之道:突破传统思维,反思自我,树立个性化教学理念;借助技术赋能,善用数据资源,解决规模化教学难题;丰富教学资源供给,开放课堂形式,创造灵活多样的教学模式;推进制度改革,给予教师更大空间,营造宽松的教学环境。学生需求多样化与大学教师难以满足这一矛盾,是高等教育普及化阶段不可忽视的重大课题,也是当前我国高校教学面临的主要困境。要促进大学教师的教学从"良心活"转变为"用心活",需要扩充教师队伍规模、完善教师评聘制度、推动科研与教学有机结合、加强同伴互助激励、强化教书育人理念等。

第十篇至第十二篇探讨了课程设置和教学内容相关问题。通识课程教育旨在帮助学生建立广泛的知识基础,培养跨学科思维能力,科学合理的通识课程设置以及有效的课程实施保障,是落实通识教育理念的关键所在。通过深入考察课程设置对课程实施效果的影响,利用学生自传文本资料和本科成绩单进行分析发现:"功利化心态与宽松式考评的契合""非需求性知识对学习动机的抑制""单向式教学对学生主体的漠视"等问题影响着学生的主观学习感受;在客观学习成绩方面,通识选修课成绩存在虚高现象。要解决这些问题,可从通识教育理念构建、课程制度设计、通识课程师资培育等方面入手。另一方面,随着政治、经济、文化、生态等领域全球性挑战的不断涌现,传统单一学科的人才培养模式弊端日益凸显,研究型大学本科生跨学科课程建设受到学界关注。我们以学术计划理论为基础,运用半结构访谈法对该课题进行探索性研究,发现我国研究型大学本科生跨学科课程建设受国家政策、市场需求、跨学科科研生态、他国他校经验、办学理念、教学管理、组织建设、学科与专业、教师与学习者等 10 种内外部因素影响,且阻碍因素多于促进因素。基于此,我们从政策制度、院校整体、教师教学、学生学习 4 个层面提出了相应建议。

"科研与教学相统一"是现代大学的重要办学理念。在新时代,从微观视角探究研究型大学教师将科研成果转化为教学内容具有重要的现实意义。我们采用混合研究法,对某研究型大学人文社会科学教师科研成果转化为教学内容的现状进行深入研究,发现教师的转化意识普遍较高,但转化程度呈现明显的两极分化,可分为"高意识—高程度"的"如愿以偿型"和"高意识—低程度"的"事与愿违型",且不同类型具有鲜明的群体特征。在此基础上,我们建议在充分把握人文社会科学教师科研及其成果特性的前提下,创新转化方式方法,加强学科团队建设,营造和谐科学的转化环境,促使教师将科研成果转化意识真正落实到行动中,使其成为强化研究型大学人才培养的有力举措。

第十三篇至第十八篇讨论了线上教学和学生学习问题。信息技术和网络技术的飞速发展推动了高校教学模式的变革,线上教学应运而生。得益于近二十年对信息技术的重视和积累,高校在 2020 年初新冠疫情突然来袭时,能够迅速采取应急措施开展线上教学。疫情防控期间,线上教学成为我国高校的主要教学方式,也为大规模在线学情调查和研究提供了难得的机遇。基于全国高校质量保障机构联盟(CIQA)和厦门大学教师发展中心联合开展的线上教学情况调查,我们梳理了"双一流"高校线上教学的实施现状,发现存在在线教学平台不稳定且缺乏统一标准、线上教学中师生及生生互动不足、符合线上教学要求的学业评价体系缺失、学生自主学习能力和自律性有待提高等问题。为此,我们建议加快构建稳定高效的统一线上教学平台,加强线上课程规划与教学设计,提升大学教师的信息化素养,注重培养学生的自主学习能力。

大学生的学习体验是高等教育发展到一定阶段的产物,也是衡量高等教育发展水平的重要指标。以往对大学生学习体验的研究多集中在线下教学,基于大样本调查的大学生在线学习体验研究相对较少。此次疫情为我们对比观察线上线下大学生学习体验提供了契机。我们以线上教学情况调查回收的全国 334 所高校 209099 份有效学生问卷为样本,运用单因素方差分析、聚类分析和多元线性回归分析等方法,并结合对 10 位不同背景大学生的访谈以及质性资料的搜集整理进行研究,发现不同性别、学科、年级、区域、学校类型以及对线上学习熟悉程度的大学生,其线上学习体验存在差异;教师在线教学时对教学平台的使用灵活度和大学生对教学工具的熟练度,是影响大学生在线学习体验的重要因素;良好的课堂直播效果和同学间的互助讨论有助于提升大学生的在线学习体验。在重视结构化数据研究的同时,我们还利用线上教学情况调查中的非结构化文本数据,采用 LDA 主题模型对学生评论进行文本挖掘,分析新冠疫情期间影响学生在线学习体验的因素,结果表明,影响因素主要包括教师教学、学生自主学习能力、平台和技术硬件设施等。据此,我们提出高校线上教学应从提升教师线上教学信息素养、增强学生线上学习适应能力、加大环境支持力度、补齐线上教学技术短板等方面进行改进。

此外,我们也关注到受地域、经费和资源等因素影响,不同区域高校的线上教学呈现出不同态势。根据东、中、西部地区 251929 名学生和 13695 名教师关于线上教学的各种体验和评价,围绕前期教学准备、中期切身体验、后期反思评价和终期改进状况四个方面展开分析研究,发现大规模线上教学在经验准备、课堂互动、制约条件和未来设想等方面存在区域差异。基于此,我们提出以下建议:优化东中西部教育资源配置,加大对中西部高校在线教学的支持力度;加强在线教学基础设施建设,注重教学平台、网络和设备的更新换代;

强化师生在线教学技能培训,引导师生注重自身成长和素质提升。

我们还对线上教学情况调查中最后一道开放式题目"您对线上教学的建议"所收集到的数据进行分析,其中包含来自全国 344 所高校的 1874 条教师建议和 31717 条学生建议。我们采用 NVivo 软件对这些文本数据进行编码分析,深入挖掘教师和学生关于线上教学改进的共性与个性问题,进而从教师、学生、学校和相关部门等角度提出相应的改进策略,为未来线上教学的发展提供助力。

人才培养是大学的首要职能,是大学区别于其他机构的本质特征,在高等教育研究领域占据核心地位。人才培养涉及培养目标、课程设置、教学方法、师资队伍、评价体系等多个方面,本书仅针对普及化阶段我国高校人才培养的部分问题展开探索,尝试从理论层面进行阐释,并寻求解决对策。因此,本书按照问题相关性原则进行编排,将讨论相近问题的文章归为一类,既未明确划分专题,也未按照文章发表时间先后排序。

通常情况下,高等教育发展阶段的更替以及外部环境的变化,都会促使人才培养模式发生相应改变。无论是大学主动寻求变革,还是被动适应变化,人才培养模式的变革都是常态,一成不变则不合时宜。英国教育家埃里克·阿什比(Eric Ashby)曾说过:"任何类型的大学都是遗传与环境的产物。"这句话警示我们,在高等教育普及化和信息技术迅猛发展的大背景下,人才培养的外部环境已发生巨大变化,人才培养模式也必须随之变革。唯有变革才能适应时代发展,变革才能畅通发展道路,实现发展目标,若故步自封则必然会被时代淘汰。从这个意义上讲,人才培养问题的研究永远在路上,高等教育研究者肩负着重大使命,未来的研究之路依然漫长而艰巨。

｜目　录｜

大学转型发展与人才培养转型 *

大学转型是大学基因重组的过程,是大学为寻找新的生长点而进行自我革新的成长之旅。大学转型是近年来国内学界关注的重大课题。关于大学转型的论著日趋增多,但是从人才培养与大学转型发展相关性角度分析的论著相对较少,而且内容相对简单、深度不够。从世界大学发展史来看,大学转型发展是有其基本逻辑的,大学的每一次转型都是围绕大学职能尤其是人才培养职能展开的,而人才培养是大学转型发展中始终需要遵循的基本原则,即大学能否实现转型发展,取决于人才培养的转型程度,人才培养可以定位大学类型。当前,我国大学为应对百年未有之大变局与新时代要求、谋求生存之道与质量发展走上全方位转型发展道路。在此背景下,弄清大学为什么要转型,决定转型的关键是什么,成为推动我国大学转型发展成功的首要任务。

一、大学转型发展的内外动因

社会环境与时代变化的外压和生存与质量发展的内压迫使我国大学走上转型发展道路。通过对大学转型发展的内外动因进行分析,有助于了解社会和大学自身对转型的要求和期望,并确定转型的方向。

---

* 本篇与李广平合作,原载《中国高教研究》2021 年第 10 期。

(一)外压：应对环境变局与时代要求

大学转型发展有主动与被动之分,但由于大学固有的保守性,其转型往往是因外部压力而慢慢觉醒。"任何类型的大学都是遗传与环境的产物"①,大学与社会经济、政治、文化发展关系密切,当外部大环境发生改变,其自身必然受到波及,如果故步自封,只会成为社会的遗弃物。17世纪至18世纪欧洲的高等教育曾被喻为黑暗时代,其原因就在于大学远离社会现实,自我封闭,因而走向衰落。当今世界正在经历百年未有之大变局,社会环境较之以往更为复杂、多样和不确定,大学如何发展,走向何处,是建立本土化高等教育系统需要反思和总结的问题。一方面,随着知识经济的深入推进,知识的开放性推动了社会场域中知识生产机构的发展,动摇了大学作为知识生产中心的地位,一些市场性知识生产机构在应用型知识和技术生产等方面或许会超越大学,当社会对这些体现直接效益的应用型知识和技术生产更为青睐时,②大学的主导性、权威性、功能性将会受到质疑,如果大学培养的人才不再符合社会需求,还可能会进一步加剧就业问题,直接对大学的人才培养职能产生冲击。另一方面,以信息技术、人工智能为代表的新兴科技快速发展,对大学在新环境下的发展"形态"产生重要影响。人工智能让重复性、低技术性的劳动面临威胁成为不争事实,大学需要改变自身固有惰性,进行人才培养目标转型升级,注重培养学生生存技能,包括批判思维能力、创业精神、解决问题能力等。③ 人工智能发展同样需要借力大学人才培养,输送"具有多学科交叉且能引领发展的复合型人才,成为人才培养基本趋势"。④ 此外,国家宏观政策导向增大了大学转型压力。"十四五"和2035年国家现代化建设远景目标明确提出建设

① 顾明远.大学的理想和市场经济[J].比较教育研究,1994(2):1-5.
② 陈乐.知识生产模式转型驱动下研究型大学改革路径研究[J].高校教育管理,2019,13(3):10-18,60.
③ 吴万伟.大学教育应对人工智能的方略[J].复旦教育论坛,2019,17(4):26-33.
④ 王岚,王志,李元琴,等.中国大学转型发展:道阻且长,行则将至:首届大学转型发展研讨会议综述[J].高等理科教育,2021(3):29-35.

高质量教育体系,提高高等教育质量,支持研究型大学发展,推进部分本科高校向应用型高校转型,加强创新型、应用型、技能型人才培养。[①] 可见,分类管理依然是我国高等教育建设的重点,加强创新驱动,促进内涵式发展是对现阶段高等教育提出的要求和期待。因此,大学转型无疑是实现高等教育高质量发展的应然之举。

(二)内压:谋求生存之道与质量发展

大学自诞生之日起就不断在承受外界压力中前行,来自政府和社会的力量迫使大学进行转型升级,而当今,在国际竞争、人才竞争、生源竞争、资源竞争等日益激烈的背景下,大学内部也开始反思办学定位和发展模式。大学是典型的"资源依赖型"组织,其办学条件和育人资源等往往依赖于政府。在政府教育投入有限的情况下,部分大学希望通过转型发展提高办学层次,吸引更多生源,这种转型虽然是大学自发性选择行为,但大多是带有利益驱动色彩,而不是源于需求导向。如在"重学轻术"观念的影响下,部分普通本科高校热衷于成为学术型大学,但是其本身的文化、历史、特色并不适合其成长为该类型大学,盲目争取资源,容易降低教育质量。[②] 此外,大学在转型发展中还受压于人才培养。社会对人才质量的诟病已经使大学逐渐意识到加强内涵建设才是实现可持续发展的有效举措。目前,大学培养的人才与社会发展需要存在脱节现象,造成了人才供给侧与产业需求侧不匹配问题,形成行业不满足、人才出不去的局面。当大学的影响力、吸引力因此受到影响时,将引发自身生存危机。唯有将人才培养质量提升上去,坚持走内涵式发展道路,才能增强大学自身竞争力,更好地服务于社会经济发展。"如果社会不能从原有机构中获

---

① 中共中央、国务院印发《中华人民共和国国民经济和社会发展第十四个五年规划和2035 年远景目标纲要》的通知[EB/OL].(2021-03-13)[2021-08-14].http://www.gov.cn/xinwen/2021-03/13/content_5592681.htm.
② 张万方.新时代地方高校办学定位的职业性导向[J].黑龙江高教研究,2021,39(1):36-39.

得它所需要的东西,它将导致其他机构的产生"①,这足以说明大学转型不仅是背负外部压力,还有来自对生存的渴望与对更好生存的追求。如何满足社会需求、培养合格人才、实现特色发展,关键在于大学如何转型。为此,推动大学转型首先要明晰转型本质,把握转型的基本逻辑,才能有效避免大学走入转型误区,盲目发展。

二、大学转型发展的基本逻辑

大学从创立以来,一直都在不断地变革与创新,每当一次质的突破,就会实现一次转型发展。无论哪一国家的大学转型都是具有历史性、阶段性和规律性特征的。"大学发展史就是大学的转型史。"②因此,从大学发展的历史视角探析大学为什么要转型,对厘清大学转型发展的逻辑和理解转型发展的本质具有重要意义。

(一)大学转型发展的标志是大学职能的变化

现代意义上的大学起源于中世纪,迄今已有近千年历史,在整个发展历史过程中,大学的每一次重大转型都伴随着职能的产生和发展,新形态大学的确立也是大学的职能变化的结果。可以说,大学的任何一次转型都是为了更好地发挥大学的职能作用。

从人才培养角度来看,被视为现代大学原型的萨莱诺大学、博洛尼亚大学和巴黎大学,自创建之日起,就将培养古典专业人才作为大学第一职能。随着科学进步和经济发展,社会对新型人才需求日益强烈,但传统大学因循守旧,无法满足社会需求。在此背景下,社会出现了一批新型专门学校,如法国的

---

① 伯顿·克拉克.高等教育新论:多学科的研究[M].王承绪,徐辉,郑继伟,等译.杭州:浙江教育出版社,2001:22.

② 邬大光.大学转型发展的时代呼唤[J].中国高教研究,2021(8):4-9,55.

"大学校"、德国的工业专科学校、英国的高等专科学校等都以培养实用型专业人才为目标,使高校人才培养职能得以发展。新型学校的产生是高校转型发展的一个重要标志。进入 19 世纪后,英国爆发的新大学运动迫使传统大学进行变革,其中以牛津大学和剑桥大学最为典型。当今社会,人才培养职能更为复杂、多样,创新型人才、应用型人才、技能型人才等都是大学主要的人才培养目标。

从科学研究角度来看,科学研究进入大学直接催生了研究型大学。目前,关于研究型大学的真正缔造者仍然存在争议。第一种看法是 1810 年柏林大学的创建与改革推动教学型向研究型大学转变,其中洪堡倡导"科研与教学相统一",主张培养学生的科学精神和科研能力。19 世纪中期以后,德国这种大学模式受到英、美、法等国纷纷模仿,科学研究发展成为大学的第二职能。第二种看法是美国建立了研究型大学,19 世纪美国有 1 万多名留德学生在柏林大学和德国大学学习,这些学生回国后直接参与建立了美国第一所研究型大学约翰·霍普金斯大学,促进了美国大学向研究型大学转变。① 无论世界上第一所研究型大学产生于何处,不可否认的是,这类大学培养出的学者和科学家都大力促进了科学技术的发展。

从社会服务角度来看,17 世纪,大学为社会服务的思想在英国初见端倪,如"苏格兰格拉斯哥大学教授开办夜校讲习班向工人传播知识与技术",后来德国工业专门学校破格升为大学,将培养专业技术人才作为人才培养目标,并形成直接为社会服务的办学定位。② 而真正将社会服务发展为大学第三职能则是源自威斯康星大学的办学理念。1862 年,美国联邦政府颁发《莫雷尔法案》,要求地方在政府资助下建立一批赠地学院,学院需要开设实用课程和专业,并让学生到现场观察和实习,关注当地实际发展所需,其中威斯康星大学是赠地学院中最具代表性的一所学校。该大学校长范·海斯明确指出教学、科研和社会服务都是大学职能。

---

① 陈超.从学术革命透视美国研究型大学崛起的内在力量[J].清华大学教育研究,2012,33(4):17-23.
② 朱国仁.高等学校职能论[M].哈尔滨:黑龙江教育出版社,1999:95-96.

从以上分析可以发现,大学职能的变化促进了新形态大学的建立和传统形态大学的改革,大学转型发展的标志是大学职能的变化。可以说,大学发展改革史也是一部大学职能演变史,职能变化是大学适应社会需求与促进自身发展的结果。因此,从历史角度来看,大学职能转变可以被视为大学转型发展的逻辑主线。此外,从中还可以发现,大学再怎么变化,始终没有离开人才培养。

(二)人才培养是大学转型发展的基本原则

没有任何一所大学的转型是可以"随心所欲"的。不同类型大学在转型发展中虽然具有自己特定的轨迹和方向,但转型的价值取向始终反映在人才培养方面,培养什么类型的人是牵动大学转型的根本动力。

人才培养自现代大学产生之初就已存在,并且从未消失过。中世纪的大学是现代意义上的大学,自产生之日起就进行着有目的、有计划的教育活动,主要培养三种古典专业人才(医学、法学、神学),大学中的研究只是某些教师源于"闲逸的好奇",从属于教学,大学偶尔也会打开校门与社会直接联系。但是,大学由于固守古典知识,无视社会对新型科学技术人才的需求,逐渐"蜕变"成保守阵营;产业领域技术人才供给不足,如"1860 年,美国在农业及机械技艺方面的技能型人才供给率仅为 15%"①。如此一来,大学转型发展势在必行,而这也为科学研究和社会服务发展成为大学两种职能奠定基础。无论是传统教学型大学,还是研究型大学、创业型大学,大学转型发展背后的真正原因都与社会发展需求相关联,集中体现为社会对不同人才类型的需求。因此大学在职能发展背景下的转型,其实是与人才培养活动密不可分的,只是不同类型大学对科学研究和为社会服务职能有所偏重,而人才培养始终是大学关注的永恒主题,是大学之所以为大学的存在理由。

大学各项职能存在内在联系,科学研究和社会服务始终依靠人才培养。

---

① 胡松,蔡昭权.威斯康星思想对我国地方本科高校转型发展的启示[J].教育理论与实践,2018,38(15):9-11.

人才培养是大学的根本职能,当科学研究进入大学时,洪堡就对科研与教学的关系做出界定,即"科研与教学相统一"是大学的办学原则,说明二者在大学转型中是相辅相成的关系。此外,大学的研究活动尽管由教师负责开展,但也有不少学生群体扮演着"准知识生产者"的角色承担部分研究任务。"美国部分大学研究机构的调查数据显示,78.1%的实验室研究人员是博士后、研究生、本科生,其中 16.5%是博士后,51.4%是研究生,10.2%是本科生,余下的21.9%才是全职教师。"① 由此可见,以发展知识为重点办学方向的大学,其研究质量的高低很大程度上取决于人才的科研能力水平,大学能否顺利进行科学研究离不开培养的人才。随着大学与社会的联系日益密切,大学服务社会的形式也更加多样化,最直接的形式就是向社会输送符合需求的人才,大学服务能力的高低依赖于人才在社会经济、产业、科技等方面发挥作用的程度。由此说明,大学转型的关键还是在于人才培养,这是由职能依存关系所决定的。

在我国,改革开放 40 多年来,高等教育领域诸多改革的成效主要体现在伴随着我国经济高速发展而取得的规模扩张上。从精英教育阶段到大众化阶段再到普及化阶段的转变,我国高等教育发展速度在世界发展史上也是罕见的,但人才培养模式并未随着规模扩张而发生根本性的变革,即人才培养转型尚未完成,依然保留着精英教育阶段的特征。因此,基于目前我国大学转型的现实发展情况,国家宏观政策传递的信号直接聚焦于人才培养。2015 年 3月,《中共中央 国务院关于深化体制机制改革加快实施创新驱动发展战略的若干意见》提出,"以人才培养为中心,着力提高本科教育质量,加快部分普通本科高等学校向应用技术型高等学校转型"②。2017 年 2 月,《教育部关于"十三五"时期高等学校设置工作的意见》指出,"以人才培养定位为基础,我国高等教育总体上可分为研究型、应用型和职业技能型三大类型",研究型高等学

---

① 陈乐.知识生产模式转型驱动下研究型大学改革路径研究[J].高校教育管理,2019,13(3):10-18,60.

② 中共中央、国务院印发《关于深化体制机制改革加快实施创新驱动发展战略的若干意见》的通知[EB/OL].(2015-03-23)[2021-08-15].http://www.gov.cn/xinwen/2015-03/23/content_2837629.htm.

校主要以培养学术研究的创新型人才为主,应用型高等学校主要从事应用型人才培养,职业技能型高等学校主要从事专科层次技能型人才培养①。分析这些政策文本可以发现,大学转型和分类离不开人才培养这一中心主题,如何转、转成什么样,关键在于围绕人才培养进行改革,以人才培养类型定位大学转型的目标类型。

为谁培养人、培养什么人、怎么培养人决定了大学办学方向和能否成功崛起。从我国大学转型的个别成功案例来看,人才培养转型已取得了可喜的变化。以新型研究型大学香港科技大学和南方科技大学为例可发现,港科大以"小而精"为特色发展战略:规模小,截至 2019 年,港科大招收本科生和研究生人数为 1.6 万余人;学院少,仅设有 4 个学院;人才精,为推动香港经济转型培养高级人才,组建一流教师队伍。② 正是这种切合港科大自身发展的科学定位,使港科大可以集中优势资源,精选突破领域,带动学校发展。深圳创办南科大的着眼点在于为促进当地产业结构转型和升级,"培养高新技术发展和产业适度重型化所需要的人才"③。朱清时教授任南科大校长时就致力于将该大学创建成为一所能够培养创新人才的大学,从去行政化体制、招生办法、教学体制、书院管理和英语教学等方面着手为培养创新型人才创造条件。④ 可以说,两所新建大学基于培养与造就一批高素质、高层次、高水平人才的办学定位,通过各种举措将人才培养特色发挥到极致,不断发展成为新型高水平大学的"杰出代表"。

大学转型以人才培养为基本原则,其实也就意味着大学转型的本质就是

---

① 教育部印发《关于"十三五"时期高等学校设置工作的意见》的通知[EB/OL].(2017-02-04)[2021-08-15]. http://www.moe.gov.cn/srcsite/A03/s181/201702/t20170217_296529.html.

② 牛欣欣,洪成文.香港科技大学的成功崛起:"小而精"特色战略的实施[J].比较教育研究,2011,33(11):62-66.

③ 梁北汉.探索建设高水平大学的新路径:关于深圳筹建南方科技大学的若干思考[J].深圳大学学报(人文社会科学版),2009,26(1):20-25.

④ 何华宇.智慧和审慎,勇气与担当:南方科技大学校长朱清时院士访谈录[J].高校教育管理,2014,8(3):1-6.

人才培养转型,大学转型发展是否成功当以人才培养转型是否成功为标准。因此,为推动当前我国大学转型发展,必须抓住人才培养这一牛鼻子,①分析哪些因素阻碍了人才培养转型,以促进人才培养转型成功为重点任务,带动大学进行整体性变革,实现转型目标。

三、大学转型发展中人才培养转型困境

当今国际局势动荡不安,不确定性因素增多,大学正在承受着各种内外部压力,转型发展能否成功,究其根本在于人才培养转型能否成功。但目前我国大学人才培养转型仍存在诸多问题,严重阻碍着大学转型发展。

(一)人才培养目标尚未实现"同频共振"

大学的人才培养目标包括创新型人才、研究型人才、应用型人才等,"各个不同层次的高校都应该在全面分析时代的发展、政策的指向、社会的需要、市场的需求、自身的优势、拥有的资源总量和结构等方面综合考虑,明确自己的人才培养目标"②。目前,我国部分大学在确定人才培养转型目标时存在一种被动接受安排,主动走老路现象,在地方普通本科高校中尤为明显。国家宏观政策提倡要引导地方普通本科高校向应用型转变,意味着转型后的应用技术型大学或应用型高校要以培养应用型人才为目标,很多地方高校对此仍怀有抵触情绪,其根本原因在于大学担心贴上"职业"标签,会被社会公众误认为是降格发展,影响未来生源质量和资源分配。关于教育的分类,人们已经形成了

---

① 顾云海,刘明.地方本科高校转型发展与个性化应用型人才培养探索[J].黑龙江高教研究,2018,36(9):63-66.

② 杨栩,顾修斌,肖蘅.转型时期我国高校人才培养模式研究[J].黑龙江高教研究,2015(3):145-148.

学术教育＞工程教育＞技术教育＞职业教育的思维定式,①即使转型后的应用技术型大学或应用型高校进行的是本科层次的职业教育,但"重学轻术"思想观念仍旧会主导公众对这类学校的评价。因此,将人才培养目标定位为培养学术型人才,带动大学走学术型提升之路,常被认为是助推大学获得更多利益资源和实现长远发展的"最佳"选择。国家宏观层面与大学微观层面对人才培养目标定位未能实现"同频共振",导致在促进大学人才培养转型方面难以形成合力。如果大学转型发展脱离时代需求,不能正确把握国家政策内涵,只为争取更多办学资源,盲目抬高办学地位,无视自身优势、资源总量和社会需求等,培养出来的人才将难以符合社会需求,更不可能实现高等教育的内涵式发展。

(二)科研漂移现象致使高质量教学活动缺失

教学是人才培养的重要环节。教师教学质量的高低决定了人才培养质量的高低,高质量的教学过程可以激发学生潜力、发展学生思维、提高学生创新能力等,是推动人才培养转型的关键力量。19世纪,科学技术的发展促使科学研究走入大学,逐渐发展成为大学的第二大职能。越来越多的大学教师开始意识到研究活动对其个人学术价值以及经济报酬的影响,②致使科学研究成为教师工作的中心,大学最首要的教学职能被边缘化。洪堡最初倡导的"科研与教学相统一"的办学理念,在今天演化为"教学与科研相分离"的办学实践。除此之外,科研漂移现象产生的原因还有大学对科学研究的过度重视,一是大学科研创新对社会生产力产生直接推动,有利于获得更多政策支持和经费资助;二是科研成果产出可以提高大学影响力,提升大学排名,从而获得更多的社会资源;三是基于以上两点,大学倾向于强化教师开展研究工作,并以

---

① 郑洋.地方高校开展本科职业教育的逻辑耦合与实现理路[J].职业技术教育,2021,42(8):11-15.

② 刘健婷,刘云.教学与科研由统一走向分离:从洪堡到伯顿·R.克拉克[J].江苏高教,2020(9):56-61.

论文发表、课题申报、著作出版、专利等科研指标作为教师评聘制度标准。在这种制度安排下,教师自然而然会更加倾向于开展科学研究,忽视教学工作。科研漂移、重术轻道还会造成大学价值的迷失和异化,师生在这种急功近利的风气下,容易进行过度竞争,对塑造学生价值观产生不良影响,师生间也难以有机会对价值观和情感问题进行讨论。[①]

教师在教学活动中的积极性、投入度和影响力不足,对教学质量和人才培养质量难以产生更多的正能量,大学正在沦为"失去灵魂的卓越"。我国大学转型趋势集中体现在研究型大学向新型研究型大学、创新创业型大学转变,普通本科高校向应用型高校、创业型高校转变,决定这些大学能否转型成功的标准在于大学人才培养转型是否成功。不可否认的是,大学的各项职能对促进其发展都具有重要意义,但不应将科学研究和社会服务与人才培养相提并论,二者在目的与过程上也不能同人才培养分离,否则会影响人才培养质量的提升。[②] 目前,大学科研漂移现象已经严重影响教学活动的高效进行,长此以往,大学不仅培养不出创新型人才、复合型人才、应用型人才以适应知识经济时代和人工智能时代的发展,而且还会直接导致大学转型失败。

(三)闭门造车式培养机制难以激发人才培养活力

长期以来,我国大学一直以知识导向型为人才培养目标,关注的重点是学生对学科专业知识的掌握程度,而非学生在社会上的适应程度,人才培养活动与校内外联动有所偏离。对于这种现象,一方面可以理解为大学组织具有保守性,人才培养存在惯性;另一方面也折射出承担人才培养任务的多元利益主体间的合作机制尚未建立完善。人才培养目标的确定、培养方案的制定、课程的开设、教师的授课等大多是由大学自己内部决定的,校外组织机构难以参与交流协商。造成这种状况的原因主要在于,大学对企业进入学校的真诚度表

[①] 彭大银,刘新静.研究型大学的转型与本科学风建设[J].教育发展研究,2017,37(Z1):44-48.

[②] 吴康宁.人才培养:强化大学的根本职能[J].江苏高教,2017(12):1-4.

示怀疑,认为其对技术的延展性认知不足;校企间合作不稳定,对接的工作人员时有变动;校外行业专家虽参与人才培养方案制定,但突显市场和企业的主导地位。[①] 建立健全大学与校外行业、企业联合培养人才机制,是人才培养转型和大学转型所需,是积极适应社会变化的体现,有利于使培养的人才更好地为经济社会发展服务。此外,大学各学院在进行本学院人才培养活动时,通常也是采用闭门造车式培养机制,学院与学院间同样缺少互动和合作。从内生性视角来看,单一学科领域内共性较强,具有相同的目标和利益,但容易形成学科壁垒。[②] 在知识生产模式转型和信息技术高速发展的背景下,这种局限于学科领域内的培养模式必然会影响人才培养质量和规格,不适应社会发展需求。因此,为满足大学转型发展中社会对复合型、创新型等人才的需求,学院需要打破学科壁垒,走出封闭式培养环境,这对促进人才培养转型具有重要意义。

四、人才培养转型发展的基本路径

人才培养转型发展既是一个理念问题,亦是一个实践问题,是大学转型发展的"命脉"。大学组织内部各种结构的转型,如知识、学科、专业、课程等无疑都与人才培养相关,没有人才培养转型的大学转型不能算是成功的转型。当下,我国人才培养转型仍然受到传统认知、评价体制、培养机制、教学模式、育人观念等因素的影响。未来人才培养转型应从以下三个方面入手。

(一)科学规划人才培养定位,确保与大学转型同步协调

大学的根本是学生,学生不同,大学的人才培养定位也应不尽相同。目

---

① 张文强.地方本科高校产学研合作存在的问题与对策探讨[J].河南社会科学,2018,26(4):117-120.

② 杜燕锋,于小艳.大学知识生产模式转型与人才培养模式变革[J].高教探索,2019(8):21-25,31.

前,我国大学转型的重点聚焦在地方普通本科高校向应用型高校转型,国家出台的宏观政策强调的是以"引导"形式来推进转型进程,但是地方在执行时往往采取突进形式,[①]使得一部分高校可能还未对国家政策进行理解分析,就被牵引到转型发展的道路上,人才培养目标尚未定位清晰便仓促上路。还有部分大学认为转型为应用型高校是降格发展,所以一直坚持走教学型、研究型道路。人才培养作为大学转型发展中的基本原则,对大学转型具有指导作用。部分高校转型为应用型高校是适宜的,因为这一类高校本身带有应用型人才培养基因,而且与老牌高校竞争处于劣势,[②]但需要注意的是,高校在转型过程中应树立个性化人才培养目标,如果一味以应用型人才作为人才培养目标,在人才培养环节方面就会重蹈覆辙,出现同质化现象。因此,地方高校应正视其转型归属,强化主体意识,厘清发展思路,根据自身特色、优势、资源,科学规划人才培养定位,树立个性化人才培养理念,形成"X＋应用型"人才培养定位。地方政府在推进开展大学转型试点工作时,要结合大学非均质化特点,确定符合大学特色发展的人才培养目标,从而引导大学实现整体成功转型,做好为地方服务这篇大文章。除此之外,我国研究型大学也正在向新型研究型大学转型,培养个性化人才同样也是研究型大学人才培养转型需要关注的重要内容。

(二)改革评价考核体系,促进教学科研互动

教师既是教学的主体,也是科学研究的主体,最好的研究者通常也是最好的老师。教学过程与研究过程的统一不仅需要外部制度环境加以支持,同样也需要教师个体付出努力,从而实现以教学模式转型推动人才培养转型的目标。首先,以学术、科研为导向的教师评价制度已经暴露出诸多问题,特别是对于向应用型高校转型的大学而言,一味强调教师的科研贡献,无异于与办学

① 李海萍,郝显露.地方本科高校分类转型发展:进程、反思及其建议[J].湖南师范大学教育科学学报,2021,20(4):104-112.

② 郑洋.地方高校开展本科职业教育的逻辑耦合与实现理路[J].职业技术教育,2021,42(8):11-15.

理念、人才培养定位背道而驰,更难以促进大学实现实质性转型。2020年10月,中共中央、国务院印发的《深化新时代教育评价改革总体方案》强调,教育评价要"克服唯分数、唯升学、唯文凭、唯论文、唯帽子的顽瘴痼疾,克服重科研轻教学现象,突出教育教学实绩"[①]。可见,科研与教学冲突已经不是个别学校现象问题,而是亟待解决的普遍问题。为此,大学在转型过程中应重新审视教师评价制度,推动教学评价与科研评价融合进行,增加教学指标项目评价权重,同时强调将教学评价融入学术评价体系中,给予教学作为学术的合法性地位,鼓励教师在研究中教学,在教学中研究,从制度层面引导教师回归教学初心。其次,教师的主体意识是促进教学发展的基础,教师理应主动关注教学质量提升这一发展诉求,唤起立德树人职业使命,探索"教学+研究"的教学模式。教师需要主动承担与教学内容相关的研究任务,将研究的驱动力由利益导向转向教学需求导向。研究型大学教师应该重点开展基础研究,普通本科高校教师需要加强应用、开发研究。如此一来,教师一方面可以从研究中受益,丰富专业知识储备,为教学活动做准备;另一方面将研究性内容与课堂教学结合起来,激发学生思考,培养批判性思维。为更好地开展教研互动型教学,教师可以将与自身研究、教学内容相关的科研训练纳入教学环节,设置创新学分,[②]让学生在调研中发展创新能力和实践技能,向创新型、研究型、应用型人才转型。教师应该对能够辅助研究项目的学生给予课题经费支持,带动教学与科研双资源共享。

(三)构建开放式培养机制,实现育人多元协同

从大学发展历史来看,任何时期,大学无视社会需求只会走向衰落。因此,在转型发展中,大学应积极实行开放式培养机制,加强与校内外组织交换

---

① 中共中央、国务院印发《深化新时代教育评价改革总体方案》的通知[EB/OL].(2020-10-13)[2021-08-16]. http://www.moe.gov.cn/jyb_xxgk/moe_1777/moe_1778/202010/t20201013_494381.html.

② 丁莉峰,赵晓红,牛宇岚,等.高校转型过程中应用型工科人才培养的思考[J].实验室研究与探索,2020,39(4):155-159.

资源和互动交流,促进人才培养承担者由单一化走向多元化,同时注重树立社会服务意识,立足国家、地区社会,同校外组织分析社会经济发展趋势,增强人才的外部适应性,避免人才培养跟不上社会各领域发展需要,产生就业问题,阻碍大学发展。为促进大学与校外行业、企业协同育人工作顺利进行,可以采取以下做法:首先,校外行业、企业和大学应该增强合作意识,大学内部需要为校外组织参与人才培养打开渠道,增加信任感;其次,可以成立合作工作小组,由大学管理层代表、校外组织代表、学院代表组成,共同解决人才培养过程中的问题,负责制定人才培养方案,创建创新创业实训基地、成果孵化平台等;[①]再次,鼓励教师到企业实践锻炼,了解行业发展动态,[②]可以对校外组织代表基于市场导向给予的人才培养改进建议进行判断,避免市场功利化主义倾向对人才培养产生冲击。多元化的人才培养合作模式为大学人才培养注入新的生命力,使大学跳出围墙了解社会需求,有利于培养学生形成创新能力和创新思维。

学院作为大学人才培养的主战场,同样需要强化协同育人作用。未来新兴产业,需要的是实践能力强、创新能力强、发散思维强的复合型人才,这就需要学院积极打破学科壁垒,进行学科交叉融合,完善大学内部开放式培养机制。大学应遵循人才培养规律,了解行业前沿发展趋势,通过"完善多主体协同育人机制,组建多学科交融的新型教学团队,创建跨学科项目平台",推进跨学科人才培养,[③]促进人才多元成长,提高自身竞争力。

① 张文强.地方本科高校产学研合作存在的问题与对策探讨[J].河南社会科学,2018,26(4):117-120.

② 张建辉,高毅,郑易平.制造强国背景下高校创新型人才培养路径[J].江淮论坛,2021(3):180-185.

③ 高海涛.协同育人视角下高校创新型人才培养路径探析:以新工科人才培养为例[J].科学管理研究,2021,39(2):124-128.

我国高校人才培养的痛点、
短板与软肋 *

人才是实现民族振兴、赢得国际竞争主动的战略资源。① 随着我国社会经济发展进入提质增效的新阶段,人才的战略地位更加凸显,它既是国家经济和社会发展的最重要的战略资源,又是推动社会经济发展的核心驱动力。作为人才培养的高地,高校理应以服务国家为使命,积极回应时代发展要求,以提升人才培养质量推动实现高等教育高质量发展。习近平总书记强调指出:"培养创新型人才是国家、民族长远发展的大计。当今世界的竞争说到底是人才竞争、教育竞争。要更加重视人才自主培养,更加重视科学精神、创新能力、批判性思维的培养培育。"②批判性思维是培养科学精神和创新能力的核心,多学科知识是培养批判性思维能力的知识基础,阅读习惯是批判性思维养成的行为保障。但长期以来,我国关于人才培养的探讨和政策关注多囿于学科建设、培养模式、教学改革以及不同类型高校、不同层次学生的人才培养问题,而对"批判性思维""多学科知识""阅读习惯"的关注度不高。大量数据及事实显示,当前我国高校人才培养存在"批判性思维培养缺失""多学科知识传授不

---

* 本篇与王怡倩合作,原载《厦门大学学报(哲学社会科学版)》2021年第6期。

① 习近平.决胜全面建成小康社会夺取新时代中国特色社会主义伟大胜利:在中国共产党第十九次全国代表大会上的报告[EB/OL].(2017-10-27)[2020-12-30].https://www.gov.cn/xinwen/2017-10/27/content_5234876.htm.

② 习近平.在中国科学院第二十次院士大会、中国工程院第十五次院士大会、中国科协第十次全国代表大会上的讲话[EB/OL].(2021-05-28)[2021-05-29].https://www.gov.cn/gongbao/content/2021/content_5616154.htm.

足""阅读习惯未受重视"等痛点、短板与软肋。下面,拟从这三个方面进行阐述。

一、痛点:批判性思维培养缺失

无论是处于高等教育的精英阶段,还是大众化阶段乃至普及化阶段,大学毕业生都始终是社会精英阶层的核心力量。在精英阶段,由于能够接受高等教育的人数极其有限,其人才培养质量无人质疑。但是到了大众化阶段和普及化阶段,其人才培养质量开始为社会所质疑甚至诟病。

诚然,我国高等教育已经进入到普及化阶段,2021届全国普通高校毕业生总规模达到909万。[①] 但审视我国高校人才培养方式不难发现,我们的培养方式未发生根本性变革,除了借助信息技术发展在教育技术层面部分引入慕课或翻转课堂教学之外,在专业设置、教学组织、培养方案、教学管理制度、课堂教学、通识教育等方面变化不大。正如邬大光教授所言,我国高等教育依然属于第一代特征。[②] 延续精英教育阶段以教师为中心的传统人才培养方式仍是主流。而无论是关于美国雇主的调查,还是英国的政府报告《学习型社会中的高等教育》(*Higher Education in the Learning Society*)和澳大利亚的政府报告《澳大利亚高等教育评论》(*Review of Australian Higher Education*)都提出,批判性思维是21世纪毕业生所必需的能力。[③] 在西方发达国家已经广泛采用探究式、小班化教学,注重培养学生批判性思维成为常态,但在我国高校却仍处于探索阶段。近日,发布在 *Nature* 子刊《自然人类行为》杂志的

---

① 教育部高校学生司.2021届高校毕业生就业工作进展情况[EB/OL].(2021-05-13)[2021-05-30]. http://www.moe.gov.cn/jyb_xwfb/xw_fbh/moe_2606/2021/tqh_210513/sfcl/202105/t20210513_531163.html.

② 刘伟,姜斯宪,刘川生,等.加快"双一流"建设实现高等教育内涵式发展(笔谈)[J].中国高教研究,2018(12):8-15.

③ 谢晓宇.西方关于批判性思维内涵、属性和影响因素的论争[J].比较教育研究,2021,43(3):31-38.

一项研究引起了广泛关注。在这项针对俄罗斯、中国、印度和美国工科学生学业表现的大规模研究中,研究人员发现,中国学生在经过大学学习后,批判性思维能力和学术技能水平均出现了下降。统计数据显示,在刚刚入学时,中国学生的批判性思维能力与美国学生差距不大,明显高于印度和俄罗斯学生。但在大学毕业时中国学生批判性思维能力显著下降,能力水平被俄罗斯学生反超,而美国学生则在毕业时批判性思维能力有了显著提高,在四国学生中"鹤立鸡群"。① 可以说,我国高校人才培养不太重视批判性思维培养问题,或者说批判性思维培养的缺失,是我国高等教育的一大痛点。

在西方,早在 20 世纪 60 年代,学者就开始关注批判性思维(critical thinking)问题。美国批判性思维运动的开拓者、教育哲学家恩尼斯(R. H. Ennis)在 1962 年就强调归纳性推论在"批判性思维"中所起的核心作用,把批判性思维定义为"正确地评价命题"。1987 年他把"批判性思维"界定为"相信什么、聚焦什么的合理性、反省性思维",强调了"合理性""反省性""目的性""相信什么、决定做什么"四个特征。② 加拿大著名批判性思维专家希契柯克(David L. Hitchcock)归纳出批判性思维的构成要素为:批判性思维是一种思维类型;适用于所有主题内容,包括反省、回顾和悬置判断;好的批判性思维是合情理的;批判性思维包括细致考虑证据;以做出确切的判断为取向;理想的"批判性思维者"只要条件适当就批判性地思考;一个批判性思维者拥有相关的知识、技能、态度和性情(行为倾向)。③ 2004 年,在加拿大举行的第 24 届批判性思维国际研讨会规定了批判性思维的工作定义:批判性思维是积极地、熟练地解读、应用、分析、综合、评估支配信念和行为的那些信息的过程。④ 巴内特(Ronald Barnett)认为批判力包括三个要素:批判性理性(critical reason)、批判性自我反思

① LOYALKA P, LIU O L, LI G, et al. Skill levels and gains in university STEM education in China, India, Russia and the United States[J]. Nature human behaviour, 2021, 5(7): 892-904.

② 楠见孝,道田泰司.批判性思维:21 世纪生存的素养基础[M].东京:新曜社,2015:4.

③ JENICEK M, HITCHCOCK D L. Evidence-based practice: logic and critical thinking in medicine[M].Chicago:AMA Press, 2005:104-108.

④ 武宏志,张志敏,武晓蓓.批判性思维初探[M].北京:中国社会科学出版社,2015:79.

(critical self-reflection)和批判性行为(critical action),它们分别指向批判力发挥作用的三个领域：知识(knowledge)、自我(self)和世界(world)。① 他指出,学术界对批判性思维的界定是狭义的,将其限制在知识的范围内(即批判性理性)。高等教育的问题在于只强调让学生主要接受批判性理性的训练,而没有强调批判性自我反思和批判性行为的培养,即学生仅学习如何批判地发展知识,而不是反省自己和他们的世界观。高等教育的专业人员(教师和学者)应承担的责任要比传授论证技巧、促进理性反思甚至培养批判性思维能力的范围更广。②

综观西方学者关于批判性思维在内涵、属性和影响因素等方面的论争,在个体维度强调思维技能,在社会维度强调社会参与。在通用性方面,尽管在不同学科中理解和实践批判性思维的方式存在差异,但仍存在跨学科因素,其发展形式可能因学科产生很大差异。从高等教育的角度来看,高等教育不仅可以教学生如何展示分析能力和判断能力,也可以促使学生了解自己,形成对世界的批判性取向,同时表现出对既定规范或做法的社会政治立场。这意味着高等教育不仅要培养学生的批判能力,而且还要促使他们成为具有批判力的批判者。批判性思维教学应该教会学生更多地了解思维方式所嵌入的自然和文化背景,从而使他们对自己的思维方式更加敏感,能够清楚地意识到可能会限制或不明智使用思维技能的环境因素。③

在我国,曾担任华中科技大学校长的李培根院士是国内较早关注批判性思维问题的科学家,他在该校"创新教育与批判性思维研究中心"成立大会上曾发表题为"批判性思维与我们"的演讲。李培根院士认为：批判性思维要建立在理性和逻辑的基础上,需要独立自由的精神,一个缺乏独立思考、自由意志的人是不可能具有批判性思维的。关于理性,受儒家传统文化影响,中国人

① BARNETT R. Higher education：a critical business[M]. Buckingham：Society for Research into Higher Education and Open University Press），1997.
② DAVIES M，BARNETT R. The Palgrave handbook of critical thinking in higher education[M].New York：Palgrave Macmillan，2015：17.
③ 谢晓宇.西方关于批判性思维内涵、属性和影响因素的论争[J].比较教育研究,2021,43（3）：31-38.

的思维中理性更强调"适应",这对于"进步"和"发展"是有某种局限性的,在科技领域我们需要更多的"理性的征服",这就需要批判性思维。关于逻辑,西方自然科学就是在逻辑规范性的基础上建立的,相对西方而言,中国这方面在很长一段时间内是落后的。逻辑的规范性、理性的思维就是要求逻辑严密地论证,以充分的证据和逻辑推理为基础。① 从其阐述中,我们可以捕捉到批判性思维的核心要素是逻辑性、独立自由、人文精神、理性的征服。而这些核心要素在我国大学毕业生中是比较欠缺的,这从中西方高校人才培养过程的比较中可以得到验证。我国大学教师在培养学生的过程中,常常不自觉地把学生当成被动接受知识的工具来对待,教师讲什么学生听什么、教师教什么学生学什么。这实际上就是以教师为中心的教育,在这种培养模式中教师自己也成了教书的工具,而教师对自己在人才培养中的角色却鲜有进行批判性思考。这样的人才培养方式,很难培养出具有较强批判性思维能力的人才。

众所周知,我国高等教育自改革开放尤其是 21 世纪以来,伴随着经济持续高速发展,规模扩张迅速,用不到 20 年的时间,快速实现了从精英阶段到大众化阶段再到普及化阶段的过渡。在这个发展过程中,我国高校向社会输送了数千万乃至上亿的大学毕业生,可以说现在各行各业的精英阶层基本上是受过高等教育的。下面我们以新冠疫情为例,分析各行各业的精英阶层在应对疫情问题上的种种表现。批判性思维强调在不断的质疑、辨析、推断、反思中寻求真相,这与新闻真实性、客观性、公正性等专业性要求相契合。然而在新冠疫情期间虚假新闻数量惊人,新闻报道伦理问题也更加凸显,主要存在片面思维下的失实、错误价值判断的思维、非理性传谣等问题,断章取义、人云亦云,利用情绪主导舆论走向,暴露出媒体在真实性实践方面存在极大的窘境,而其中因缺乏批判性思维而导致的专业伦理丧失是一个突出的问题,也暴露了缺乏批判性思维对于媒体从业人员的工作和普通民众的负面影响。② 疫情之初,一旦有专家说哪种药或者药材可能对新冠治疗有帮助,马上就会出现脱

---

① 中国批判性思维与创新教育.李培根:批判性思维与我们[EB/OL].(2017-11-28)[2021-05-30].http://ppxsw.szjzw.hust.edu.cn/info/1007/1121.htm.
② 陈昌凤,林嘉琳.批判性思维与新冠疫情报道的伦理问题[J].新闻界,2020(5):19-27.

销的情况,如金银花、板蓝根、双黄连等药品都一度脱销;疫情期间还出现食品抢购、物价疯涨的情况;有的自媒体利用个人所接触到的片面消息或者道听途说,揭示所谓的"内幕",煽动大众不安情绪。这些只能说明其缺乏应有的常识和逻辑,批判性思维能力不足。

与之对比,在新冠疫情防控手段方面,疫情之初正值新年春节期间,为了防止人员流动造成的聚集传播,多地即使没有疫情发生依然采取小区封闭式管理、农村封村封路,虽然成效显著,但是给大家的生活带来了极大的不便,所幸这种状况持续时间不长。短短几个月后,"健康码"和"通信大数据行程卡"的联合使用,"双管齐下"为疫情防控、复工复产、道路通行、出入境等方面提供科学精准的技术支撑,为工作和生活提供了便利,更保障了 2021 年春节及各节假日期间人员的有序流动。这正是充分利用批判性思维解决实际问题的典型案例,也是公共卫生与信息工程等多学科交叉融合的有效实践。关于批判性思维培养的诸多国内外理论探讨,以及中国学者对于中国公民批判性思维现状的研究都表明,培养媒体和公民的批判性思维任重而道远。而这恰恰暴露了我国高校在人才培养过程中不够重视批判性思维培养的问题。

针对这个痛点问题,笔者认为,首先,教育行政主管部门应该尽快将培养学生批判性思维纳入官方文件并加以大力推动,建议可将批判性思维能力作为评估高等教育质量的重要指标。其次,高校要从观念和行为上变革人才培养模式,注重大学生批判性思维能力培养,强调批判性自我反思和批判性行为的培养,同时要尽快修订培养方案,结合专业特色在课程设置上增加通用思维技能课等通识教育课程,在教学方式上大力强化探究式、小班化等教学方式。再次,要加强教师队伍建设,借助各种渠道和外部力量促使教师知识观念更新、学科专业知识和教育教学知识技能的提升,引导教师在批判性反思的基础上,积极投身到教学模式的改革实践,转变教学观念和方式,注重对学生批判性思维的培养,同时改革破除束缚人才发展的体制机制,加大留学归国学者的引进力度。最后,有条件的高校要加大力度派遣在校生赴发达国家著名大学进修、访学、短期学习交流,博采众长。扎实推进,久久为功,如此,便能最终消除这个制约提升我国高校人才培养质量的痛点。

二、短板：多学科知识传授不足

科学发展的历史表明：学科的诞生与发展，源于社会需求的促进、科学技术的发展和知识分类的需要；当今世界科学前沿的重大突破，重大原创性科研成果的产生，乃至新兴学科的产生，大多是不同学科交叉融合、相互渗透的结果。[①] 德国著名物理学家马克斯·普朗克（Max Planck）指出，科学是内在的统一体，它被分割为单独的学科不是由于事物的本质，而是由于人类认识能力的局限性。当人们认识的物质世界已经从连续链条发展到系统、网络和规律之时，学科由分化转向综合、交叉就日益成为科学发展的必然趋势。正如美国学者克莱恩（Julie T. Klein）所言："20 世纪后半期，随着异质性、杂糅性、复合性、学科互涉等成为知识的显著特征，学术机构的'显结构'与跨学科的'隐结构'之间的平衡正在发生变化。"[②]20 世纪中叶开始，知识生产模式发生了重大变化。现代科学知识的发展，促成了更为完善的学科结构体系的探索建立，"人类知识的树状结构将逐渐被知识的网状结构所取代，人类知识的整体性将逐渐得以恢复或重建"[③]。科学技术的综合化发展趋势，要求高等教育机构尤其是大学要进行满足学科综合化发展的教育教学改革，培养具有多学科知识的跨学科人才，在新型前沿交叉领域做出突出贡献。2018 年，教育部、财政部、国家发展改革委印发《关于高等学校加快"双一流"建设的指导意见》，要求"组建交叉学科，促进哲学社会科学、自然科学、工程技术之间的交叉融合"[④]。这强调了学科交叉在高校学科建设中的关键作用，同时也要求各学科内部更

① 李佳敏.跨界与融合：基于学科交叉的大学人才培养研究[D].上海：华东师范大学，2014：45.

② 朱丽·汤普森·克莱恩.跨越边界：知识·学科·学科互涉[M].蒋智序，译.南京：南京大学出版社，2005：30.

③ 王建华.跨学科性与大学转型[J].教育发展研究，2011,31(1)：62-68.

④ 三部门印发《关于高等学校加快"双一流"建设的指导意见》的通知[EB/OL].(2018-08-27)[2021-06-01].https://www.gov.cn/xinwen/2018-08/27/content_5316809.htm.

加注重学科间的相互交融与协同发展。

综合性人才、复合型人才是多年来我国人才市场的"紧俏货",而我国高校培养出来的人才普遍存在"知识面不够宽,综合能力不够强"的问题却长期为社会所诟病。在前述四国对比研究中,研究人员认为中印俄三国的 STEM 本科生普遍比美国学生少修读人文和社会科学课程是导致学生批判性思维下降的原因之一。人文和社会科学课程对于培养学生的批判性思维能力有着极大的帮助,在美国大学无论选择什么专业一般在大学前两年会接受博雅教育,但在中国一般理科学生进入大学后除了几门公共课,其他都是专业课程,这导致了目前中国理工科学生在就业中的能力缺陷。① 可见,多学科知识是培养批判性思维能力的知识基础,而这个短板在这次疫情中再次展露无遗。

这里以中医药人才培养为例加以阐述。众所周知,中医对瘟疫疾病的研究源远流长,特别是在西医没有特效药的情况下,中医抗疫相对于西医具有恒久的优势,应当成为抗击疫情的主力军。但在新冠疫情发展早期,湖北省作为主疫区在 2020 年 2 月 11 日前中医药参与率仅为 30.2%,②其优势没有得到应有的重视,对于疫情治疗应发挥的作用不及时、不充分、不全面。中医在临床上的全面深入介入还远远不到位,这也反映出中医人才培养规模不足和能力短缺问题。对比其邻省,河南省积极落实中西医协同机制,实行中西医双管床模式,中医药深入介入诊疗过程,截至 2020 年 2 月 28 日,中医诊疗指导重症率 100%;1272 例确诊病例中,应用中医药 1256 例,中药参与比例达 98.74%,1161 例治愈出院病例中,中医药参与 1153 例,参与率 99.31%。③ 根据《2020年我国卫生健康事业发展统计公报》的数据,2020 年末全国中医药卫生人员

① LOYALKA P, LIU O L, LI G, et al. Skill levels and gains in university STEM education in China, India, Russia and the United States[J]. Nature human behaviour, 2021, 5(7): 892-904.

② 武汉方舱全部休舱! 张伯礼院士纵论中医药抗"疫":中西医并重打造中国特色医疗急救体系[N].经济参考报,2020-03-11(A06).

③ 我省继续推迟开学时间[N].郑州日报,2020-03-01(2).

总数为 82.9 万人,占全国卫生人员总数的 6.15％。[1] 一方面,这意味着中医药人才培养规模远远不够,即使不考虑新冠疫情导致的短期激增需求,中医药人才严重短缺的问题也不可小觑;另一方面,"中西医并重"方针已提出多年,但中西医结合医学发展仍面临资源总量不足、临床教育资源有所不足、结构有待优化、合作性研究相对较少、研究结果缺乏共识、缺乏国际化标准等问题与挑战。[2] 因此在全球化背景下,中医教育不能故步自封,应大力建设中医特色新医科,积极探索医、工、理、文等学科交叉融合的教育模式,培养"中医＋""＋中医"的高层次复合型人才。[3]

我国高校人才培养存在的这个问题,是苏联模式留给我们的"负遗产"。新中国成立初期,受当时国际形势的影响,我国高等教育全面移植苏联模式,实施专业教育。这种适应当时计划经济体制的人才培养模式,为我国各行各业输送了一大批高级专门人才,显著地促进了我国经济社会的发展,为我国在改革开放之前建立起独立的、相对完整的工业体系和国民经济体系做出了历史性贡献。[4] 但在承认苏联模式的"专业教育"为我国做出历史性贡献的同时,它的"缺陷"无疑也给我国改革开放之后的高校人才培养带来了巨大的"改革成本",而且至今我们还一直在为此付出"代价"。改革开放后,随着我国经济体制由计划经济体制向有计划商品经济体制再向社会主义市场经济体制的转变,高等教育也随之进行了一系列的改革,最重要的是摒弃苏联模式,向欧美发达国家尤其是美国模式学习,力图建立起与市场经济体制相适应的高等教育体系。经过四十多年的改革和发展,我国高等教育在管理体制、办学体制

---

[1] 规划发展与信息化司.2020 年我国卫生健康事业发展统计公报[EB/OL].(2021-07-13)[2021-07-15].http://www.Nhc.Gov.cn/guihuaxxs/s10743/202107/af8a9c98453c4d9593e07895ae0493c8.shtml.

[2] 王聪慧,冯哲,尹智炜,等.新形势下中西医结合医学的发展思考[J].中国工程科学,2021,23(2):169-174.

[3] 翟双庆,焦楠,闫永红,等.疫情"大考"背景下对中医药高等教育的思考[J].中国高教研究,2020(4):28-32.

[4] 张应强,邬大光,眭依凡,等.中国高等教育 70 年十人谈(笔会)[J].苏州大学学报(教育科学版),2019,7(3):22-50.

和投资体制等宏观层面发生了很大变化,但在微观层面的人才培养上却改得不多,变化不大,苏联模式留下的"后遗症"依然存在。这突出表现在专业之间的壁垒依然森严,多学科或跨学科交叉融合举步维艰,课程设置变化不大,通识教育进展缓慢,等等。如果说前工业化时代实施专业教育还能够适应经济社会发展的需求,那是因为当时的高等教育仍处在精英教育阶段,是人才的稀缺性掩盖了专业教育的"缺陷"。到了后工业化时代,由于信息化的快速发展,继续实施专业教育显然无法适应经济社会发展的需求,因为此时高等教育已经进入大众化阶段甚至是普及化阶段,专业教育的"缺陷"已经显露出来,在西方发达国家尤其是美国大力提倡通识教育就是例证。未来进入智能化时代,随着高等教育普及化的不断深化,高校人才培养必定会更加重视通识教育,而且可能需要的是升级版的通识教育。

近年来,国家不断加大对人才培养质量的关注度,对本科教学质量实施每5年一轮的合格评估或审核评估。前几年开始强化高等教育内涵式发展,2019年教育部更是加大对本科教育的管理力度,下发多份文件,力度前所未有。尽管改革开放四十多年我国高等教育始终处于改革状态,但实事求是地讲,前三十多年的改革主要是为规模扩张而改革,近几年才开始转向重视教育质量提升。但是,教育质量提升并不像宏观层面的体制改革那样容易立竿见影,改革难度大收效慢,对此我们既要有决心,更要有耐心。因为这个问题既与改革难度大有关,也与大学教师的成长经历和能力有关。改革难度大的主要原因包括:专业教育观念根深蒂固,历史惯性大;我国高等教育一直处于"卖方市场",改革动力不足;高等教育的功利主义色彩浓厚,上大学就是为了就业乃至就好业;等等。而在对人才培养起关键作用的大学教师方面,由于我国高等教育仍属于第一代特征,尽管近十几年来,从海外学成归国的大学教师越来越多,但与本土培养起来的大学教师数相比,有海外学历背景的大学教师数依然占比偏小,因而现在的大学教师几乎是在专业教育的环境下成长起来的。而且,从2003年起,我国高校开始进行人事制度改革,这个改革主要强调绩效管理,而绩效管理的结果便是强化了科学研究,因为教师评价体系中科研指标容易量化,而不易量化的教学工作往往被有意或无意地忽视,教学工作成了

"良心活"而不是"用心活"。正是基于这些原因,我国高校人才培养始终走不出苏联模式给我们留下的"车辙"。深受专业教育观念影响的我国高校如何能培养出"专业知识面宽、多学科知识丰富"的高水平人才?哪怕我们培养出来的大学毕业生专业基础够扎实,也难免因知识结构问题而影响到其知识的整合能力。如此,既制约了人才知识迁移能力的提升,甚至还可能给其留下"常识性"空白。这种"常识性"空白而导致的严重失误,在这次疫情中给我们留下了太深刻的印象,从这个意义上讲,这也是我国高校人才培养的短板。

针对这个短板问题,笔者建议:首先,教育行政主管部门应在学科专业目录方面加强顶层设计,打破学科专业壁垒,淡化"专业"的功利性色彩,充分发挥各行各业专家的集体智慧,根据未来经济社会发展的变化趋势,提前谋划布局,致力于培养高水平复合型人才;其次,高校要进一步优化学科专业结构布局,强化跨学科交叉学科专业设置,在资源配置上向跨学科交叉学科倾斜,在绩效考评方面制定有利于跨学科交叉学科发展的相关制度,同时也要加强跨学科交叉学科教师队伍建设,加大力度引进具有跨学科或多学科专业背景的教师;最后,大学教师要增强跨学科交叉学科意识,通过参与重大课题研究,加强与不同学科专业教师的联合攻关,不断提升自身跨学科交叉学科专业知识,扩大跨学科交叉学科的视野。

三、软肋:阅读习惯未受重视

阅读是人类获取知识、增长智慧的重要方式,是一个国家、一个民族精神发育、文明传承的重要途径。然而,《2020 全国国民阅读调查报告》显示,2020年我国成年国民图书阅读率仅为 59.5%,其中有 11.6% 的国民年均阅读 10 本及以上纸质图书,有 8.5% 的国民年均阅读 10 本及以上电子书,[①]可见全民阅

---

① 中国新闻出版研究院.第十八次全国国民阅读调查成果发布[EB/OL].(2021-04-23)[2021-05-26].http://www.chuban.cc/yw/202104/t20210423_16914.html.

读现状堪忧。虽然政府关注的是全民阅读,但对于处在阅读关键时期又拥有相对较高知识水平和文化修养的大学生群体而言,更应该自身重视阅读、提高阅读能力。

阅读能力是衡量一个人的知识水平,也是衡量高校人才培养质量的核心指标之一。阅读是更新知识的重要渠道,是提升知识迁移能力的基础。一个人若未养成阅读的习惯,是很难及时更新知识的,更遑论知识迁移能力的提升。宋代黄庭坚云:"士大夫三日不读书,则义理不交于胸中,对镜觉面目可憎。"[①]读书的重要性不言而喻,尤其在竞争非常激烈的今天,不读书的人随时会被时代抛弃。当下乃至未来,市场对人才的需求总是处于变动不居的状态。查颖博士通过调查发现,大学生的阅读参与和大学的阅读支持现状均甚为堪忧。大学的阅读环境和阅读互动都不够理想,各种校园阅读活动的数量和质量均有待提升,并且大学生的参与度很低,阅读课程开设率仅达 11.8%。[②] 根据麦可思多年调研结果可知,本科毕业生工作与专业相关度自 2012 届开始稳定保持在 70%左右,且毕业五年后工作与专业相关度降低 5 个百分点。[③] 这说明,我国高校毕业生的专业对口率并不高,且在毕业后呈现日益下降趋势。面对这种变化,唯一可行的办法就是让大学生培养起阅读习惯,才能依靠不断更新知识应对这种变化。从现实情况来看,"外行"领导"内行"的现象比比皆是,那么,"外行"要想领导好"内行",唯一的出路就是要不断提升自身的知识更新能力。由"外行"尽快变成"内行",需要养成阅读习惯。

本次新冠疫情初期,个别地方卫健部门负责人在接受上级督导组的询问时对该地疫情防控情况"一问三不知",有关负责人在新闻发布会上不能作出准确报告,是其中的负面典型事例。实事求是地讲,干部多岗位锻炼是中共各级党委组织部门培养干部的一种方式。这种"做中学、学中做"的培养干部方式,在中共发展史上始终发挥着重要作用,也可以说是一种极其有效培养各级各类人才的办法。当然,这种培养方式对一些人的知识结构和能力会构成一

---

① 苏轼文集[M].北京:中华书局,2016:2542.
② 查颖.阅读与大学生发展的关系研究[D].上海:华东师范大学,2017:236-238.
③ 王伯庆.2020 年中国本科生就业报告[M].北京:社会科学文献出版社,2020:104-105.

定的挑战。如果高校培养的大学毕业生在学期间没有养成阅读的习惯,那么在遇到岗位轮换时就会表现出知识更新能力弱或知识迁移速度慢的问题。这在平时工作中或许看不出来,但是在遇到紧急重大事项时就会给事业造成损失。

与之形成鲜明对比的是,新冠疫情发生后,钟南山院士敢医敢言,不畏耄耋之年的高龄,镇定自若地披甲上阵,第一时间站在公众面前,讲真话、办实事,一锤定音,提出存在"人传人"现象,强调严格防控,呼吁"戴口罩,勤洗手,少串门,别扎堆",领导撰写新冠肺炎诊疗方案,在疫情防控、重症救治、科研攻关等方面做出杰出贡献。在接受媒体采访时,钟南山院士在谈关于教育和学习的见解时寄语莘莘学子:"学习最重要的是学好基本功,同时还要保持好奇心,而在基本功里,学好语文最关键。学好了语文才懂得如何对事情进行分析、总结、综合。"①其中,语文学习的首要就是要学会阅读,养成阅读的习惯,踏踏实实地积累。正是这样,钟南山院士才能够在危急时刻挺身而出,利用专业知识第一时间作出专业判断,在 SARS 和新冠疫情防控中做出巨大贡献。

我国历史上的伟人大多是有阅读习惯的,开国领袖毛主席是其中的杰出代表。无论是在艰苦的革命战争年代还是在社会主义建设年代,无论战争打得多么惨烈还是处理繁重的国事,毛主席总是与书为伴。正是他的这种好习惯,使其不仅成为伟大领袖,而且还是伟大的思想家、哲学家和诗人。但是,受传统人才培养模式的影响,我国很多高校至今仍存在使用"一本书"培养学生的方式,②课堂教学按照"一本教材"进行、期末考试按照课堂上讲授的内容进行。教师对学生的要求就是上课认真记笔记,期末考试只要复习笔记就可以通过考试甚至能够考高分,而平时对学生却疏于布置阅读材料。这种培养方式导致学生知识面窄、分析思考问题能力不足。这是我国高校人才培养与欧美发达国家的显著差别,也是两者差距之所在。从欧美发达国家学成归国的学者或相关资料中我们都可以得知,欧美发达国家的高校都十分重视大学生

---

① 南都"云课堂"公开课首播 60 多万人观看[N].南方都市报,2020-03-20(GA10).

② 别敦荣."一本书"的大学培养不出一流人才[N].文汇报,2019-01-04(8).

的阅读,每门课程教师都会给学生布置大量的阅读材料,学生在课后都要花很多时间进行阅读,否则上课过不了关,更遑论期末能够通过考试,得高分简直就是天方夜谭。通过对比中美名校阅读榜单可以发现,美国大学生阅读最多的是经典的政治学、哲学著作,而这些经典书目,很少出现在中国大学生的榜单中;中国的大学生较少阅读有想象力、有国际视野、综合类或有普遍意义的自然科学和社会科学的书籍。阅读榜单的差异,一方面折射出中美大学在教学模式上的不同,另一方面也反映出中国大学生阅读质量和水平不高。

在 20 世纪 90 年代前上过大学的人,在大学期间普遍会认为,只要接受了高等教育,在大学中学到的知识基本上够一辈子使用。但是 90 年代后,尤其是 21 世纪以来,随着科技和信息技术发展的日新月异,社会管理日益复杂多变,在大学中学习的知识不仅用不到一辈子,甚至不到三五年就会显得落伍。如果在大学里没有养成阅读的习惯,他所获得的知识在毕业后就会很快老化,新知识的补充就会不足,久而久之,其分析判断能力就会下降。若此,不仅自己的履职能力会不断下降,有时甚至会给国家和社会事业发展造成重大损失。

这次新冠疫情对我国各级干部的履职能力是一大考验,对我国高校人才培养的启示作用也是很大的。这个启示昭示着我国高校人才培养要特别注重培养学生阅读的习惯。阅读习惯是一个人一辈子的事情,阅读习惯是否养成,直接影响到一个人在社会中的发展。正如李培根院士所言,学习能力的高低主要取决于什么? 不是取决于正式学习能力,而是取决于非正式学习能力。[①]这个非正式学习能力,主要指的就是阅读习惯和阅读能力。但是,反思现在我国的高校人才培养,实事求是地讲,养成学生阅读习惯总是被忽视的,或者说重视不够,似乎阅读习惯的养成仅仅只是学生自己的事。高校及其大学教师要引导大学生在大学时代就能够建立起一个良好的阅读习惯,这对于提升他的知识迁移能力肯定是有帮助的,对他未来的发展也是极有好处的。有人认为,鼓励广泛阅读,容易使学生学习的知识碎片化,把碎片化知识看成是负面

---

① 李培根:批判性思维与我们[EB/OL].(2017-11-28)[2021-05-30].http://ppxsw.szjzw.hust.edu.cn/info/1007/1121.htm.

的。诚然,一个人的知识如果完全不成系统、完全是碎片的,那的确是有问题的。但是,既然大学生是在某一个学科专业领域中学习,就意味着他已经在某一个系统的专业知识的训练之中,那么碎片知识的补充就显得很重要。现在互联网、信息技术越来越发达,学生从互联网上"大浪淘沙"捕捉有用的知识和信息进行学习,也是一个重要的学习途径。那么,我们的教材怎么去适应互联网的影响?增加一些阅读材料、延伸阅读,实际上就是使正式学习与非正式学习相结合。总之,养成大学生阅读的习惯,在我国高校人才培养过程中是比较不受重视的,甚至可以说是我国高校人才培养的软肋。

针对这一软肋,笔者建议,首先,教育行政主管部门应在广泛听取各学科专家意见的基础上编列一份可供大学生课后阅读的涵盖各学科经典著作的目录清单;其次,高校要在这份目录清单基础上,根据各自的校情适当增列书目,开设阅读指导课程,鼓励图书馆和二级学院开展以培养阅读习惯为目的的"全校读书月"等习惯养成实践活动,营造全员阅读的学习氛围;最后,任课教师也要在课程教学过程中,指导学生阅读校版经典著作,并将阅读情况作为考核考试成绩的一部分,鼓励教师举办定期或不定期的"读书沙龙",在师生互动和同伴互动中培养阅读习惯,增进对学术知识的拓展和深刻理解。

四、结语

"亡羊补牢,未为迟也。"我国高等教育的发展历史不长,从精英教育阶段到大众化阶段再到普及化阶段,我们只走了 20 年。而西方发达国家的大学起源比我国要早得多。我国可以借助后发优势,在借鉴西方发展经验的同时,加快补齐我国高校人才培养的短板。

从上面的论述中可以看到,我国在短短不到 40 年(从 1985 年中央教育体制改革的决定算起)的时间内建起了世界第一大规模的高等教育系统。在这个发展过程中我们经历了大刀阔斧的管理体制改革,才取得了今天这样的历史性成就,应该说在宏观管理层面我国的改革可圈可点,在微观层面的人才培养方式改革上也在积极推进。从总体来看，到目前为止，在专业设置、教学组织、培养方案、教学管理制度等所谓"器"的改革方面，相对比较重视，下的力气比较大，改革也取得了一定的成效。但在像大学生批判性思维培养、注重多学科知识传授、大学生阅读习惯养成等所谓"道"的方面却总是被不自觉地忽视，或者说重视不够。"器"与"道"的关系用不太恰当的比喻，犹如"刀"与"刀柄"的关系，"刀柄"缺失或有短板，"刀"的功用必然会受影响。

总而言之，高校是培养高级专门人才的场所，也是培养社会精英的重要场所，人才培养质量是高校永恒追求的目标。以国家"十四五"规划提出"提高高等教育质量"为契机，真诚希望将批判性思维培养、强化多学科知识传授、养成大学生阅读习惯等尽快纳入我国高校人才培养方式的重要组成部分。如果我们坚持做下去，而且很用心去做的话，不仅会对我国高校人才培养质量的提升起很大作用，相信对建设国家治理体系和治理能力现代化将会有重要的推动作用。

推进高校思想政治教育协同育人的
路径探析 *

高校人才培养是育人与育才相统一的过程,立德树人成效是检验高校一切工作的根本标准。落实好立德树人根本任务,要着力构建高校思想政治教育协同育人机制,构建横纵联动的协同育人队伍,实现思政课教师、专业课教师、辅导员的横向配合,以及学校、教务部门、二级学院(系)的纵向协调,使价值塑造、知识传授与能力培养三者融为一体,也要注重加强师资队伍建设,强化师德师风建设,提升教师的理论知识水平,丰富课堂教学方法。

一、在横向上搭建思政育人团队

思政课教师、专业课教师与辅导员是高校思政工作团队的重要组成部分,在高校思政工作中相辅相成,缺一不可。推动三方人员的有效协作,有利于取长补短,优化高校思政育人团队的组织结构,将三股力量拧成一股绳,抓住青年学子的"拔节孕穗期",引导他们扣好人生的"第一粒扣子"。

(一)推动思政课教师与专业课教师协同育人

对于思政课教师而言,他们可以为专业课教师提供思想政治理论上的补

---

* 本篇与吴彬合作,原载《中国高等教育》2023 年第 1 期。

充,分享教学方法,帮助挖掘课程中的思政元素,把握课程思政的建设方向。同时,两者的互动能够在很大程度上拓展思政课教师的学科视野,丰富其知识体系,完善其思维逻辑,对后续的教学活动大有裨益。对于专业课教师而言,双方共同参与课程规划、课程设计以及教材的二次开发等,有助于提升其思想政治理论素养,优化教学方法。

为增进思政课教师与专业课教师之间的互动交流,为双方合作创造更加便利的条件,可采取以下措施:其一,优化交流与组合形式。要推动思政课教师与专业课教师的合作交流,既要关注后期的"磨合",也应留意前期的"配对"。要提升协同育人效力,应当结合思政课教师的受教育经历与本身专长,实现思政课教师与专业课教师的最优组合。其二,创建互动交流平台。可以创办线下学习活动室,为思政课教师与专业课教师的学术研讨、经验交流、集体备课提供固定场所,保证交流的基本频率。还可以创办线上互动平台,如利用微信公众号、微博等新媒体平台,开设"思政课教师专栏""专业课教师专栏""互动专栏"等,促使双方共享教学经验,增进对彼此的了解与认同。其三,鼓励互相听课。专业课教师可以通过听课加强思想政治理论与教学方法的学习,思政课教师可以通过听课增进对不同专业的了解,从而面向各专业的学生开展有针对性的授课。双方还可以实现思政课与专业课教学的同步推进,在思政课上以本专业领域的优秀人物、行业文化为例证,在专业课上穿插思想政治的引领,形成教学合力效应。①

(二)推动辅导员与专业课教师协同育人

对于辅导员而言,他们可以凭借专业课教师共享的学生专业学习状况,更好地把握学生的发展动态。同时,专业课教师参与思想政治教育能更有效地加强班级学风建设。许多专业课教师本身就是学术带头人和本学科的专家,其严谨治学的态度、丰富的科研经验等都会对学生的思想与行为产生积极正面的影响。对于专业课教师而言,凭借辅导员共享的学生性格、心理状况、学

---

① 郑晓娜,翟文豹.高校构建"三全育人"协同机制研究[J].现代教育管理,2020(10):59-63.

习成绩等各方面的信息,可以更好地掌握学生的特点与需求,做到因材施教,提高教学效果。

提升辅导员与专业课教师协同育人的协调性,要把握以下两点:一方面,应当关注师生配比。专业课教师的双重身份意味着他们既要完成教学与科研任务,还要协助开展学生日常管理工作。因此,专业课教师应有针对性地负责相关专业的班级,方便专业课教师的工作开展,且每位专业课教师负责的学生数量也要适中,人数较多的班级应配置多名班主任,鼓励经验丰富的教师参与到班主任工作中来。另一方面,应当明晰合作分工。在合作中,辅导员和专业课教师可以发挥各自的专长,明确各自的职责。例如,在进行社会实践指导时,辅导员负责全程的组织与管理,保障社会实践安全顺利地开展;专业课教师负责实践的理论与技术指导,跟踪学生的实践进程,提高学生社会实践的活动质量。为了推动专业课教师参与课程思政建设,除了专业课教师兼任班主任外,不少高校还采用了本科生导师制、建立师生联合党支部等方法。同样,在采用这些方法时也要关注师生配比以及专业课教师与辅导员的工作协调配合问题。

(三)推动辅导员与思政课教师协同育人

相比专业课教师,辅导员与思政课教师长期从事思想政治教育工作,两者之间的合作与交流会更紧密、更频繁,因此,有的高校采取了辅导员兼任思政课教师及思政课教师兼任辅导员的方式。发挥辅导员与思政课教师协同育人的优势互补作用,应当把握以下两点:一是双方应立足主体优势,做好本职工作。思政课教师应发挥其理论研究者的优势,在思政课上将抽象的思想政治理论讲清楚、讲透彻。辅导员与学生的接触机会最多,接触时间最长,应密切关注学生的思想动态,在做好志愿服务、社会实践、就业指导等活动的组织与管理的同时,融入思想政治教育,让学生在实践中深化所掌握的理论知识。二是双方应开展广泛合作,形成互补效应。应当注重向对方取经学习,合作共建,切实提升协同育人效力。除互相兼任外,双方协同育人还可以通过第一课堂和第二课堂的密切合作来实现。例如,辅导员加入教学科研团队,助力思政课教学的优化,思政课教师进行大学生社团活动的指导,提升日常思想政治教育工作的质量。在发挥自身优势的同时,双方还可以互相学习,辅导员提升自己的思想政治理论素养,思政课教师弥补自己在实践指导上的不足。

二、在纵向上形成思政育人格局

要提升高校思想政治教育的实效,要在纵向上形成思政育人格局,从学校到教务部门再到二级学院(系),都应当协调配合,为思政育人团队效能的发挥提供机制保障,为思政工作的开展创设良好的环境。

第一,学校应做好统筹规划。一方面,要创建各部门齐抓共管的工作局面。高校内部各部门的工作相互交织,牵一发而动全身,只有运用系统思维,科学统筹各部门,才能实现"整体大于部分之和"。因此,应当在学校党委的领导下,将教务部门、人事部门、学工部、后勤部等各单位都纳入协同育人团队中来,充分调动各单位的积极性和主动性,整合学校资源,形成"上下一盘棋",实现"拧成一条心"。[①] 另一方面,要完善规章制度。要促进思政课教师、专业课教师与辅导员协同育人,目前最重要的是建立与完善考评及激励制度。[②] 考评制度在内容上不能只偏重科研与教学,以专业课教师为例,其兼任辅导员、参与第二课堂等也应被计入工作总量,还可以规定每学年专业课教师从事思想政治教育工作的最低工作量,对于擅长并愿意从事思想政治教育工作的专业课教师,也可以适当降低对其科研与教学工作量的要求。对教师的考评除了看工作量、学生成绩等实际绩效外,还可以综合教师自评、学生评价与学院评价,对教师的协同育人成效进行全面细致的考核。激励制度要能调动教师的积极性,对于在协同育人方面有突出贡献的个人或团队,可以在评优、职务

① 张文强.新时代构建高校思想政治教育协同机制研究[J].国家教育行政学院学报,2019 (12):75-80,89.
② 单成巍.大学生思想政治教育视角下高校辅导员与专业教师协同育人对策研究[J].教育探索,2019(6):68-71.

岗位晋升等方面予以倾斜。例如,将协同育人的考核结果作为教师职务晋升、职称评聘的基本指标,还可以设置"协同育人优秀教师""协同育人优秀团队"等奖项,并通过学校官网、微信公众号等进行宣传与表彰。

第二,教务部门应做好上传下达。一方面,教务部门应做好协同育人政策规章的制定、解读与宣传工作,传达协同育人建设的价值与理念。另一方面,教务部门还应做好监督检查工作,形成定期检查与不定期抽查相结合的制度,确保协同育人工作在二级学院(系)落到实处,并及时上传二级学院(系)的情况,以便学校层面根据实际进展作出新的安排,把控方向与质量。

第三,二级学院(系)应做好落实。要将协同育人工作落到实处,就必须关注二级学院(系)的协同育人建设情况。二级学院(系)应推动思政课教师、专业课教师与辅导员之间的沟通与交流,可以创建三方合作交流的线上线下平台,如固定的学习活动室与媒体平台上的专栏,还可以创设统一的领导机构,对思想政治教育的理论教学与实践教学进行一体化设计,由各学院领导协同管理。

三、加强师资队伍建设,提升教师的综合素质

教师是教学的承担者、实施者,协同育人归根结底需要通过教师来实现,要发挥思政育人团队的协同育人效力,助推思政育人格局的形成,就必须加强师资队伍建设,提升教师的综合素质。

(一)思想铸魂,加强师德师风建设

古语有云:"亲其师,信其道;尊其师,奉其教;敬其师,效其行。"教师对学生的影响是直接、深远且持久的,只有以良好的师德师风建设为基础,才能够"守好一段渠"和"种好责任田"。其一,要强化教师的政治意识。[①] 教师要深

---

① 吴满意,王丽鸽.新时代思想政治教育的创新发展需要处理好六大关系[J].中国高等教育,2020(6):7-8.

入贯彻落实党的二十大精神,全面贯彻党的教育方针,强化政治意识、责任意识、阵地意识和底线意识,以立德树人为根本任务,培养德智体美劳全面发展的社会主义建设者和接班人。其二,要提高教师的辨别能力。面对多元文化思潮的交流与交锋,教师要自觉抵制错误思潮,坚持用马克思主义理论武装自己,坚定正确的政治方向,不断提高政治觉悟。除此之外,教师还应具备爱岗敬业、关心学生、知行合一、诚实守信等良好美德。学高为师,身正为范,教师只有具备良好的师德,才能在思想政治教育中做到春风化雨、润物无声。

(二)理论强基,提升理论知识水平

教师只有全面深刻地掌握思想政治理论,才能够有敏锐的嗅觉,挖掘出有效的思想政治教育素材。高校可以自主举办相关的思想政治理论培训活动,在培训中发挥思政课教师的引领作用与指导作用,在理论的广度和深度上,不追求大而全,而是根据教师的实际理论水平与课程思政的建设需求,制订科学的培训方案,切实提高教师的理论知识水平,打下坚实的理论基础。

(三)方法创新,丰富课堂教学方法

无论是思政课、专业课还是其他教育教学环节,创新教学方法可以有效提高课堂教学的吸引力,激发学生兴趣。可以丰富课堂教学方法,采用启发式教学法、案例教学法、对比分析法等。以启发式教学法为例,在课堂上给予学生适当的提示,不直接点破,从而调动学生的积极性与主动性,可以收获较好的教学效果。

此外,专业课教师还应掌握思想政治教育资源的挖掘方法。专业课中的思想政治教育资源不是系统性的思想政治理论知识,而是蕴含在专业知识与专业技能中,不易被挖掘,这便使得这些思想政治教育资源不像思政课中的那样丰富和易于使用。在实际教学中,专业课教师可以结合学校特色、课程特色及教师个人特色,有针对性、有方向地挖掘思想政治教育资源。其一,结合学校特色。可以结合本校的办学特色、校园历史与校园文化,因校制宜地挖掘思想政治教育资源。其二,结合课程特色。不同的课程背后有不同的学科背景,教师要能够厘清不同学科之间的差异,在教学中各有侧重。例如,社会科学课程可以侧重对学生进行政治引导和文化熏陶,自然科学课程可以侧重激发学生的创新意识,应用技能型课程可以侧重培养学生的工匠精神。其三,结合教师特色。教师的政治认识、职业态度等也是一种可供挖掘的思想政治教育资源。例如,擅长做实验的教师就可以在实验演示中向学生展示其严谨的学术态度、较强的操作能力和分析能力,这也是一种思想政治教育资源。

综上所述,要提升协同育人水平,发挥出高校思政工作最大合力,既要构建横纵联动的协同育人队伍,实现思政课教师、专业课教师、辅导员的横向配合,以及学校、教务部门、二级学院(系)的纵向协调,也要加强师资队伍建设,加强师德师风建设,提升教师的理论知识水平,丰富课堂教学方法。

人工智能背景下我国高校人才培养变革的有效思路*

人工智能作为第四次工业革命的核心技术,正在对人类生产生活产生着潜移默化的作用。2017 年国务院发布《新一代人工智能发展规划》,昭示着人工智能发展已经进入新阶段,"大数据驱动知识学习、跨媒体协同处理、人机协同增强智能、群体集成智能、自主智能系统成为人工智能的发展重点"[①],提出"智能教育"概念、重视复合型人才培养、形成"人工智能＋X"复合专业培养模式等,为"人工智能＋教育"指明了发展方向。2018 年教育部印发《高等学校人工智能创新行动计划》,强调完善人工智能领域人才培养体系,完善学科布局、加强专业建设、加强教材建设等。由此可见,人工智能带来的变化已经辐射到高等教育中,探索在"人工智能＋教育"时代背景下高校人才培养变革的有效思路,对加快推进高等教育现代化进程具有重要意义。

一、人工智能的"三大特征"

人工智能作为一种能够提升人类生产力和劳动力的新兴技术,从简单逻辑推理阶段过渡到深度自主学习阶段,和人们生活的细枝末节发生关联。人

---

* 本篇与李广平合作,原载《中国高等教育》2020 年第 11 期。

① 国务院关于印发《新一代人工智能发展规划》的通知［EB/OL］.(2017-07-20)［2020-01-05］.http://www.gov.cn/xinwen/2017-07-20/content_5212064.htm.

工智能在发展过程中将会深刻影响高校人才培养,从技术层面支撑高校人才培养变革,促进人才培养向符合现代社会要求的方向发展。人工智能之所以可以作为一种教学辅助手段与高等教育融合,弥补传统教育不足,主要是其特质与高校人才培养要求相契合。

其一,基于数据运行的高效性。人工智能发展的基础是来自大数据驱动,大数据和云计算已经成为人工智能发展的重要动力。人工智能可以建立众多大型数据库,对不同信息进行分类存储,凭借其高效的运算能力和计算速度,能够在最短时间输出结果,比人类资源存储和信息处理能力强大得多,人工智能还可以利用穷举和匹配搜索等方法进一步快速完成任务。借助这一优势,高校可以建立学生信息智能管理系统,跟踪学生学习状态,了解学生进步情况。

其二,基于深度学习的自主性。深度学习可以模仿人的脑部结构,实现推理、建模、语言学习、交互学习、认知、创造等活动,解决社会复杂问题。深度学习体现了机器学习较强的自主性,在对大量信息进行储存和整合的基础上形成网络神经元,快速有效对外界刺激做出分析和回应,图像识别、文字识别和语音识别等都是以深度学习为支撑发展起来的技术,在教育领域中借助人工智能这一技术可以实现语言教学、智能解答等教学活动,优化教学过程。

其三,基于技术智化的开放性。人工智能技术能够打破空间限制,促成知识形态和知识传播的"网络化"。人工智能可以根据社会的发展需求形成符合时代要求的知识库,通过互联网和计算机技术等手段将资源扩散到网络覆盖的每个角落,实现资源共享,形成社会学习共同体。人工智能技术还可以实现智能教学模式,创建在线教育和移动学习,将学校与世界联通起来,共享优质资源,构建互联网时代的新型教育生态环境。

二、人工智能对高校人才培养理念的影响

高校作为研究高深学问和培养高级专门人才的场所,在人工智能时代背景下,一方面需要重新审视智能化时代与工业化时代社会对人才需求的不同

之处,另一方面在人工智能的冲击下,高校要反思和内省目前人才培养存在的问题,结合人工智能技术优势,转变人才培养理念。

突出一个重点:创新思维的培养。人工智能时代是"泛机器化"时代,智能控制、专家系统和智能决策等成为人工智能的应用领域,人们将会越来越依赖机器应对社会复杂问题。面对人工智能的"智能化威胁",高校应该将培养学生创新思维作为人才培养的重要任务,改变过去只注重知识传承的培养理念,发挥人工智能不具备的创新能力,提高学生在智能环境中的生存能力。人工智能时代将会带来社会行业结构的大变革,低技能人才将会成为人工智能首先取代的对象。因此,解决受教育者的创新能力问题,培养学生的创新思维,形成与人工智能不同的人才能力结构是高校要担负的重要责任。

凸显一个核心:学生的主体性。人工智能时代师生关系将会得到改善,进一步强化以学生为主体的人才培养理念。在传统课堂中教师常常处于教学的中心位置,学生处在围绕教师中心的位置,但是教学不是简单的知识传递的过程,是师生间以知识为媒介进行信息互换、思维碰撞的双向交流过程。在人工智能时代,教师不再是知识的绝对拥有者,以学生为主体的培养理念得到加强和落实,信息资源的开放共享、学习方式的多元选择、辅助系统的智能发展等使学生可以自由选择满足个体发展需求的学习内容,从知识的被动接受者转为知识的主动学习者和创造者,主体性得到充分发挥。

重视一个环节:教学过程的因材施教。人工智能时代是信息化和大数据高速发展和普及的时代,人工智能技术将会逐渐融入高校教育教学中,实现教学过程的科学化、精准化和个性化。在传统人才培养模式中,教师很难关注到每一个学生主体,一对多的教学格局往往使教师陷入"折中"的教学境地。未来人工智能技术融合教育教学可以有效缓解这种困境,人工智能能够模拟人的思维进行辅助教学,记录下每个学生的学习状态和学习轨迹,将这些学习信息以数据的形式保存下来,在短时间内对不同类别信息进行整合和分析,反映学生学习情况。教师在人工智能技术的助力下,需要转变"统一的教"的培养理念,充分发挥人工智能辅助作用,为学生提供针对性辅导、个性化教育,真正做到因材施教。

重构一个场域:学习环境的无边界。人工智能使人才培养环境转化为万物互联的智能空间,创造了更加灵活高效的学习环境。传统的人才培养活动主要集中在学校内部开展,学生离开课堂、离开教师、离开学校就意味着在校学习活动的终止。人工智能时代的教育是数字化教育,网络学习成为主流学习形态,各个领域的教育工作者将加入网络课程视频录制中,学生通过慕课、创客等多种渠道进行学习,不再只局限于对书本内容的学习和对教师讲授的依赖,可以自由选择学习方式和学习空间,学习场域变得更为开放,学习环境从传统的有边界转为无边界。

三、人工智能助力高校人才培养变革

对于高校而言,人工智能既是高校人才培养的新契机,推动了培养理念的革新和重组,又是人才培养的新工具,为人才培养提供科学化培养路径和智能化技术支持。人工智能融合高等教育有效助推人才培养朝向智能化、个性化、网络化发展,以现代信息技术支撑教学方式、学习方式和学习环境等内容的变革,实现人才质量提升的"变轨超车"。

一是搭建虚拟化实践平台,提高学生创新能力。实践是培养创新思维的关键环节,人工智能能够打破理论学习受制于实践操作的困境,帮助学生获得实践学习体验,提高自主创新能力。将人工智能领域中的虚拟现实和增强现实等技术应用到高校教学中,可以实现对客观物理空间的超越,拓宽学生的体验空间,加强对知识的直观理解和对创新能力的训练。利用人工智能的虚拟仿真技术,建立虚拟仿真实验室,可以降低人才培养过程中的教育成本,大幅减少实验操作经费,帮助学生建立思维框架,培养理性思维,增强创造力。

二是融入智能化学习技术,发挥学生学习自主性。人才培养要激发学生学习主动性,提升学生学习自主能力。人工智能的出现成为学习分析和学习自适应性的驱动技术,未来高等教育人才培养要融入智能化学习技术,通过脸部识别技术观测学生学习状态,通过眼动跟踪技术监测学生参与情况,通过情感计算辨别学生学习体验等,精准呈现学生学习信息;通过算法和预测性分析判辨学生学习情况,为每个学生智能规划学习路径并推送学习内容,让学生在特定的学习环境中实现自主学习和探究,实现以学生为主体的教育的规模化发展。

三是运用混合化教学模式,提供个性化学习指导。高校教师在课堂教学中可以融入人工智能技术,构建"人工智能＋课堂"教学模式。利用人工智能处理日常教学工作,教师可以从繁杂琐碎的教学任务中脱离出来,将更多精力放在对学生的个性化辅导上。同时,教师还可以在教学过程中利用人工智能的图像识别、语音识别和情感感知等技术,在自然状态下捕捉学生的学习行为和体验,分析学生的学习轨迹,甄别学生的个性和潜质,辅之以个性化学习指导,提供个性化学习服务。人工智能融合教学实践解放了教师教学生产力,使教师由传统的"教书匠"转变为教学活动的"创造者""引领者""设计者",但是教师需要明确人工智能技术只是教学辅助工具,人才培养不能过度依赖机器教学,教师要集中精力创新教学模式,注重对学生的情感指导和价值观塑造。①

四是打造智慧化学习校园,形成泛在化学习环境。"人工智能＋大数据"是未来智慧校园建设的主要目标,将人工智能技术融合校园建设主要包括以下途径:在教学环境方面,建立智慧教室、微课堂、远程互动录播教室等;在教学资源方面,建立统一教学资源平台和特色资源库,支持移动端访问,提供多校区、跨地域、越国界的优质教学资源,支持课程直播、课程回放和资源在线剪辑录制等服务;②在教学管理方面,建立智能化数据采集和反馈系统,运用"用户画像"技术,对学生测验情况、听课表现、网上浏览等学习数据进行分析,完善学习管控机制。③

① 胡伟.人工智能时代教师的角色困境及行动策略[J].现代大学教育,2019(5):79-84.

② 李霞,甘玿,程源,等.高校智慧校园的建设:技术、内容和服务:以郑州轻工业大学为例[J].现代教育技术,2019,29(9):80-85.

③ 龙献忠,戴安妮.人工智能＋教育:我国高校人才培养改革的新契机[J].大学教育科学,2019(4):107-113.

四、人工智能时代人才培养变革路径

人工智能时代人才培养的变革路径包括:要及时更新人才培养理念和目标;要提升教学主体人工智能相关素养;要优化资源配置,加强校际协同等。

及时更新人才培养理念和目标。更新人才培养理念和目标是高校实现人才培养变革的前提,是人才培养其他组成要素进行革新和重组的基础。随着人工智能对高校人才培养理念影响的日益加深,及时更新人才培养理念和目标是高校主动顺应人工智能时代潮流的重要举措,但是更新是否及时和成功不仅取决于高校是否自觉行动,更取决于政府是否作出顶层设计以及社会和市场是否提供技术支持。在我国现实语境下,教育行政主管部门颁布的高等教育政策法规等对更新人才培养理念和目标至关重要,因此,各级政府及教育行政主管部门要统一思想、步调一致,遵循高等教育发展规律,坚持高等教育本质属性,立足人工智能时代教育发展需求,对我国高校人才培养理念和目标做出适当调整、指导和要求,促进高校向"以学生为中心"、培养创新型人才等培养理念转变。[①] 社会和企业要积极提供支持,通过校企合作平台和大数据分析技术等为高校提供即时性的人才需求信息,进一步加强人才培养目标的精准定位。高校自身要以人才培养为发展使命,在政府要求和社会需求的基础上,对学校的制度设计、教学安排、环境建设等做出改进以贯彻落实新的人才培养理念和目标。

提升教学主体人工智能相关素养。促进人工智能与高校人才培养融合,首先要改变教师观念和加强人工智能技术学习,提高教师人工智能应用水平。学校应加大对教师学习人工智能技术的投入力度,邀请人工智能专家开办讲座,增强教师对人工智能的深入了解和认识;组织教师进入人工智能企业,在

---

① 余小波,张欢欢.人工智能时代的高等教育人才培养观探析[J].大学教育科学,2019(1):75-81.

观摩中学习、在体验中进步;同时学校要注重对教师教学素养的培养,避免教师走入人工智能应用"误区",过度依赖机器而忽视教学本质。[①] 教师自身要主动顺应人工智能时代潮流,建立与人工智能时代相适应的教学观念,提供"以学生为中心"的教学服务,借助网络在线平台丰富人工智能知识,进行自我教育。由于人工智能是一门涉及众多学科知识的技术,为了使学生适应人工智能时代的知识需求,学校需要进一步强化多学科融合的人才培养模式,建立人工智能通识课程知识体系,强化对学生数字素养的培养,提高数字时代学生的生存能力和学习能力。

优化资源配置,加强校际协同。高校要改进资源配置方式,发挥强者带弱者的辐射作用,加快人工智能融入人才培养过程,建设智慧学习校园。在教育经费有限的前提下,高校应提前做好预算规划,调整资金分配比例,加大对人工智能建设的扶持力度,比如预先购买人工智能硬件设备和建设网络教学资源平台等。此外,高校应加强校际协同,可以形成区域联盟,优势高校为一般高校提供应用技术引导、网络资源共享和教师流动教学,从整体上提高人才培养水平。[②]

---

① 白书华,李素玲,丁良喜.人工智能在教育发展中的问题及对策[J].中国高校科技,2019(9):94-96.

② 任增元,刘军男.人工智能时代高校人才培养变革的思考[J].大学教育科学,2019(4):114-121.

导学关系的和谐建构研究[*]

——基于互惠利他理论的导学匹配分析

一、问题的提出

在我国高等教育精英化阶段,研究生规模极小,只有少数在科学研究方面有追求、有能力的学生才会选择继续深造,也只有少数学高望重的教授才有资格指导研究生。当时实施的是传统德式师徒制培养模式,学生向学,导师愿导,导学关系十分融洽。21世纪以来,伴随着高等教育规模扩张,经济社会发展对更高层次人才的需求以及经济发展变动而引起的大学毕业生就业难等多重因素叠加,导致近十几年来我国研究生规模不断扩张。教育部统计资料显示,2000年,我国在学研究生数28.39万人,到2020年跃升至313.96万人,其数量规模是20年前的11倍。导师规模也有所扩大,2020年普通高校研究生指导教师数48.28万人,是2000年的5.4倍。[①] 大学教师的导师身份逐渐职业化,在视教书育人为志业(calling)的群体之外,不少教师将导师身份视为一份工作(career),甚至是具有谋生意味的活计(job)。体制化生存与发展需求

＊ 本篇与阮慷合作,原载《厦门大学学报(哲学社会科学版)》2023年第1期。

① 中华人民共和国教育部.教育统计数据[EB/OL].[2021-08-27].http://www.moe.gov.cn/jyb_sjzl/moe_560/2020/.

正驱使大学教师的行为带有越来越明显的理性化与合理化取向。[①] 师生数量的变化使得导学关系反映出更多元的形态,与此同时也生成了一些不和谐的元素,其中最为突出的是导学关系的紧张。

导学关系紧张现象并非我国所特有。研究生教育发达国家的经验表明,随着研究生规模的扩张,导学关系紧张都会不同程度产生,因此,发达国家在这方面展开研究也比较早。我国学界近年来也开始关注这方面研究,有学者基于结构性紧张理论对导学关系进行分类分析,并提出最优化导学关系类型;[②]有学者基于扎根理论分析研究生对导学关系的认知,构建了导学关系的四维模型;[③]等等。这些成果为当前导学关系紧张问题的分析和解决提供了思路和参考。

褪去传统导学双方"春蚕到死丝方尽,蜡炬成灰泪始干""一日为师,终身为父"的崇高色彩,本研究认为,导学关系的本质是双方均作为现代社会中的人之导师与研究生之间的关系,它同样遵循着人际关系的一般规律,其特征随着研究生教育规模的不断扩大而愈加凸显。互惠利他理论在构建良好人际关系方面有着很好的解释力和积极的引导价值,本研究拟从该理论出发解释和分析当前导学关系紧张现象,并在此基础上提出促进导学关系和谐建构的若干建议。

二、理论基础:互惠利他理论

1971 年,美国社会生物学家特里弗斯(Trivers,R.)针对非亲缘关系个体间的利他和合作行为最早提出了互惠利他(Reciprocal Altruism)理论。[④] 互

---

① 阎光才.大学教师行为背后的制度与文化归因:立足于偏好的研究视角[J].高等教育研究,2022,43(1):56-68.
② 刘燕,刘博涵.研究生导学关系优化研究[J].高教探索,2018(8):30-34.
③ 欧阳硕,胡劲松.从"相安的疏离"到"理性的亲密":基于扎根理论的研究生导学关系探析[J].高等教育研究,2020,41(10):55-62.
④ TRIVERS R L. The evolution of reciprocal altruism[J].The quarterly review of biology,1971,46(1):35-57.

惠利他理论认为,表面上看个体损耗了自身的利益帮助他人,但基于回报的存在,利他行为并不必然以牺牲自己为代价。这种以互惠为前提的利他行为不同于亲缘利他不含有直接功利目的的"硬核利他",而是类似于一种期权式投资,是一种"软核利他"。①

在单局性或局数一定的囚徒困境博弈中,双方往往都会选择背叛。对此,人们开始思考:利他和合作行为如何在一个自私的世界里产生? 采取哪种策略可以使自己收益最大? 著名行为分析及博弈论专家阿克塞尔罗德(Axelrod,R.M.)设计了两轮重复囚徒困境博弈的计算机程序竞赛,在竞赛中,博弈是多次且局数不定的,最后"一报还一报"(Tit for Tat,简称 TFT)策略脱颖而出,成为赢得最佳收益的策略。TFT 策略是一种基于回报的互惠合作策略,通过诱导与激发使双方走向合作,在互惠中趋于帕累托最优。它的程序相当简单,第一步试图合作,第二步再根据对方的反应决定后续行动,即对方合作,下一次仍继续合作,对方背叛,下一次也采取背叛。②

综上可知,互惠利他行为的出现与稳定至少需要以下三个条件:(1)长期的交往关系,即重复博弈;(2)一方首先开启合作,另一方也要有相应的合作表现,对方的反应是合作能否持续的关键;(3)能够互惠,且合作带来的长期收益不能低于背叛的短期收益。

互惠利他理论对导学关系的和谐建构具有较强的适切性和积极的指导意义。首先,互惠利他理论为导学匹配提供了理论依据。互惠利他理论涉及双方行为选择的互动,阐明了合作关系的形成与维系需要双方共同的付出与努力,导学任何一方的背弃与不作为都将导致合作关系的破裂,引发导学关系紧张。其次,互惠利他理论提示导学双方应积极发起和回应合作行动。TFT 策略之所以能够获胜,是因为它综合了善良性、报复性、宽容性和清晰性四个特点。其中,善良性就是从不首先背叛,防止它陷入报复的恶性循环之中。③ 互

---

① 杨雅茹,陈博.亲缘利他、互惠利他、强制利他及合作机制的演化[J].制度经济学研究,2014(2):220-234.
② 罗伯特·阿克塞尔罗德.合作的进化[M].吴坚忠,译.上海:上海人民出版社,2007:24.
③ 罗伯特·阿克塞尔罗德.合作的进化[M].吴坚忠,译.上海:上海人民出版社,2007:23-24.

惠利他行为的出现至少需要一方首先发起合作,互惠利他行为的稳定需要双方都参与合作。因此,导学合作关系的构建需要双方作出明确的合作表示。其中,导师更应是主动的一方,这不仅是因为当前政策明确规定"导师是研究生培养的第一责任人",也是对教育场域中客观存在的师生知识权力势差、身份鸿沟的必要考虑。再次,互惠利他理论尊重个体合理利益诉求,较少带有超越性的教育信念要求与价值评判,能够帮助我们更好地理解当下导学互动关系的现实。互惠利他理论没有给利己和利他赋予很深的差别性和相互的鉴别性,而是恰当地体现了利己与利他之间的必要张力,实现了利己与利他的统一。一方面,利他必须以利己为基础;另一方面,利己必须以利他为条件。①我国传统文化将利己与利他人为对立,推崇利他,但事实上,真正的利他并不必须以牺牲自我利益为前提,而是完全可以实现两相成就、美美与共。因此,本研究在强调他者利益增进的同时,也尊重个体自身的合法需求。最后,互惠利他理论同时关注个体利益及整体利益的维护与提升,既彰显合作共赢优势,又引导双方积极作为。导师可以通过履行育人天职,传承并发扬自身学说,扩大自身观点的学术影响,激发新想法,获得声誉、学术成果、精神满足与物质奖励等;学生也可以通过与导师合作,得到更多的指导与资源支持,促进自身更快成长。随着互惠利他行为的推行与稳定,和谐自然成为导学关系的主旋律。

三、导师与研究生之间的匹配分析

根据互惠利他理论,导学合作关系的构建需要双方共同的努力,且导师更应成为积极主动的一方。基于此,本研究将不同类型研究生与不同类型导师进行匹配,来了解导学关系紧张问题的发生与症结所在。

---

① 饶异.互惠利他理论社会应用的可行性与局限性分析[J].理论月刊,2010(8):85-89.

(一)分析前提：导师与研究生的理想类型划分

为了理解复杂的导学关系现状并使导学匹配分析成为可能，首先必须通过典型化建构出相应的导师、研究生理想类型，使原本混沌、复杂的整体变成具体的、可分析的整体。1904年，马克斯·韦伯(Weber，M.)在《社会科学与社会政策的"客观性"》一文中阐述了其"理想类型(Ideal Type)"理论。所谓"理想类型"，是一种乌托邦，"就概念的纯洁性而言，在现实世界的任何地方都不能凭借经验找到这种精神结构"①。理想类型作为一种认识和分析的手段受到研究者欢迎，借助理想类型，即"通过片面突出一个或更多的观点，通过综合许多弥漫的、无联系的、或多或少存在和偶尔又不存在的个别具体现象，并按上述片面突出的观点将这些现象安排到一个统一的分析结构中去"②，则可以使之"实际地变成清晰的和可理解的"③。但是，理想类型也绝非一种随意的虚构，它势必要源于现实的。因此，本研究在参考、综合已有的调查研究成果，特别是一些质性研究成果的基础上，主要采用理想类型法进行概念意义上的类型划分。

1.导师的四种类型

导师的"学术水平""指导意愿"直接作用于研究生指导，其程度高低预示着不同的合作可能、释放出不同的合作信号，深刻影响着导学关系的构建。据此，本研究以导师的"学术水平"为横轴、以"指导意愿"为纵轴构建出如图1所示的二维四象限，将导师类型划分为学术水平—指导意愿兼备型导师(简称"学—指"兼备型导师)、学术水平偏向型导师(简称"学术"偏向型导师)、"关怀"偏向型导师和学术水平—指导意愿均缺乏型导师(简称"学—指"缺乏型导师)四种。

(1)"学—指"兼备型导师

"学—指"兼备型导师具有较高的学术水平，通常为学科带头人，拥有各种人才称号，享受较高的学术声望，有较长的教龄(至少15年)，对学术有较高的

---

① 马克斯·韦伯.社会科学方法论[M].杨富斌，译.北京：华夏出版社，1998：186.
② 马克斯·韦伯.社会科学方法论[M].杨富斌，译.北京：华夏出版社，1998：191.
③ 马克斯·韦伯.社会科学方法论[M].杨富斌，译.北京：华夏出版社，1998：185.

追求,积累了丰富的科研成果。与此同时,这类导师对教育事业有情怀,以教书育人为己任。他们对研究生具有较强的主动指导意愿,表现为每学期保证一定次数的学术沙龙、组会活动等,也愿意接受研究生提出的学术讨论、论文指导等需求。其育人动力通常来自自身履行天职的使命感和对教育事业的满腔热忱,因而他们更多的是从学生的成长中感受到精神满足。"学—指"兼备是高等教育精英化阶段研究生导师的经典形象,进入高等教育大众化、普及化阶段后,导师类型从单一走向多元,"学—指"兼备型导师的比重会相对降低。

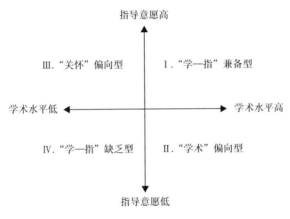

图 1　导师的四种类型

（2）"学术"偏向型导师

"学术"偏向型导师对学术有较高的追求,但学术成果影响力还在积累过程中,学术声望尚不够高,对时间比较"吝啬"。他们指导学生意愿不高,且态度迥异,对有学术追求的学生,指导意愿尚有,但对没学术追求的学生则多采取不主动作为、"放羊式"管理。随着论文发表"内卷化"以及高校现行科研考核、职称岗位评定制度的推行,这类导师的占比逐渐增大。

（3）"关怀"偏向型导师

"关怀"偏向型导师对学术不再有过高的追求,学术水平钝化或一般,但对指导学生有较高的意愿,不仅对学生的学业,甚至对学生的生活以及未来的工作等都乐意提供帮助和参考意见。他们与学生保持着较高水平的交流频次或交流时长,但交流中的学术质量或含量通常不高。

（4）"学—指"缺乏型导师

"学—指"缺乏型导师的最大特征是精力不在学术与教学,他们或忙碌于行政职务而无暇指导学生,或对学术不再有追求,而只将招收研究生作为维持导师身份的一种手段。通常情况下,如果学生没有提出具体需求,他们既不会主动与学生交流和增进情感,也不会主动采取指导行为,甚至在学生提出学业指导需求后还会作出敷衍、逃避、拒绝等回应。"学—指"缺乏型导师占比相对较小,但这种导师类型最易处于导学关系紧张问题的风口浪尖,是导学关系紧张故事中最常见的主角,严重影响着研究生培养质量的提升。

2.研究生的四种类型

研究生的学术水平(或学术潜质)、求学目的不仅关乎其研究生阶段的学习规划,还关系着导师对其合作能力、合作意愿的态度与看法,进而影响到导学关系的构建。据此,本研究以研究生的"学术水平"为横轴、以"人生目标"为纵轴构建出如图2所示的二维四象限,将研究生类型划分为学术水平—人生目标兼备型研究生(简称"学—人"兼备型研究生)、学术水平偏向型研究生(简称"学术"偏向型研究生)、"就业"偏向型研究生和学术水平—人生目标均缺乏型研究生(简称"学—人"缺乏型研究生)四种。

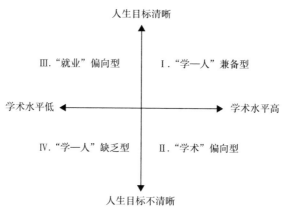

图 2　研究生的四种类型

（1）"学—人"兼备型研究生

"学—人"兼备型研究生具有系统的知识结构、扎实的基础知识,其学术能力强,学术发展目标明确,绝大多数有继续深造、未来从事学术职业的清晰规划。即便没有学校或学院硬性规定、导师督促他们也会主动联系导师参与科研,甚至积极申请更多的参与机会。远大的学术抱负是其披荆斩棘、追求卓越的强大内生动力。在高等教育精英化阶段,本科学历便可满足毕业生的求职需要,愿意继续读研究生的往往是"学—人"兼备型的学生。进入高等教育大众化、普及化后,研究生的类型也开始从相对单一走向多元化,并由此产生另外三种类型的研究生。

(2)"学术"偏向型研究生

"学术"偏向型研究生具备一定的专业知识储备和学术能力,也愿意与导师合作探讨科学问题,但其阈值上限低于"学—人"兼备型研究生。由于人生目标尚不明确,在从事科研的过程中不够笃定,容易导致注意力分散或产生内耗,在遇到挫折时容易动摇、迷茫或丧失自信心,这将限制其学术水平的进一步提升,需要导师在其学术及人生规划指导方面加大精力投入。

(3)"就业"偏向型研究生

"就业"偏向型研究生关注并倾注较多的时间于实习等职业准备上,时间挤压之下的学术投入不足导致其学术水平往往低于前两类研究生。"就业"偏向型研究生就读期间的人生目标明确,即"毕业即就业",功利性考虑往往较多。这类研究生因考虑就业市场对学历层次的需求而选择读研,心仪的工作单位及岗位是其向往的目的地,而接受研究生教育、参与科学研究都是为到达目的地途经的路程。进入高等教育大众化阶段以后,此类研究生的数量及占比持续走高。但是,研究生毕竟是高层次专门人才,不管学术型研究生还是专业型研究生,学术水平必须达到规定的水准方可毕业,因此也需要导师予以切实的指导。

(4)"学—人"缺乏型研究生

"学—人"缺乏型研究生多是受从众或逃避就业心理的驱使报考研究生的,他们既无心于当下的学业或学术钻研,对自己未来的人生目标也不够明确。伴随着研究生规模的不断扩张,这类研究生的规模也会随之扩大,是我国实现研究生教育高质量发展中必须高度重视并需要进行积极引导的学生群体。

(二)导师与研究生之间的匹配分析

1."学一指"兼备型导师与四类研究生的匹配情况

"学一指"兼备型导师学术水平高,且关爱后学,确实能够提高学生的附加值。现实中,"学一指"兼备型导师指导的研究生通常较多,且多是"学一人"兼备型和"学一人"缺乏型这两类研究生。与"学一人"兼备型研究生之间一般是导学互选的结果,而"学一人"缺乏型研究生往往由于其他导师难以指导而被分配给身为学科带头人的"学一指"兼备型导师负责。但是人的时间、精力、注意力终究是有限的,如果存在较多指导难度大的学生,导师的精力、注意力等势必受到约束,从而影响到同门其他研究生接受指导。

2."学术"偏向型导师与四类研究生的匹配情况

"学术"偏向型导师一般正处于事业发展期,以中青年教师居多。受当前评价体系影响和考虑到自身发展需要,这类导师更加偏向与"学一人"兼备型研究生以及部分"学术"偏向型研究生互动交流以构建"学术共同体"关系,他们期待在与学生进行交流时自己也能受到启发、获得灵感,指导学生作出学术成果的同时也能够提高自身的学术资本。在一项基于865位导师的调查中,"合作""互相促进""互利""互惠""互促""同事"等词高频出现于导师期待的导学关系描述中[①],传统师生关系认知已然发生改变。"就业"偏向型、"学一人"缺乏型研究生因与导师志趣不同、能力不符,与导师的合作交流相对较少,因此双方多处于相对疏离的关系。

3."关怀"偏向型导师与四类研究生的匹配情况

"家长式"的关爱使得导学关系融洽的同时,也为研究生的发展提供温暖与动力。但对于"学一人"兼备型研究生以及"学术"偏向型研究生来说,"关怀"偏向型导师的学术指导力度不足,难以促进自身学术潜力的进一步开发与提升。"就业"偏向型研究生、"学一人"缺乏型研究生原本学术水平就不够,缺

---

① 马杰,别敦荣.我国研究生教育师生关系调查研究[J].华东师范大学学报(教育科学版),2021,39(12):81-98.

乏到位的指导使其在面对毕业要求时感到难以应对。

4."学—指"缺乏型导师与四类研究生的匹配情况

"学—指"缺乏型导师非但不会主动指导、合作,甚至会逃避指导、合作,因此,对于任何一类研究生来说,这类导师都是不好的选择。首先,不论研究生的入学动机、未来打算等如何,他们都乐意与导师更加密切地接触,这是一种基本的交往需求。[①] 其次,随着学位"挤水"行动的推进,"没有毕不了业的研究生"已是过去式,"严进严出"成为新常态。《2020 年全国研究生招生调查报告》显示,研究生实际毕业生数低于预计毕业生数,并且两者之间的差距在不断拉大。2018 年,超过两成的研究生延期毕业,其中超过六成的博士研究生无法正常毕业,而导师指导频率是研究生延迟毕业的主要原因之一。[②] Bowen 等人指出,博士生自己掌舵、随波逐流的指导模式可能是很危险的,必须定期监管和给予时间安排,尤其人文社科研究的本质是孤立的,缺乏导师指导会使学生产生消极的心理状态甚至导致放弃学业。[③] 在质量要求的规训下,即便是入学初满意于与导师"互不打扰"状态的研究生,最终也会期待导师的指点与引导。

四、匹配视角下导学关系紧张形成的原因剖析

(一)导师的注意力配置不当

"注意力"(attention)这个概念最早应用于心理学领域,指的是"生物体内

① 欧阳硕,胡劲松.从"相安的疏离"到"理性的亲密":基于扎根理论的研究生导学关系探析[J].高等教育研究,2020,41(10):55-62.
② 中国青年报.研究生"严进严出"培养成为新常态[EB/OL].[2020-08-19].http://news.cyol.com/situo/2020-08/19/content_18741098.htm.
③ WILLIAM G,BOWEN N L.Rudenstine.In pursuit of the Ph.D[M].Princeton NJ:Princeton University Press,1992.

决定一个特定刺激的效用的过程或条件"①。注意力是一种有价值的稀缺性资源,在经济学领域,注意力被视为可以用来获取经济利益,有"注意力就是硬通货"之说。②

在导学关系中,导师的注意力配置同样重要。一般来说,导师与学生接触的机会越多,导师分配的注意力越多,指导的有效性就越高。正因如此,导师注意力配置不当导致了当前一些导学关系紧张现象的出现,主要的配置不当有二:一是在自身发展与学生指导间注意力配置不当,如"学术"偏向型导师将精力更多地用于自身事业发展,对学生疏于指导,"关怀"偏向型导师在自身学术持续精进上投入不够,限制了其整体指导质量;又如"学—指"缺乏型导师极少将精力用于学生指导,其指导行为的缺失使得学生处于一种放羊式或放任型的导学关系当中,师从这类导师,学生时常感受到如在荒漠似的孤立。二是在不同学生间注意力配置不当,如"学术"偏向型导师对自身的定位通常是科研合作者,他们期待与合作对象构建起一种以求知互动为特征的关系,而具体是谁能够成为他们的合作对象,则是以他们当前的发展所需为准,这种挑"才"培养的行为极易使被排除在外的学生产生相对剥夺感,从而滋生不满情绪,因此在现实中这类导师的口碑往往呈两极分化;又如"学—指"兼备型导师虽是理想选择,但是现实中导师个体注意力有限与指导学生多的矛盾往往会出现问题,有限的注意力如配置不合理,极有可能被稀释或表现低效,从而影响研究生获得充分指导,顺利成才。

(二)研究生的学术志趣缺失

导师在导学关系构建中发挥着主导作用,但并非唯一作用,其角色作用力及责任均不宜被无限放大。导学匹配视角以及互惠利他理论清晰地揭示了研究生在和谐导学关系塑造中不可或缺的作用。对于导学关系疏离、紧张等不

① BERLYNE D E. Attention-historical and philosophical roots of perception-chapter 8 [J]. Historical & Philosophical Roots of Perception,1974,13(2):124.
② 张雷.经济和传媒联姻:西方注意力经济学派及其理论贡献[J].当代传播,2008(1):22-25.

和谐现状,也并非如当前媒体舆论所引导的那样是由导师担负全责的,研究生也得承担一定的责任,而这些在以往的研究中常常被忽视。

研究生学术志趣的缺失也是造成当前导学关系紧张的一个重要原因。一项调查研究结果显示,研究生的求学动机呈现多样化、非学术化、功利化。其中,为"拿到高一级文凭和学位""毕业后能找到更满意的工作"分别占89.3%、82.2%,"对科学或学术研究感兴趣"占68%,除此之外,还有"为实现父母愿望""解决户口问题""不想进入社会""周围朋友都选择了读研""为出国打基础"等目的。[①] 导师在传授知识或确定科研合作者之前通常会对研究生进行考量,若研究生的接受能力、学术水平、志趣、态度均不满足条件,那么导师自然会转移预期指导,甚至对研究生失望,降低指导意愿。其实,在传统师徒制培养中亦是如此,师父在传授重要的看家本领前也是要对徒弟进行多方考核的,其中师徒目标追求是否一致、徒弟天赋有无、是否勤奋是重要的考察项。因此,对于研究生来说,并不是找到好导师便可以一劳永逸,"师傅领进门,修行在个人",能否维持和谐的导学关系以及从中获取成长养分仍需在自身下功夫。

(三)导师一研究生匹配机制不完善

"读研究生就是读导师",这句话是不少人真实就读体验的凝结,它既点明了导师在研究生培养中的重要性,同时也暗含着导学匹配的重要性。结合上述分析和现实案例可知,若导学匹配得当,师生双方通常能够体验到和谐的导学关系,学生有着较高的就读满意度,导师也有更强的育人意愿;若导学匹配失当,则往往伴随着不同程度的导学关系紧张现象出现,学生的收获(不论是情感上的还是学业上的)都将大打折扣,导师也降低了育人成就感。在学界,不少研究者高度认同导学匹配的重要性,并将其作为导学关系紧张的成因或问题解决对策提出,如国外学者欧芭拉(O'Bara, C. C.)认为,中途退出的博士

---

① 鲍威,张倩.扩招后我国研究生入学选择的实证研究[J].复旦教育论坛,2009,7(5):5-11.

生未完成学业的原因往往来自学生期待与导师风格之间的错配;①胡斯金斯(Huskins,W. C.)等人发现,当学生和导师的期望不一致时,导学关系会受到不利影响;②国内学者徐岚指出师生风格错配、期待与实际的不一致是影响指导效率和培养质量的重要原因;③李雪、袁本涛建议促进导学双方在研究兴趣、导师指导风格和学生学习风格、工作风格、职业目标甚至性格等方面进行匹配,以构建良好导学关系。④

导学匹配失当的原因很多,制度方面的原因主要在于导学匹配机制或互选机制的不完善,这些不完善将极大地影响着导学双方开展合作的意愿以及合作关系的维系与巩固。

五、促进导学关系和谐建构的行动策略

上述分析为促进导学关系和谐建构勾勒出了努力的方向。首先,应平衡导师注意力配置,优化指导效果,确保研究生能够得到发展所必需的指导;其次,重视、强调研究生在导学关系建构中的作用与责任,强化研究生的学术志向;最后,努力完善导学匹配机制。

(一)为"学—指"兼备型导师配备助理教授

为保证研究生得到充分的指导,应适度控制导师指导研究生的规模。但在现实中,"学—指"兼备型导师往往同时指导着较多的研究生,这样平均到每

---

① O'BARA C C. Why some finish and why some don't:Factors affecting PhD completion [D].The Claremont Graduate University,1993.

② HUSKINS W C,SILET K,WEBER-MAIN A M,et al. Identifying and aligning expectations in a mentoring relationship[J].Clinical and translational science,2011,4(6):439-447.

③ 徐岚.导师指导风格与博士生培养质量之关系研究[J].高等教育研究,2019,40(6):58-66.

④ 李雪,袁本涛.以学术兴趣发展为核心的博士生激励策略研究[J].中国高教研究,2017(4):78-81

个研究生的指导机会和注意力就会变少，影响实际指导质量和效果。为解决这个难题，可以考虑为"学—指"兼备型导师配备助理教授，让助理教授来分担部分可替代的指导工作。如此一来，既可以使有限的个人注意力高效配置于关键处，令名师能够出更多高徒，还有助于"传帮带"，加快青年助理教授职业成长和加深其对优秀育人经验的感悟。

（二）组建导师组，促成"学术"偏向型导师和"关怀"偏向型导师能力互补

莱丘加（Lechuga，V. M.）通过调查揭示，学生希望导师不仅提供学术上的指导，同时还希望导师能够关注学生的心理、情感健康及其全面发展。[①] 理想的导师应同时具备较高水平的学术能力、成熟的指导经验以及主动的育人意愿。然而现实中，"学术"偏向型导师虽然紧跟学术前沿，学术追求较高，但迫于事业上升期的压力而将时间更多地分配到自身的科研上，更加偏向与有明确学术目标的研究生合作。"关怀"偏向型导师对学术前沿、最新分析方法等已不太敏感，但育人经验较丰富且意愿高，可以在引导研究生向学、给予人文关怀、基础指导方面发力。对此，可以通过组建导师组来发挥这两类导师资源各自的最大功效，实现"扬长补短"，并在合作中促进两类导师相互提升。

（三）纠偏"学—指"缺乏型导师，减少失职导师招生指标或取消其导师资格

"学—指"缺乏型导师看似什么都没有做，但正是什么都没做反而严重地误人子弟，给研究生应有的阶段性成长造成阻碍，对此类导师放任不管，将给研究生教育高质量发展带来严重的灾难。

在倡导导师自觉履行育人职责、加强导师价值观教育的同时，还必须通过制度来强化其育人使命担当，尤其是导师评价制度。在评价内容上，要事先明

---

① LECHUGA V M. Faculty-graduate student mentoring relationships：Mentors' perceived roles and responsibilities[J].Higher education，2011，62：757-771.

确并规范导师育人职责,使导师对自身使命有更清晰的把握,知道哪些得管、当管。在评价主体上,应高度重视学生评价,引导导师关注学生的就学体验与需求。在评价结果上,将研究生培养成效与导师资格、招生人数、评优评奖等挂钩,加大对育人卓有成效的导师的奖励。同时,以此推进"学—指"缺乏型导师改变自身现状,对仍不符合条件者应果断将其清出导师队伍。

(四)增强研究生学术志向与交流合作意识

不管出于何种求学动机,不管是学术型还是专业型,研究生都应接受必要的学术训练,达到相应的学术水平,这是研究生教育题中应有之义。从人类知识传授规律来看,对于积极向学、主动与导师交流学术、合作探索的研究生,导师通常会给予更高的认可,投入更多的资源。从互惠利他的角度来看,导师会将研究生的表现看作是否积极参与合作的信号,对于追求共同目标、共同利益的研究生,导师更易做出利他行为实现互惠,因而,研究生的表现最终会反射到自己身上。尤其是在研究生不断扩招、一位导师可能同时指导多名研究生的今天,研究生更应主动出击,通过勤奋努力、勇争上游来获得导师更多的认同与指导,为自己创建发展平台。研究生满意于导师的指导,导师深感"孺子可教",和谐的导学关系便会自然生成。

就当前普遍的"学生不好学"状况来看,增强研究生学术志向确是当务之急。对此,可以采用主题宣教、激励机制等来转变研究生的迷茫、"躺平"以及纯粹的功利心理。科研之路本来就不平坦,研究生需要"知困而后进",对此,可以通过开展研究生挫折教育、保护研究生做科研的好奇心、培养研究生批判性思维等,使研究生能够长久地保持学术志向。

(五)完善导学匹配机制

院校可以组织学长学姐经验交流会等,引导新生正确看待导师的作用,了解选导师时的注意事项,尽量避免盲目地"慕名"拜师、简单地因性别或性格等因素拒师等非理性选择。院校还应积极创设条件,利用多种方式及渠道,如开展师生座谈会、鼓励导师创建自己的信息网页等,增加关系确定前师生之间的相互了解,从源头处减少因信息不对称造成的错配。同时,可以根据具体需要借鉴英美大学的一些成熟经验,如在第一年结束前才确定导师,在写毕业论文前可以基于合理原因更换导师,定期开展研究生满意度调查并高度重视研究生的反馈意见,建立"安全阀制度",设立专门组织来负责师生权益维护、纠纷调解等。此外,发挥双导师制、导师与指导委员会相结合制度的培养优势,也可以增加匹配的成功率。

高等教育普及化背景下的我国高校
教学管理变革*

从高校扩招发展至今,我国高等教育在保持秩序、守住底线的过程中,实现了以数量增长、规模扩张、空间拓展为特征的外延式发展。[①] 截至 2019 年,我国高等教育在学总规模达到 4002 万人,高等教育毛入学率超过了 50％。但值得注意的是,高等教育质量并没有实现同步提升,存在教学理念滞后、教学方法陈旧、人才培养中心地位落实不到位等问题。由于既定因果关系,即数量是因,性质是果,可以说高等教育数量的扩张并不是由高等教育功能更新引起的。[②] 由此可见,高校的教学管理功能没能与时俱进地跟上高等教育规模的变化。教学管理作为高校最复杂、最高阶、最重要的管理,如何在大学生数量快速增长的同时满足大学生群体的发展需求,如何保障教学质量,是高等教育要解决的核心问题和蕴含的价值取向。在高等教育普及化背景下,我国高校教学管理面临的最大挑战是来自大学生群体特征的变化,主要包括个体特征以及学习需求和学习行为的变化。因此,从大学生群体特征的变化视角,探讨高等教育普及化阶段我国高校教学管理如何变革,对促进高等教育的可持续发展具有重要的理论和现实意义。

＊ 本篇与李广平合作,原载《大学教育科学》2020 年第 6 期。
① 别敦荣.论高等教育内涵式发展[J].中国高教研究,2018(6):6-14.
② 方展画.在社会经济发展背景下对高等教育功能的再认识:马丁·特罗高等教育发展阶段论批判[J].比较教育研究,2004(9):11-16.

一、高校教学管理变革的趋势

随着高等教育普及化阶段的到来,我国高校大学生群体特征将变得更加多元而复杂,其学习需求的改变以及学习行为的自由,迫使高校教学管理不得不做出相应变革,才能满足大学生主体需求,确保高等教育教学质量。

(一)角色特征转变:由被动接受者转为主动消费者

"普及化阶段,高等教育机构对所有希望入学或具备最起码的入学资格的人开放,其标准是个人是否自愿选择入校。"[①]由此可见,在普及化阶段是否接受高等教育已经成为学生主体意愿的问题,学生逐渐由被挑选、被要求转为主动接受、主动进入。这一改变使得大学生由传统教育中的被动接受者转为主动消费者。高等教育为适应大学生需求,也逐渐由"卖方市场"向"买方市场"转变,进一步扩大了学生的选择权利。依据美国著名教育社会学家马丁·特罗的理论观点,普及化阶段高等教育的功能主要在于培养学生快速适应社会和经济变革的能力,强调教育体验带来的价值增值。[②] 这一功能的确立,体现了大学生不再是传统意义上的大学生,而是作为知识的购买者和教育的消费者,高校必须为大学生提供满意的教学服务,满足大学生需求,从而提高人才与社会经济发展的适配程度。高校教学管理作为教学质量和人才培养质量的基本保障,要在普及化阶段提高大学生对教学活动的满意度,则不仅需要构建起与普及化阶段相适应、与大学生消费意识相契合的现代化管理模式,更要在管理过程中尊重大学生主体地位、给予大学生权利空间,才能在真正意义上实现管理转型,强化教育体验带来的价值增值。

---

① 钟秉林,王新凤.迈入普及化的中国高等教育:机遇、挑战与展望[J].中国高教研究,2019(8):7-13.

② 马丁·特罗.从精英到大众再到普及高等教育的反思:二战后现代社会高等教育的形态与阶段[J].大学教育科学,2009(3):5-24.

(二)学习需求改变:凸显多样化求学目的

在普及化阶段,接受高等教育已经不再仅仅是公民的一种权利,更多的是一种义务。任何人在任何时间都可以选择以合适的方式进入高校进行学习,大学生将会呈现出多元而复杂的特征。随着高等教育规模的扩大,传统意义上严格的能力主义将会受到限制,高校将会采用多样化的选拔方式赋予学生入学资格,越来越多不同学习背景、不同年龄阶段、不同工作经历的非传统生源学生将会以不同的求学目的进入大学接受教育:或是为了学历文凭,或是为了学习技能,或是为了职业发展,或是为了满足"闲逸的好奇"[①]。普及化阶段的大学生由于求学目的不同,还会形成一个显著特征,就是流动性较强。由于非本意入学和能力差距的增大,大学生会开始寻求更适合自己的成长空间,包括中间休学、申请转学到心仪大学、转专业到擅长领域等,这就加大了大学生在校际、省域和国别的流动性。多元化的求学目的是普及化时代大学生的核心特征,反映了大学生在普及化阶段的多样化学习需求。为此,我国高校教学管理应该作出相应变革,改变以往大规模、统一化的教学要求,构建更具弹性、灵活性和适应性的教学管理模式,以保障大学生自主选择权利。

(三)学习行为自由:学习与生活的界限逐渐消解

马丁·特罗认为,信息化技术对高等教育产生的影响要远远超乎我们在高校看到的那样,它使学习和生活的界限变得模糊,已经成为实现不同程度普及高等教育的途径。[②] 近年来,我国人工智能、大数据、云计算等信息技术日新月异,呈现出与教育不断融合发展的趋势,并逐渐对大学生学习理念、学习内容和学习方式产生影响。基于现代信息技术的高等教育正逐渐以其智能

---

① 林杰.高等教育普及化时代大学生的特征及其权利保障[J].中国高教研究,2016(3):43-46,55.
② 胡成功,张相乐.从"普及高等教育"到"学习化社会":马丁·特罗高等教育发展思想探析[J].高等教育研究,2015,36(9):1-11.

化、高效化、网络化功能消解学习与生活的界限,使大学生学习行为变得更加自由化。随着普及化阶段的到来,大学生群体对信息化学习的需求将会增大,学习资源将会成为知识与技术的融合体,部分大学生会成为"网络大学"的一分子,通过线上教学、网络课程等方式接受高等教育。自由化的学习行为使传统和非传统生源可以更加便利地接受高等教育,高校将实现随时随处皆可教、皆可学的教学常态。在这一学习行为蜕变的背景下,高校教学管理必然要作出应对,只有加强信息化教学管理运行机制建设,才能促进信息化教学发展,为学生信息化学习创造条件。如果仍囿于传统管理运行机制,不但不能为普及化阶段高等教育与信息技术的深度融合提供保障和支持,更容易使大学生学习受困于传统场域,学习行为受到限制,降低了人才培养质量,遑论实现高等教育现代化。

二、高校教学管理的多维困境

教学作为高校进行人才培养活动的重要方式,是高校赖以生存和发展的根本,教学管理则是稳固这一根本的重要保障。在普及化阶段,高等教育将面临大学生群体变化的巨大挑战,教学服务是首当其冲、亦是重中之重,高校教学管理变革的趋势不可逆转。那么,当前高校教学管理的瓶颈性障碍在哪里?今后高校教学管理变革的方向应该聚焦在哪里?只有在认清现实问题的基础上,才能更好把控变革方向。

(一)管理理念尚未完全形成"为学生服务"取向

理念是管理的风向标,管理理念引导着管理的行动取向,有什么样的理念就有什么样的管理。目前,我国多数高校管理者在教学管理活动中已经认识到要树立"以学生为中心"的管理理念,提供满足大学生需求的教学服务。但由于历史惯性使然,我国高校教学管理理念仍然存在着机械主义和教条主义,尚未完全形成"为学生服务"取向。部分高校将教学管理视为一种机械化的运转活动,教学管理者是机器,开展教学管理活动即为机器在运转。[①] 教学管理活动得以延续的动力在于教学管理者只为保住自己的现有岗位,与其内附的价值和吸引力关联不大。部分教学管理者在实践中缺少专业性、主动性和创造性,认为教学管理就是按照既有规定、固有原则进行流程化处理和输出的过程,导致管理方式失水准,更谈不上创新和突破。机械化的管理思想、教条化的管理认知,使高校教学管理仍停留在"管"的层面,不仅无法主动、灵活应对外部环境的变化,而且缺少人文关怀和为高校主体服务的理念。伴随着高等教育普及化阶段的到来,大学生消费主义意识普遍增强,这种在特定历史时代下形成的教学管理理念已经不适应大学生特征变化,不但无法适应高等教育的"买方市场",更不利于实现教育体验带来的价值增值,容易降低人才培养质量,抑制大学生内在的潜力、主动性和创造力。面对各种变化因素,高校必须转变这种滞后的教学管理理念,主动形成与时代脉搏相适应的现代化教学管理理念,围绕"人"开展教学管理活动,聚焦大学生发展。

(二)管理制度使学生自由选择受到一定限制

大学生不仅是教学管理的对象,也是参与教学管理的主体。当前部分高校教学管理为追求管理效率,注重整齐划一,强调制度刚性,使得大学生受制于教学管理制度,在课程选择、学习进程和学习时间选择等方面的自主权很少,挤压了个性与自由发展空间。在普及化阶段,大学生具有明显的个体差异,对大学期望的不同、对自身社会化过程认识上的差异等使大学生在这种同一性的教学管理制度下处于被强制、被控制、被约束的状态,学习需求得不到满足。高校的专业是大学生进行学习的主要学术领域,但高校给予大学生专业选择的空间非常有限。目前有些高校明确不允许学生转专业,如确有特殊情况,转专业也有条件限制,比如学习成绩要排在本专业前 $10\%\sim15\%$,转去的专业必须同时有其他学生转出,转专业累计不超过一次等,学生的求学意愿

---

① 欧阳常青.论大众化教育阶段高校的教学管理[J].江苏高教,2004(1):80-82.

难以得到尊重。① 在课程资源配置方面,学生权利失落,根据兴趣和自我需求选择课程的主动性丧失。部分高校教学管理人员按照社会和专业需要对课程进行设置和管理,大学生只能被动接受统一课程安排进行学习,即使开设通选课、专选课,其中也不乏规定学生一定要修学某些课程。值得注意的是,目前多数高校课程类型设置存在不合理、比例失调等问题,如理论课程多、实践课程少,科学课程与人文课程比例不科学,方法论和信息技术类课程所占比例太小等。即使高校赋予大学生一定的选择权,大学生也只能在这种限定的课程类型范围内进行选择,并不能满足多样化的学习需求,这也是一种隐性强制。强制性的教学管理制度对大学生的流动也造成了一定的阻碍,专业之间、学校之间尚未建立健全学分互认体系,加大了大学生转专业和校际交流学习的障碍。

(三)组织结构难以保障学生充分发挥主体性

我国高校内部教学管理受长期计划经济体制的影响,保有等级制的管理结构,形成校、院、系(教研室)层级式结构。这种教学管理组织结构对维持教学管理活动高效有序进行曾发挥过重要作用,但高校过于行政化的组织结构对大学生参与教学管理的主体能动性造成一定影响也是不争的事实。目前我国高校教学管理工作基本是按照上传下达的方式进行,校长具有一切教学事务的决定权,各级按照管理目标稳定地进行教学资源配置工作。② 部分高校保留的过于等级化的管理结构,使得教学管理在保证效率的基础上排斥了价值理性,许多管理者直接忽视大学生作为教学管理参与者的主体性。在政策制度制定方面按照理性原则,为满足上级要求,教学管理者倾向于内部商议决定,并没有赋予大学生参与制定的权利。在这种层级制关系中,大学生容易成为"弱势群体",成为底层被管制的对象,他们的创造性受到抑制,个性发展受到压抑,难以充分发挥作为教学管理参与主体的主动性。进入普及化阶段后,

---

① 别敦荣.以现代理念改革高校教学管理制度[J].中国高等教育,2007(20):44-46.
② 崔伟,陈娟.创新背景下的高校教学管理研究[J].中国成人教育,2017(9):50-53.

这种教学管理组织结构受到挑战。面对越来越复杂化和多样化的学习诉求，决策层和教学管理人员由于精力有限，无法或很难亲自发现和准确了解大学生的发展需求，最后可能会演变为"问题"不是问题，无须解决，这就与大学生作为消费者的主观意愿相悖。为保证利益诉求得到满足，获得更为满意的教学服务，普及化阶段的大学生作为教学管理参与者的主体意识和权利意识增强，这是导致教学管理组织结构难以保持稳定性的重要原因。

（四）运行机制无法满足信息化学习发展需求

现代化信息技术在发展过程中呈现出高效性、网络化和智能化等特征，其产生的影响已经辐射到高等教育领域中，并将在高等教育普及化阶段发挥更大的技术优势。高校只有在实现信息化教学的基础上，才能真正推动信息化学习发展。教学管理作为直接服务于教育教学的一种高校教育管理，对促进技术与教师教学和学生学习融合具有重要作用。目前，我国高校教学管理运行机制在信息化教学建设方面还存在着一定的局限性和制约性，现有的运行机制框架不够完备，无法满足普及化阶段信息化学习发展的进一步需求，难以保障学习行为自由。在教学运行机制方面，就教学信息资源而言，信息化资源建设存在质量问题，如资源时效性差、共享效率低、原创性不足等，信息化资源建设标准有待规范；就技术支撑服务体系而言，基础设施不完备，如校园网、智慧教室、网络教学平台中心等基础性设施有待进一步建设和完善；就信息化教学培训体系而言，难以对信息化教学素养不高的师生进行系统性技术培训。[①] 在教学评价与考核机制方面，缺少对信息化教学过程的评价与考核，无法保障网络教学质量。随着高等教育普及化阶段的到来，高校只有改变现有的教学管理运行机制，才能寻求发展与创新，实现信息化教学转型，促进信息化学习发展。

---

① 王忠政.教育现象学视角下的高校信息化教学管理体系的构建[J].电化教育研究，2016,37(5):82-86,91.

三、高等教育普及化阶段高校教学
管理变革的路径选择

面对上述教学管理中的种种限制和阻碍,为使普及化阶段的高等教育得以顺利推进,必须对高校教学管理理念、管理制度、组织结构和管理运行机制进行创新和重构。只有建立适应大学生特征变化和发展需求的现代化教学管理方式,才能充分发挥信息技术优势,从根本上满足大学生需求,确保人才培养质量。

(一)以人为本,树立教学管理新理念

"以人为本"的教学管理理念强调的就是要以"人"为中心,在尊重人、关心人、理解人的基础上,以服务性管理的理念确定教学管理方式和手段。普及化阶段的高等教育能否顺利推进,关键在于高校的人才培养是否能够使受教育者满意,重点就是受教育者的体验。教学管理只有做到"以人为本",才能将管理目标由"控制"转向服务",由外在强制监督转为内在自主约束,和学校其他管理聚合在一起,使学校顺利应对内外部环境带来的挑战,满足受教育者主体的发展需求。"以人为本"的最终落脚点是"以生为本"[1]。

"以生为本"就是要树立"以大学生为中心"的教学管理理念,这是普及化阶段高等教育质量保障必须关注的内容。为实现"以生为本"的教学管理理念,教学管理者要确立大学生在教学管理过程中的主体地位,继而围绕调动大学生的主动性、积极性和创造性去开展教学管理活动。[2] 为此,教学管理者在管理活动中首先要打破机械化、教条化思维定式,回归服务本位,将大学生发

---

① 宋菲,王恬,董维春.探索"教—学—导"一体化重塑本科教学管理与服务模式[J].中国大学教学,2016(1):79-82.
② 沈雁霞.浅析人本管理在高校教学管理中的实施[J].中国成人教育,2010(18):23-24.

展作为管理首位目标。其次,要充分考虑到大学生的实际需求,教学管理者只有深入了解大学生需求才能使实际教学管理工作贯彻"以生为本"管理理念。因此,教学管理者要从大学生利益角度出发,在制定政策和执行政策的过程中,尊重大学生个性差异、认知差异、习惯差异等,坚持知识与人格并重,促进大学生个性发展与人格塑造。具体而言,高校教学管理者要形成大学生分类管理观,构建网状教学管理模式,落实"以生为本"管理理念,做实分类管理工作。对同一受教育水平行为习惯不同的大学生以及不同受教育水平认知特征的大学生,教育管理工作要体现出层次差异,制定适应不同大学生群体的学习制度。随着普及化阶段大学生需求的日益复杂化和多样化,管理者还要学会听取和采纳大学生建议,摒弃固化的流程管理模式,从大学生的视角去体验人才培养方案、规章制度、知识传授等环节,立足人才培养的每一步,采用更为人性化、主体化的管理方式,积极提高教学服务质量和水平,以使教学管理工作更加符合大学生需求变化,优化教学效果,满足大学生发展需求。

(二)弹性学习,深化完全学分制教学管理制度改革

完全学分制是以自主选课为核心,强调自主和理性,改变过去结构化、单一化、刚性化的教学管理制度,转变成为帮助大学生发展个性、成就自我的平台。由于普及化阶段大学生学习需求更为多元化,统一要求的教学管理制度已经不能满足学生自我发展的需要。推进完全学分制教学管理制度改革,一方面有利于大学生发挥主观能动性,根据自己实际情况规划专业方向,不再受制于转专业和接受结构化课程的困扰;另一方面有利于学校根据社会发展状况及职业需求,及时调整课程设置以供学生选择,培养学生成为与社会需求吻合度高的人才类型,强化学习体验带来的价值增值。[①] 与传统学年制相比,完全学分制在修业年限上较为灵活,既可以为学习能力强的学生缩短修业年限,也可以为学习成绩较差或是中断学业的学生延长修业年限,充分满足学生个

---

① 朱雪波.高校实施完全学分制的困境与对策研究[J].高等工程教育研究,2015(1):113-118.

体发展需求。

由于完全学分制具有灵活性、机动性和个性化的特点,因此对教学管理也提出了更多、更高的要求。首先,要保证开设足够丰富的课程。高校须加强模块课程建设,增加课程种类及数量,降低必修课比重,提高选修课比重和学分,在师资紧张的情况下,应适当增加教师数来扩充课程数量。教学管理者要注重赋予学院课程资源配置自主权,只有学院层面不再"等、靠、要",完全学分制改革才能真正被激活。其次,要完善导师制建设。完全学分制在一定程度上是以牺牲知识的完整性和课程的关联性为代价的,所以为了保障人才培养过程中知识结构的合理化和科学化,需要强化导师作用,指导学生合理选课,规划职业生涯。再次,要完善质量监控。高校可以成立课程管理委员会,对课程进行监督和评价,实行教考分离,保证不同教师教授的同种课程采用统一的考试形式和内容,确保考试公平性。① 最后,教学管理者要做好与师生之间的沟通。由于完全学分制的灵活性和自由性,大学生之间的班级概念将会弱化,教师工作时间也将更为灵活,客观上造成师生交流不顺畅。作为连接教与学两端的教学管理者,应该及时发挥信息传达作用,将大学生多元化需求和个性化建议反馈给教师,帮助教师改进教学过程、调整教学模式、提高教学质量,将教师授课特点等信息及时告知大学生,方便大学生了解教师教学风格和授课思路。② 另外,"职能部门、二级院系、教研室等教学行政主体应该从全局协同监控教学质量,展开更多合作"。③

为了进一步满足大学生交流学习需求,各高校还应该注重构建课程认证制度、学分互认和学分转移体系,尽快消除国内外学分转换障碍,使大学生进入不同大学不用重修课程,促进大学生流动。"高校要充分利用国际互联网的资源优势,发展网络信息技术,构建网络课程平台,发挥'互联网+'的优势,将

① 徐中兵,徐金花.对完全学分制下高校教学管理的思考[J].河北师范大学学报(教育科学版),2009,11(2):90-93.
② 朱力影.角色转换:高校教学管理者的新追求[J].江苏高教,2019(11):58-64.
③ 朱涛,冷士良.基于学分制模式的教学质量保证体系的构建[J].实验技术与管理,2019,36(4):168-171.

国内乃至世界知名大学优质课程纳入本校学生可研修认定的学分范围,计入所修学分总数。"①只有这样,才能有利于为大学生提供优质学习资源,为大学生创建自由发展空间,使大学生实现自由选择。高校教学管理者在进行学分制改革时,一定要保障大学生具有充分的自主权和选择权,这是推动改革有效进行并获得预期效果的根本要求。

(三)群体参与,构建多元共治的教学管理组织结构

普及化阶段的大学生对高等教育以及他们所在的院校应该是怎样的这一命题拥有不同的观念和看法,传统的广泛共识将会支离破碎,或许还会增加新的利益和意识形态的冲突。② 过于行政化的教学管理组织结构已经不能满足大学生诉求,更与大学生消费意识相冲突。学校教学管理应该尊重利益相关者的价值共建,尤其要重视大学生作为主体的参与,实现高等教育教学质量的共同治理,共同处理多元利益矛盾。

构建多元共治的教学管理组织结构,要充分尊重学习者对高校教学管理的参与权。大学生作为高等教育的消费者,在接受高等教育的过程中会逐渐明晰自己的需求,有权对教学管理提出建议和要求。因此,在教学计划管理方面,教学管理者要给予大学生管理权利,综合吸纳大学生意见,以满足大学生需求,提升教学管理的科学性和有效性;在教学运行管理方面,接受大学生的监督和批评,定期进行管理满意度调查,深入了解每个大学生对现行教学运行管理机制的建议,作出相应的规划与改进,促进管理水平的提高;在教学质量管理方面,需逐步建立大学生参与学校教学质量保障活动的长效机制,积极采纳大学生的反馈建议,同时可以借助第三方评价机构,提高教学质量评价的专业水平和公信力。由于大学教师是主要的教学体验者之一,扮演着"教、育、服、管"多面角色,对教学涉及的各种要素的了解、对大学生特征的认知等,都

---

① 徐媛媛,徐兴林,王金跃.基于完全学分制的高校课程建设[J].教育与职业,2016(23):90-93.

② 马丁·特罗.从精英到大众再到普及高等教育的反思:二战后现代社会高等教育的形态与阶段[J].大学教育科学,2009(3):5-24.

比远离教学的管理者要更为深刻。因此,教学管理者应该发挥教师"智囊"作用,让这一部分群体也充分参与教学管理,才能真正提升管理效能,提高教学质量,为大学生提供满意的教学服务。[①] 多元共治的教学管理组织结构虽然彰显了大学生在管理中的主体地位,但教学管理者也要谨慎对待多元利益群体的多元利益诉求与价值观的冲突,避免对教学质量的削弱。[②]

(四)深度融合,加强信息化教学管理运行机制建设

普及化阶段的高等教育已经从正规教育形式向非正规教育形式发展,尤其是远程教育、在线教育等通过信息技术突破了时间与空间限制,一定程度上扩大了大学生的学习自由。在教育信息化的背景下,教学管理不能再维持原有机制形态,必须加强信息化机制建设,只有这样才能促进信息化学习发展,形成随处皆可教、皆可学的教学常态,使普及化阶段的高等教育事业在信息化轨道上加速发展。

为了促进信息技术与教育教学的深度融合,高校要构建与之相适应的信息化教学管理运行机制。第一,需要制定适应信息化教学的相关政策,各教学管理单位应该根据自身情况提出合理化建议和对策,在此基础上形成符合学校实际状况的政策规划,保障信息化教学的稳定性和连续性。第二,要规范信息教学资源,高校需要建立功能完备的教学资源中心,直接为教学服务,及时更新数据资源,为大学生提供丰富的学习资源,同时加强对国家级、省级和校级资源共享平台的利用,从中学习并实现自主研发和创新。高校还需注重在资源建设过程中规范流程标准,严格按照标准审查、筛选、加工资源,提供普及化阶段大学生信息化学习所需要的优质资源。[③] 第三,要加强基础性设施建设,加大经费投入力度,配备齐全的信息化教学设施。第四,要提高教学管理

① 罗华陶.大学本科教学改革的困境与出路:基于范式转换视角[J].北京社会科学,2020(1):73-81.
② 钟秉林,王新凤.迈入普及化的中国高等教育:机遇、挑战与展望[J].中国高教研究,2019(8):7-13.
③ 程文琰.高校教学管理信息化的战略思考[J].黑龙江教育学院学报,2017,36(12):36-38.

者的整体素质,为信息化教学管理运行机制建设提供强有力的技术支持。高校要为教学管理者提供多维立体的政策支持,可以组织校内信息技术领域教师开展技术培训班,或是邀请校外技术专家到校内举办讲座,为提升教学管理者信息化素养创造空间和条件。教学管理者自身更要形成信息化管理意识,主动寻求发展与提升,在理论与实践经验的指导下,努力学会如何利用信息化方式去获取数据管理信息、发现问题并解决问题。[①] 第五,提升师生信息技术素养,通过推广多媒体教学资源、网络教研活动、信息化培养和训练方式,加强师生信息技术应用能力,快速推进信息化教学管理运行机制建设。第六,要构建一套适应高等教育普及化阶段信息化教学的考核与评价体系。教学管理者要让师生参与到评价中来,同时学会利用数据分析专家力量,使信息化教学结果、学习结果可视化,便于反观信息化教学质量,保障信息化教学的可持续发展,推动信息化学习建设。

---

① 程文琰.高校教学管理信息化的战略思考[J].黑龙江教育学院学报,2017,36(12):36-38.

教学学术视域下大学教师
教学评价改革 *

　　教师教学评价作为大学教学管理的一项重要工作内容，与学校教育目标的达成息息相关。教学评价是提高大学教学质量、提升教学成效、促进教师教学发展的重要手段。尽管随着我国教育规模的不断扩张，高等教育已经进入了普及化阶段，但是高等教育质量并没有实现同步提升，存在教学质量和人才培养质量等问题①，而人们对培养高水平人才的需求却依然旺盛。为提高人才培养质量，大学的教学评价改革需要以促进教学发展为着力点，从而保障高质量教学服务持续输出。2020 年 10 月，中共中央、国务院印发的《深化新时代教育评价改革总体方案》强调，教育评价要克服唯分数、唯升学、唯文凭、唯论文、唯帽子的顽瘴痼疾，克服重科研轻教学现象，突出教育教学实绩②。由此可见，"五唯"问题、科研与教学冲突问题等已经影响了教师教学质量，教学职责成为评价教师的基本要求。教学评价作为提升大学教师教学水平的关键所在，为何尚未激发教师教学内驱力，打破教学与科研在学术范畴内二分割裂局面？如何使评价理念、内容和方法等向促进知识生产和教师个性化发展方向转变？这些是值得深思和探讨的问题。

＊　本篇与李广平合作，原载《闽南师范大学学报（哲学社会科学版）》2022 年第 1 期。

①　陈武元，李广平.高等教育普及化背景下的我国高校教学管理变革[J].大学教育科学，2020(6):46-51,101.

②　中共中央、国务院印发《深化新时代教育评价改革总体方案》的通知[EB/OL].(2020-10-13)[2021-01-09].http://www.moe.gov.cn/jyb_xxgk/moe_1777/moe_1778/202010/t20201013_494381.html.

教学学术作为一种将教学上升到学术层面的新型大学教学理念,强调教师在研究中教学,在教学中研究,关注教师教学个体差异和同行评价效能,能够有效提升教学地位,缓解科研与教学矛盾冲突,激发评价主体活力,是推动教师教学发展、提高教学质量的必由之路。在新的教学理念指引下,教学评价改革需要与教学学术相契合,教学评价应积极发挥规范与引领作用,引导教师回归教学初心,提高教师参与教学研究的积极性和解决教学实践问题的能力,为支持教师教学发展提供建制化环境。

一、教学学术三大特征表现

对大学教学进行学术研究自现代大学教育以来就一直存在,但当代的教学学术发展可以说是以 1990 年博耶(Ernest Boyer)发表的《大学教授的学术职责》为起点。在博耶和舒尔曼(Lee Shulman)的领导下,国际开展了一场对大学教学进行学术研究的讨论活动。[①] 随着"教学学术"逐渐被公众认同、接受,其内涵不断得到丰富和扩展,并形成了显著的特征表现。

研究性是教学学术的本质特征。教学学术要求教师以学术性方法研究教学,重新界定了教师的学术责任。[②] 从知识维度来看,教师教学需要采用恰当的教学方法、选择合适的教学内容、结合特定学生的学习需求,进行知识传播活动,这一过程伴随着知识的发现、选择、整合和创造等多种行为,因而离不开教师对教学的自主性探究。从教学活动过程来看,教学是一个探索性过程,体现在教师的行动研究中,并贯穿教学活动始终。教学不是一个漫无目的的试错过程,教师从课程备课、授课到评价、反思和教学修正,构成了一个动态研究过程,教师通过整合理论知识与先前经验来解决教学问题,部分教师还会进一

---

① 赵炬明,高筱卉.赋能教师:大学教学学术与教师发展:美国以学生为中心本科教学改革研究之七[J].高等工程教育研究,2020(3):17-36,42.

② 朱炎军.大学教学学术的理论审视:价值、困境与走向[J].高校教育管理,2021,15(1):107-116.

步将实践经验总结、概括与升华,产生学术文本,扩充理论体系。[①] 只要教学活动没有停止,教学研究就会继续发生。当教学成为教师的研究活动,教师就会自觉履行学术责任以实现教学发展。[②]

实践性是教学学术的目的特征。教学学术起于实践,并最终指向实践。教学学术倾向于面向课堂,而不是理论驱动,经常始于"一个教学问题",并与教师在学生学习中观察到的内容有关。[③] 舒尔曼认为教学学术不是理论研究,而是为了揭示具有真理性质的实践研究。哈钦斯(Pat Hutchings)同样认为教学学术是由教师提出的问题而塑造了其形态。教学学术是通过研究实践问题,最终指导实践教学。不可否认的是在研究过程中不乏产生新的理论,这是教师与实践对话发展的结果,并不能作为教学学术本身的一种目的性存在。由于教学学术这种明显的实践扎根性和指向性,教师的教学研究活动也具有明显的个体差异性。教师需要凭借自我认知去发现问题,结合自我经验和知识结构反思教学、解决问题,从而对教学实践进行精致化的改进,进而产生理论成果。

交流性是教学学术的外显特征。反观舒尔曼的观点,教学学术是教的学术与学的学术的融合,意味着学生要成为教学学术的合作研究者。教师对教学学术的理解,不能只停留在"教"的一端,要深切意识到与学生的合作,将学生的学习问题作为教学学术的核心之一,注重对学生课程学习体验的考察、对教与学态度和看法的关注等,在平等中对话、交流,从而改进课程设计,[④]推动学习成果创新。教学学术的交流特征还体现在教师与同行、专业团队的互动中。教师教学成果既需要教学共同体的助力,也需要专业团队等给予鉴定,判断其学术价值。教师需要把教学成果放在公开交流平台上与其他研究者进行

① 吕林海.大学教学学术的机制及其教师教学发展意蕴[J].高等教育研究,2009,30(8):83-88.

② 朱炎军.大学教学学术的理论审视:价值、困境与走向[J].高校教育管理,2021,15(1):107-116.

③ FELTEN P. Principles of good practice in SoTL[J]. Teaching and learning inquiry,2013,1(1):121-125.

④ 刘隽颖."教学学术"研究体系的四维建构及其实践机制[J].江苏高教,2019(1):74-82.

商讨、质疑与驳难,接受同行评定,提高教学成效。①

二、大学教师教学评价背离教学学术发展现状

反观教学学术内涵和特征本身,教学学术可以作为一种理念引导,帮助教师实现自我提升,保障高等教育系统质量。本文将教学学术看作是一种反映教师扎根于实践,结合学科知识及行动研究,通过成果发表、同行交流与评议等手段,来解决教学问题的一种教学理念。教学学术要求教师必须重视对大学教学工作本身的研究,在态度、行为和技能等方面发生积极变化,重塑自我,提升水平。教学评价作为一种评判教师教学工作的尺度,具有导向、诊断和规范等功能。为了保障教学学术通过赋予教师教学新的意义,实现促进教学发展的核心目的,教学评价需要在教学学术的指引下,重新审视教学活动,反思并调整评价工作。图1展现了教学学术以教学为中介,间接作用于教学评价的关系图。厘清三者关系,有助于揭示大学教师教学评价背离教学学术发展现状。

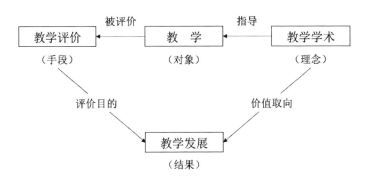

图1　教学学术与教师教学发展、教学评价三者关系图

---

① 时伟.大学教师专业发展模式探析:基于大学教学学术性的视角[J].教育研究,2008
(7):81-84.

(一)教学作为学术存在，评价缺少教学学术理念

教学的过程是知识的探究、整合、应用和传播的过程，是一种重要的学术类型，需要教师不断探索和创新教学方法和教学模式来解决大量难以预料的教学问题，进行前瞻预测和批判反思，实现教学进步。教学学术的提出和发展使教学作为一种学术存在拥有合理依据，大学对教学进行评价时必然要给予教学作为学术的合法性地位，才能从积极层面推动教师开展教学研究，使其获得创造性发展。但是在当下，教学与科研仍然存在错误的二分法观念，大学普遍认为只有发表论文、出版著作、申报课题等才是学术工作，对教师的评价更多是以科学研究等量化指标衡量其能力水平，忽视教师教学的学术性质。[①]现行的教师评聘制度也更加关注教师科研成果，教学沦为边缘工作，长此以往，教师一味追求科研，在教学方面必然投入不足，制约教学质量的提升。[②]大学教学评价理念缺乏教学学术思想，将教学视为纯粹的知识传递过程，忽视教师在教学研究中的辛苦付出和教学的学术价值，容易形成一种教学让位于科学研究的错误认知，致使教师教学的内在驱动力减弱，责任意识被削弱，教学质量不断下降。大学教学评价从理念层面未对教学的学术性做出肯定，不仅会导致教学学术性被遮蔽，加重与科研在学术范畴内的割裂局面，而且还会造成教学评价的错位，抑制教师在教学中的成长与发展。

(二)教学作为专业行为，评价尚未尊重个体差异

教学学术强调教师的教是一种基于实践并指向实践的活动，教的过程需要教师自主捕捉教学问题，结合学科知识，通过同行交流和评价等解决问题，其中产生的理论文本可以进一步丰富教学学术理论体系。由此可见，教学是一种高度专业化的实践活动，对教师的知识结构、教学的问题意识、教学的反

---

① 张其志.大学教师教学学术评价的若干问题[J].高教探索,2011(4):70-73.
② 陈武元,曹荭蕾.如何促进我国高校教学从"良心活"向"用心活"转变:基于某研究型大学调查的思考[J].现代大学教育,2020,36(5):92-101,112.

思能力、理论知识的运用等都具有不同程度的要求。这也就意味着教学学术成果需要经过一定的工作经验积累才能逐渐获得,不同发展阶段的大学教师教学存在等级差别。因此,对教师教学的评价也应该按等级进行。[①] 当前,大学的教学评价方案主要是由教务处统一制定,各学院根据人才培养目标、学科专业特点等制定本院教学评价方案,但无论是学校层面还是学院层面的教学评价,都没有考虑到教师教学的专业因素,按照不同教师的教学水平采用等级评价方法,忽视个体差异。从教学评价的二重属性来看,统一的教学评价虽然凸显了管理价值,使管理更加规范、高效,但是违背了教育价值,不利于促进教师个性化教学发展。[②] 不同发展阶段的教师在统一的评价标准下教学个性和教学风格会被模糊化,被硬性套入不适合的评价标准中,将无法真正评价教学质量的好坏,甚至还会打击处在成长期的教师的教学积极性,使教师很难获得符合自身教学特点的专业指导,难以深化教学研究,提高学科教学水平。

(三)教学作为成果体现,评价浮于教学行为表面

教学学术的提出使教学作为一种学术形式具备了一种与其他学术形式相同的典型表现——成果体现。I-E-O(input-environment-output)理论强调环境与行动者投入的共同作用,个体投入度越高,个体发展得就越好。[③] 因此,此理论可以用来衡量教师教学投入度与教师教学发展水平高低的关系。教师的教学成果是教师投入度的一种直接反映,大学可以根据教师教学成果评价教师教学发展水平。当前的大学教学评价浮于教学行为表面,局限于课堂教学,更多的是关注教师课堂教学行为,在教学成果方面,教师没有得到有效评价,导致成果产出与评价反馈相分离,教师自我发展受限。教师的教学成果主要体现在两个方面:一是作用于学生成长,二是呈现于文本之中。教师教学的目的就是解决学生学习问题,促进学生个人成长,学生的发展变化直接反映了

① 宋燕.我国大学教学评价制度的反思与重构[J].现代教育管理,2010(8):49-51.
② 徐全忠.回归教师发展本位的综合教学评价研究[J].中国大学教学,2018(10):79-82.
③ 周光礼,马海泉.教学学术能力:大学教师发展与评价的新框架[J].教育研究,2013,34(8):37-47.

教师的教学成果,但是教学评价侧重关注课堂中教师知识的传授量,而非学生吸收和理解的获取量,对学生的成长与发展考察甚微。此外,教师教学经常伴随发生反思和研究等行为,会产生一定的文本成果,"包括'未发表的学术成果'(向同行发表关于新教学手段的演讲、试验新的教学方法、开发新的学生评价方法、就课程难点设计作业等)和'发表的学术成果'(针对新的教学方法、评价方法、教学实验的成果发表等)",但教学评价通常会忽视教师"未发表的学术成果"①。局限于行为层面的教学评价是缺失成果取向的制度设计。教师的教学成效被遮蔽,教师很难从成果评价中获得反馈信息以审视教学活动,还可能窄化教师教学工作量,产生教师教学投入不足的误判。

(四)教学作为公开活动,多元评价主体动力不足

教学学术强调教学成果的显现化、公开化,能够与同行、学生交流是教学学术最突出的特征。在教学学术理念下,"教学已不再是教师个体的活动,教学的公共属性被承认"②。教学作为公开活动,为同行介入到教师个体教学活动中创造了共享空间,教师自身也需要通过交流使个人知识进入到公共知识,加快教学实践的改进和成果的生成。当教学评价以错误的、便利的、经济的评估标准衡量教师教学水平时就会成为问题,因此需要有资格并从事教学研究的学者精心构思、设计和开展教学评价,才能促进教师教学发展与提升。③ 同行能够以更专业的视角识别教学的不足与创新,促进教师反思教学行为,改进教学问题。目前,同行评价仍然流于形式,遵循的是一种特殊主义,即看教师发表的论文数量、获批立项的课题项目等,在发展潜能和教学能力等普遍主义的外衣下进行着特殊主义的评价,可以说同行评价并没有真正发挥每个评价专家的主观能动性,不利于对教学理念、内容和方法等做出科学评价,阻碍教师进行有意义的教学交流和反思。此外,同行评价还会受制于人情

---

① 侯定凯.博耶报告 20 年:教学学术的制度化进程[J].复旦教育论坛,2010,8(6):31-37.

② 宋燕.基于双重身份的"教学学术"内涵解读[J].江苏高教,2013(2):58-61.

③ SHULMAN L.From Minsk to Pinsk:Why a scholarship of teaching and learning? [J].The journal of the scholarship of teaching and learning,2001(1):48-53.

世故、经济资本、社会资本和文化资本等因素，具体表现为人际关系纠缠、物质奖励刺激不强、评价结果对职称评定作用甚微、职务升迁不依赖同行评价等。[①]

教学学术对学的学术的关注，将教师教学置于师生交互的共同体环境中，学生对教学的反馈为教师实现精致化教学提供启发，学生评价成为教学评价的主体变量。当前，学生评教是学生参与教学评价的主要表现形式，但是评教指标设计存在不合理之处：一是偏重考察教师教得怎么样，而非学生学得怎么样；二是指标超出学生认知，影响评教效果。[②] 学生评教计算办法不够科学合理，学生评教能力不足，评价分数不能如实反映教师教学效果。评教结果反馈缺失，也进一步削弱了学生评教自主性。教师无法通过获取学生真实学习体验和感受来修正教学环节，深化教学改革，正视改进方向。

三、教学学术视域下大学教师教学评价改革策略

教学学术倡导教师研究教学、反思教学、创新教学，使人们对教师教学有了新的定义和理解。教学学术使教学以学术、专业、成果和公开等多种形态呈现于教育环境之中，并引发了大学教学评价改革深思。如图 2 所示的作用模式，大学教学评价必须着眼于提升教学质量，在评价理念、评价主体、评价内容和评价方法等方面做出改革，激发教师教学活力，提高教学品质。

（一）推动教学评价纳入学术评价体系，重塑教师发展模式

教学评价的价值取向是教师教学行为的风向标。大学需要充分认识到教学学术对教师教学工作的积极作用，教学评价要体现教学学术理念，使教学真

---

① 周玉容,沈红.大学教学同行评价:优势、困境与出路[J].复旦教育论坛,2015,13(3):47-52.

② 李贞刚,陈强,孙婷婷."以学生为中心"改进学生评教的思考与实践[J].现代教育管理,2019(1):62-66.

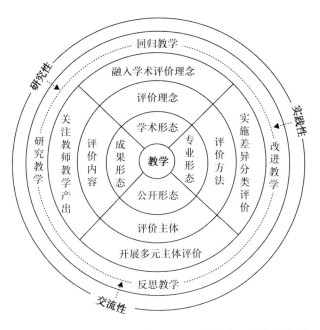

图 2　教学学术视域下教学评价促进教学发展的作用模式

正纳入学术评价范畴,得到合理评价,从而推动教学评价与科研评价融合进行,在教师评聘制度中占据合理权重。目前,已有部分高校在教学学术理念影响下相继建立教学型教授、教学型副教授等职称评聘制度,教师教学的学术性质逐渐被重视。学校对教学为主型教师进行评价时应重点关注教学贡献,甚至可以不考虑科研成果,唯此才能真正推动教学评价纳入学术评价体系。教学评价融入学术评价思想,既是对教师教学工作地位的肯定,也是对教师职业的尊重,有助于教师回归教学初心,增加其对教学的专注度。此外,教学学术受重视程度也与大学办学定位和教师教学发展定位有关。教学作为一种学术研究,不同类型大学在构建整体学术评价体系时需要合理配置教学评价权重,平等对待不同类型的学术活动,建立教学成果与科研成果分数双向转换机制,调和教学与科研矛盾,这样的制度安排可以使教师根据职业兴趣和特点,自由选择发展模式。由于不同时期教师的发展需求和职位定向不尽相同,大学在学术评定考核中应该对教师科研成果和教学业绩给予适切评价。比如德国高校教师可以以三年为一周期自由分配其教学工作量,这有助于灵活掌握研究时间,释放研究活力。① 因此,教学管理者有必要允许教师根据一定阶段的工作特点签订阶段性工作合同,使教师可以集中一段时间重点进行教学研究或科学研究,为学术研究创造自由空间。当阶段性工作任务完成后教师可重新再确定新的工作重心,通过配套的合同评价,保障学术研究质量。② 教学学术催生教学评价融入学术评价理念,有利于形成新的教学评价制度文化,激励教师开展教学研究,强化教学内驱力,自觉将教学转为学术活动的组成部分。

(二)采用职业周期分段式评价方法,实施个别化教学指导

教学学术反映了教师教学的复杂化和专业化。现实中的大学教师在教学水平上各有差异,与其职业生命周期密切相关。每一个阶段的教师教学技能、对问题的敏感程度、将理论知识与实际问题结合的熟练度等都不尽相同,在不同阶段采用恰当的评价方法,更能发现教师教学问题,通过实施个别化教学指导,提高教师教学能力。近年来,管理学中的"产品生命周期"理论引入到教育领域中,将教师的职业发展阶段分为导入期(1~2 年)、成长期(3~10 年)、成熟期(11~35 年)和衰退期(35 年以上)四个阶段。③ 由于衰退期的教师不再承担教学任务,故在此不做探讨。导入期亦可称为适应期,此阶段教师承担少部分教学任务,主要学习基本教学理论和教学方法等;成长期的教师承担主要讲课任务,能够在教学实践中总结反思,关注课堂教学效果,探索教学设计、教学方法等;成熟期的教师承担重要的教学任务,教学效果起到示范作用,教学能够被推广、公开交流等。④ 为此,对不同时期的教师可以采用阶梯式、序列式评价方法。在发展导入期,教师学科知识转化为解决问题的能力较弱,为经

① 来汉瑞,陈颖.浅谈德国应用科学大学教授的教学工作量:现状及必要的改革措施[J].应用型高等教育研究,2018,3(2):67-72.
② 周群英,刘晓雪.教学学术发展与大学教师教学评价制度创新[J].当代教育科学,2019(1):35-38.
③ 李正良,吴芳.基于全职业生命周期的高校教师教学评价体系研究[J].中国大学教学,2018(11):61-65.
④ 李正良,吴芳.基于全职业生命周期的高校教师教学评价体系研究[J].中国大学教学,2018(11):61-65.

验性教学,此阶段可以主要考察教师的课时量、工作量,是否在教学中实现知识的有效传递;在发展成长期,教师具有完备的教育知识,能够将理论应用于解决教学问题,强调形成问题指向性的反思,此阶段需要考察教师的课堂教学效果、理论知识的应用、教学方法的创新以及教学反思等情况;在发展成熟期,教师能够很好完成教学任务,在行动研究中解决问题,甚至提炼新的理论知识,而这些理论知识经过公开化并成为能被同行评价和利用的教育公共知识,是教学学术水平的最高层次,此阶段除了满足上述阶段的考察要求外,还应对教学理论成果、会议交流等方面进行考量。[①] 不同教师的教学水平存在于不同的发展阶段中,开展职业周期分段式评价,形成若干个"评价域",更容易帮助评价者识别被评教师教学问题,提供个别化解决方案,提高教师业务能力。

(三)建立教师教学档案袋,提供针对性教学成果反馈

教学档案袋直观呈现了教师的个人成长与进步,包括对学生成长数据以及发表和未发表教学成果数据的收集、整理、归纳和分析等,可以用于教学评估,成为评估者给予教师教学指导的参考依据。教学档案袋的制作者是教师本人,在对教学成果进行整理的过程中,一方面可以帮助教师回顾教学过程,反思和研究教学;另一方面,教师可以从教学研究成果中反观进步与成长,提高职业幸福感,增强教学魅力。[②] 为了改变以往以教学行为为取向的教学评价,教学管理者要积极利用教学档案袋这一重要资源来评估教师教学成效,引导评估者多角度衡量教师教学工作投入,提供较为全面的、有针对性的教学成果反馈,进而推动教师教学能力提升和学生学业进步。教学档案袋包含了教师教学过程的各类数据,既有反映学生学习情况的数据,如测评成绩、学生对课堂情况的反应及学生的学习日志、论文、作品、成果汇报等,也有关于教师自我教学反思和评价的信息,如教学工作总结、参与的课程改革、教学的创新和

---

① 宋燕.基于双重身份的"教学学术"内涵解读[J].江苏高教,2013(2):58-61.

② 邱九凤.教师成长档案袋:教师专业发展的有效工具[J].教育探索,2010(8):99-100.

评估、发表的教学类论文等,①按照教学工作内容分门别类进行保存,成为教师个人教学轨迹记录册。教师教学档案袋已经成为同行评价、分享交流的重要资源,教师通过教学档案袋可以进行个人的教学工作反思。

比如,北京大学已经建立的教师教学档案袋平台。该档案袋平台由来自自己的材料、来自他人的材料和教学产出三部分构成,根据使用目的分为:(1)过程性档案袋,用于体现学习或教学的整个过程;(2)展示性档案袋,用于表现取得的成就;(3)评估性档案袋,一般是以晋升或求职为目的。北京大学教学档案袋的建设办法包括四个阶段:基础建设阶段由教师发展中心收集教师基本信息;规范化建设阶段由教师发展中心引导教师自主建设,整理教学资源,为同行间交流、评价提供信息基础;特色化建设阶段涉及利用不同部门数据资源,全面反映教师教学情况;常态化建设阶段重点在于教师对教学情况进行反思。② 教学档案袋平台已经成为教师互动、合作的学术共同体社区,为教学评估提供了技术化支持,电子化档案袋更便于评估者检索和评论。北京大学强调"教学档案信息要作为教师考核,职称评定,评选教学优秀奖、优秀课程、奖教金等的依据,发挥教学评估对教师改进教学、提高教学质量的激励作用"③。教学档案袋如何在教学评价中发挥真正效用,体现教师教学成果,关键在于使用者如何发挥其价值,如果只单纯作为一种资料收集库,应付上级教学评估抽查,就很难以成果评价反馈形式反映学生学习成果和教师教学质量。

(四)激发利益相关者评价活力,指向教师教学改进方向

交流是教学学术彰显的一个关键维度,交流的目的是促进教师进行教学反思、明晰不足、加强改进。反思是所有教学工作者都应该具备的一种普遍素

① 于青青,冯菲.构建高校教师教学发展的综合体系:北京大学教师教学档案袋建设初探[J].中国大学教学,2020(8):65-70.
② 于青青,冯菲.构建高校教师教学发展的综合体系:北京大学教师教学档案袋建设初探[J].中国大学教学,2020(8):65-70.
③ 北京大学.关于健全北京大学教学质量监控与评价体系的若干意见[EB/OL].(2018-04-28)[2021-08-22].http://www.dean.pku.edu.cn/web/rules_info.php? id=146.

质。为了能够让教师更好地进行教学交流,受到专业的指导和支持,反过来加强自我工作,教学评价需要激发同行评价活力。教师与同行应该以协商、共识、共享为途径,形成共同发展的教学学术共同体,优化反思行为,加强成果创新。为了使同行评价能够在公开化的教学活动中真正发挥效能,教学评价应该赋予同行评价更为重要的地位。在设计教学评价利益相关者评价权重时,同行评价应在聘期考核和职称晋升中发挥重要作用,与学生评价所占权重不相上下,而在年度考核中重点发挥诊断与反馈功能,不占分数比重,这样可以尽量缓解人际关系的紧张性。评价者最好由研究教师且经验丰富的人来担任,其在评价过程中应该突破防御性评价思维,即不能总是抱有确保自己评价是正确的想法,而应该是从促进教师成长角度出发,以自己最好的判断来发现教学不足之处,分析产生的原因,[①]降低彼此的防备心理,提高信任程度。同行评价的实施管理部门,需要制定具体的评价制度,"即操作性的规程与准则,比如评价周期、评价形式、评价标准、评价程序等"[②],使同行评价有章可循,从特殊主义向普遍主义迈进,从唯论文、唯课题等向关注教师教学本身转变,切实提出改进方向和建议。大学还应该增加同行评价资本投入,对参与评价的同行给予物质激励,比如支付一定的劳动报酬;充分落实同行评价在教师聘期考核和职称晋升中的权重占比设计;对优异的评价者和被评价者给予荣誉称号等。

教学的最终指向是学生学习,学生的学习体验和收获决定了教师教学的有效性。学生评教指标在设计时可以征集学生意见,指标维度方面不应止于教师教得如何,而应关注学生学了多少,包括知识的获得、能力的提升、思维的养成等多项指标。既要便于衡量学生个体获得,也要便于学生理解指标含义,而不是盲目评判教师备课怎么样、有没有如实反映教学计划等相对单向的评教维度。为了进一步优化评教过程,教学评价需要设计一套科学的计算办法。

---

①　周文叶.教师评价:评什么和怎么评:访斯坦福大学李·舒尔曼教授[J].全球教育展望,2020,49(12):3-12.

②　周玉容,沈红.大学教学同行评价:优势、困境与出路[J].复旦教育论坛,2015,13(3):47-52.

有研究指出,学生评教人数与选课人数的比例与教师教学效果有关。当二者比例高于 90%,反映师生互动良好;介于 70% 和 90% 之间,反映学生对教师评价一般;小于 70% 表示不够满意。在此基础上,学生评教计算办法应该设置阈区间,评教人数与阈区间系数对应,结果取多次测评得分平均值,提高评教结果有效性。① 学校应该对学生如何评价教师教学进行专业训练,学生评教的最终结果不仅要反馈给教师,也要反馈给学生,从而增强学生评教的积极性和主动性。

---

① 陈翔,韩响玲,王洋,等.课程教学质量评价体系重构与"金课"建设[J].中国大学教学,2019(5):43-48.

普及化阶段高校教师个性化教学的
审视与实现*

迈入普及化是各国高等教育发展的趋势,2021 年我国高等教育毛入学率达到 57.8％[1],按照美国教育社会学家马丁·特罗的高等教育发展阶段理论,我国高等教育进入了普及化阶段。值得注意的是,发展阶段理论不是目标理论,而是预警理论,关键在于回答和解决高等教育规模扩张引发的矛盾冲突。普及化高等教育的结构和功能都在发生改变,包括"系统的规模、院校的多样性、入学和选拔的政策、管理和行政、课程和教学形式,以及学术标准"[2],发展的难点在于学生个体的发展。[3] 一方面学生的就学形态、学习方式、求学目的较之以往更为复杂,另一方面人力资源需求和就业市场变化对高校人才培养提出新的挑战。高等教育如何缓解规模扩张对学生学习体验带来的冲击,强化受教育体验带来的价值增值?如何真正发挥育人功能,关注学生个体发展,提高学生适应社会和经济变革的能力?关键在于教师"教"的内容与学生"学"的需求是否匹配,与社会经济发展的需求是否契合。个性化教学是以个性化"教"为手段来满足个性化"学"的要求,使每个学生能够按照自我需求实现个性化发展的教学活动,有助于发掘学生潜力、培养创新能力,是建设高效能课

---

* 本篇与李广平合作,原载《福建医科大学学报(社会科学版)》2022 年第 6 期。

[1] 我国接受高等教育人口达 2.4 亿[EB/OL].(2022-05-21)[2022-08-22].http://www.gov.cn/xin-wen/2022/05/21/content_5691565.htm.
[2] 特罗,徐丹,连进军.从精英到大众再到普及高等教育的反思:二战后现代社会高等教育的形态与阶段[J].大学教育科学,2009(3):5-24.
[3] 别敦荣,夏颖.发展普及化高等教育与素质教育[J].中国高教研究,2017(7):17-21.

堂、开展高质量教学的重要手段。随着高等教育普及化进程的深入推进,开展个性化教学将会比以往任何阶段更为迫切。反观高校教学实践,教师教学理念、教学精力、高校教学资源供给和教学评价制度等都成为制约教师开展个性化教学的主要因素,如何破解这些困境对普及化阶段实现教师个性化教学具有重要意义。

一、普及化阶段教师个性化教学的现实诉求

教育不在于知识传授,而在于成就个体。正如怀特海在《教育的目的》一书中所言:"教育的全部目的就是使人具有活跃的智慧。"[①]教师个性化教学能够尊重学生个体差异,强调学生的主体性和学习的主动性,并以灵活的教学形式培养学生的创新能力和独立个性。普及化阶段伴随着学生群体多样性、课程形式多样、信息技术发展和社会经济转型等,学生个体特征、学习方式及人才培养目标都会随之变化,对教学提出更高要求。教师实施个性化教学能够在一定程度上契合学生特点,引发学生思考和深化认知,培养出适合社会需求的创新型人才。

(一)学生群体多样性:个体经历更加丰富

美国教育社会学家马丁·特罗指出,普及化阶段,接受高等教育已不再是一部分人的特权或是一部分有资格者的权利,它逐渐发展成为公民的义务。[②]学生规模的增长不仅是"数"的概念,还意味着学生群体的差异性逐渐突显。[③]2021年,全国高等教育毛入学率57.8%,越来越多拥有不同社会文化背景的学生涌入高校,学生的个体经历、能力结构、价值观念以及求学目的等都呈现

① 姚志敏.教师专业发展的意义重建和教育变革[J].教育理论与实践,2017,37(8):26-28.
② 特罗,徐丹,连进军.从精英到大众再到普及高等教育的反思:二战后现代社会高等教育的形态与阶段[J].大学教育科学,2009(3):5-24.
③ 谢维和.课程与学程:普及化阶段大学教学改革之一[J].中国高教研究,2022(2):1-5.

多元化特征。综合未来发展趋势,"非适龄人口将成为我国普及化高等教育规模扩大的潜在增长点"①。当学生通过各种各样的选拔方式进入高校学习时,学生的同质性程度将会越来越低,院系负责人和教师会逐渐意识到,如果一味采用同一化、标准化和程序化的教学模式,会忽视学生个体的现有经验和个性偏好,使学生难以结合自我经验主动建构知识,无法满足发展需要。2019年政府工作报告提出,"改革完善高职院校考试招生办法,鼓励更多应届高中毕业生和退役军人、下岗职工、农民工等报考,大规模扩招100万人"②,但是由于考试评价制度没有完善,部分非传统生源不能适应传统教学过程,无法兼顾学习与工作,最后无奈放弃入学。③ 因此,面对自身经历各不相同的学生,教师需要重新审视个性化教学的价值与意义,特别是当普及化阶段一部分学生兼具学习和工作双重任务时,教师更不能忽视这样一部分学生群体的出现。教师在进行教学活动时要充分开展个性化教学,对学生个体经历有所了解,为不同学生提供最合适的教育。

(二)学生学习场域开放:自主选择权利扩大

学生的多样化将进一步引发课程的多样化,课程本质上反映了对学生的定义。普及化阶段由于学生差异性增大,发展需求多样,高校课程也随之变革,越来越多的课程趋于灵活性组合。当高度结构化和专业化的课程结构被打破,学分制、模块化课程使学生学习空间得到释放,课程学习不再只是为特定工作做准备,而倾向于成为解决问题的一种经历。当同一学习空间内的学生具有不同学习空间的学习经验,教师需要针对异质性情、个性需求,提供教学服务,才能提升学生学习体验。随着普及化阶段信息技术向高等教育系统

---

① 崔亚楠,文雯,刘惠琴.普及化阶段中美高等教育结构的对比分析[J].中国高教研究,2021(7):55-62.
② 关于发布高职院校今年大规模扩招100万人的通知[EB/OL].(2019-03-05)[2021-02-05].http://www.gov.cn/zhengce/2019-03/05/content5370851.htm.
③ 靳培培,周倩.高等教育普及化阶段的入学机会公平:透视与提升[J].河南师范大学学报(哲学社会科学版),2020,47(3):143-149.

中渗透,学习与生活的界限逐渐瓦解,越来越多的学生会受益于信息技术的发展。"学习资源成为知识与技术的融合体"[①],教师不再是知识的绝对拥有者,学生学习渠道更为开放,学习场域由实体环境向虚实结合空间转变,教师传统教学方式受到冲击。普及化阶段面对学生学习方式的多样化,教师很难用确定的、统一的标准对学生学习成果做出要求,甚至部分知识已经不再需要在课堂上讲授,如何促进学生个性发展应该成为教学重点。当学生能够根据自己的实际情况选修学习课程和学习渠道时,教师教学就要从学生个人实际需求角度出发,并承担人格培养、价值观塑造以及思维方式养成等任务,毕竟信息技术难以替代这些育人功能。随着传统标准化课堂形成的封闭学习空间被瓦解,高校与教师就不能再忽视学生多样化学习背景和网络资源带来的冲击,既要通过实施个性化教学,走近学生,成就个性,也要积极利用网络资源服务个性化教学,走向技术与教育融合发展的育人路线。

(三)人才培养目标多元:创新型人才成为主流

从高等教育发展历程来看,高等教育与经济社会呈协同发展趋势。2019年我国人均 GDP 超过 1 万美元,高等教育进入普及化发展阶段,经济社会的高速发展必然对普及化高等教育提出新的要求。从经济学视角看,经济社会与高等教育间存在供需关系,高等教育向经济社会输送人才反映了高等教育服务社会的能力,经济社会对高等教育人才的需求反映了社会经济发展水平。[②] 后人均 GDP 1 万美元时代要想实现创新驱动发展,跨越"中等收入陷阱",关键在于高等教育向经济社会输送的人才能否为经济持续增长提供不竭动力。在经济新常态背景下,创新型人才将会成为社会的主流需求。为此,普及化阶段高等教育人才培养目标必然转向以提高学生创新能力为主,一是为产业升级提供相适应的人才,特别是新兴产业需要的创新人才;二是有助于增

---

① 李广平,陈武元.人工智能背景下我国高校人才培养变革的有效思路[J].中国高等教育,2020(11):54-56.

② 赵庆年,曾浩泓.我国高等教育何以迅速迈入普及化:基于供需关系的视角[J].高等教育研究,2020,41(10):35-45.

强学生适应经济社会变革的能力。^① 高校如何实现创新型人才培养,与教师教学活动密不可分。"创造性与个性有着密切的联系,只有充分发展个性才能培养创造能力。"^②因此,普及化阶段要想实现人才培养目标,离不开教师个性化教学。个性化教学体现了以学习者为中心的教育理念,教师需要针对不同学生的特质提供合适的教学内容,尊重学生的学习目的与兴趣,因势利导,从而有效激发学生的创新意识,形成主动探索精神,发展创新能力。普及化阶段学生接受高等教育也不再仅仅是为了获得职业技能,或是学历文凭,^③获得创新能力,实现长远发展,也是驱动教师开展个性化教学的主要原因。

二、普及化阶段教师个性化教学的多维困境

个性化教学是伴随着规模化教学形态的演变而产生的,对个性化教学的探讨从班级授课制开始推进时就没有停止过。普及化阶段教师开展个性化教学,有利于为不同类型学生提供精准的学习支持,提高学生的情绪体验。当教师教学与学生个性、学习动机和学习经验相适应,使学生能够根据自身节奏实现自由发展时,这对学习者自身成长和社会进步都具有重要的意义和价值。为保障普及化阶段顺利实施个性化教学,厘清目前教师个性化教学的瓶颈性障碍,有利于为教学改革明晰方向。

(一)现有的角色文化致使教师受制于传统教学思维

发达国家高等教育从精英阶段过渡到大众化阶段、普及化阶段,经历的时间平均为 17.29 年和 26.5 年,而我国分别用了 9 年和 17 年,充分体现了效率

① 李立国.后人均 GDP 1 万美元时代的中国高等教育体系[J].高等教育研究,2020,41(9):4-17.
② 李如密,刘玉静.个性化教学的内涵及其特征[J].教育理论与实践,2001(9):37-40.
③ 林杰.高等教育普及化时代大学生的特征及其权利保障[J].中国高教研究,2016(3):43-46,55.

优势。不可否认的是,高等教育规模的快速扩张使人们对普及化阶段高等教育应该拥有怎样的教育形态并没有形成清晰的认知,特别是教师对教学的认知仍然受困于现有的角色文化之中,尚未突破传统教学思维。"从社会学角度看,高校教师角色根本上是社会建构的产物"①,社会公众评价与个体自我认知给教师职业定位带来了叠加影响。当教师职业被外界冠以"稳定""安逸"等标签,教师自我的教学个性就会被压制,最后在妥协与调和中趋于同质化教学思维,重于知识的传递,而弱于教学的创造性与独特性。此外,教师教学还受到传统角色定位的影响,目前课堂教学虽然正在从"以教师为中心"转向"以学生为中心",但这种转变还在进行中,教师与学生间尚未形成平等对话关系,学生容易成为"被教育""被学习"的对象,学习的主动性受到抑制,个体的差异性受到忽视,难以获得独特关怀。现有的角色文化使教师失去了个性化教学思维,教学活动仍然保持传统色彩。面对普及化阶段拥有不同个体经历的学生,教师很难调动学生结合经验主动建构知识,部分学生会在这种教学方式下逐渐游离课堂,产生学习失落感,这与普及化高等教育所强调的增强教育体验带来价值增值的教育理念相悖。

(二)有限的教学精力难以满足学生个性化学习需求

个性化教学意味着教学过程的复杂化,教师开展个性化教学面临的最大问题就是有限的教学精力难以关注每个学生个体发展,如果仅仅依靠教师教学经验和专业能力对学生学习能力、学习风格和学习状态等进行精准定位,提供适宜的学习资源,个性化教学将很难持续稳定进行下去。"从古至今,学校教育形态经历了从个别教育到规模化教育,再到个性化教育的演变过程。"②规模化教育的出现一方面解决了集约、规模化生产与学校人才培养的供需矛盾,另一方面满足了公众对高等教育的需求。但需要注意的是,以班级授课制

① 周晓航,任维平.高校教师个性化教学的实践困境及其破解之维[J].黑龙江高教研究,2020,38(3):116-119.
② 刘献君.课程教学中的个性化教育[J].中国高教研究,2020(11):49-53.

为依托的规模化教育在一定程度上隐匿了学生的个性,不可回避的原因之一就是学生人数增多为教师开展个性化教学带来了困难与压力,规模化与个性化始终是一对矛盾。当我国高等教育进入普及化阶段,教师教学将会受到来自人数增多和差异增大两方面挑战,在有限的教学时间内,教师个体很难完成对每个学生的个性考察,即使利用大量课外时间进行教学准备也未必能够准确掌握学情信息。因此,相比于个性化教学,教师迫于现实压力更愿意建设标准化课堂,有利于减少教学难度,方便课堂管理。但是在这种标准化的教学组织形态中,学生的自由权、选择权等都将受到约束,学习内容不一定符合求学需求,各种独特的学习经历也难以激发学生的学习主动性,形成优势向度。因此,帮助教师在有限教学精力下深入关切到每个学生的学习状况,提供定制化教学服务,是推动个性化教学落地的关键点。

(三)统整的资源供给系统制约个性化教学活动开展

传统的课堂被局限于特定的时间和空间内,学生很难自主选择学习时间、学习地点以及学习方式等,只能在标准、封闭、稳定的课堂中接受"统一的教"的教学内容,学习场域固定在封闭的教学系统中。随着普及化阶段高等教育课堂形态的转变,学生的选择权得到扩大,学生可以按照学分制规定和自我内在需求选择心仪的课程类型。虽然非结构化课程在一定程度上满足了学生个性化需要,但不容忽视的是信息技术的发展必然对课程教学产生影响。网络资源进一步开放了学习空间,教师不再是知识唯一的拥有者,课堂也不再是唯一的资源中心;互联网和大数据打破了学校垄断课程制作的局面,社会成为课程资源开发主体之一,学校成为课程消费者之一。[1] 如果高校课程资源仍囿于通过统整供给来保障学生基本学习内容,将会束缚学生的学习方式,制约教师开展个性化教学活动。因此,扩展资源供给系统,丰富在线课程资源,有利于强化高校育人功能,提高人才培养质量。对于在线课程资源建设而言,高校自制和协同机制有待进一步完善和推进,其原因主要表现在:一是学校原创性

---

① 蔡宝来.人工智能赋能课堂革命:实质与理念[J].教育发展研究,2019,39(2):8-14.

不足,自身缺少对在线课程的开发和设计;二是校际间缺少资源互通与共享,优秀课程难以实现动态流通。传统的资源供给系统已经难以满足普及化阶段学生对知识的诉求,高校需要为师生创建资源充足、与教学活动匹配的在线资源供给系统,既可以为教师个性化教学创造条件,又可以进一步扩大课程选择范围,保护学生自由选择权利。此外,教师作为课程的生产者和研究者,长期以来受限于实体课堂,特别是在多媒体教学背景下,也尚未形成建设"虚实课堂"的思维和能力,个性化教学空间停留在理想层面上。

(四)现存的教师管理制度导致个性化教学行为落空

个性化教学是育人价值的回归,教师采用个性化教学不仅是对学生个体价值的尊重,也是对自我主体意识的唤醒和对职业的深度负责。[①] 个性化教学能否实施关键在教师,但又与教师管理制度密切相关。教师管理制度规范着教师的教学行为,制度的价值导向指引着教师教学行为产生的方向。目前,我国高校教师管理制度过于"规范",教师教学自由受到限制,比如个别教师为加强学生课程体验,选择以课外实践方式引导学生学习,但是要经过层层管理程序审查和批准,碍于申请审批程序繁杂,多数教师选择放弃个性化教学设计。此外,高校教师评价制度也并没有真正关注教师个性化教学展示。教师评价制度一直存在教学评价与科研评价失衡问题,主要表现在评价侧重以科学研究等量化指标衡量教师能力水平,体现出强烈的现实性和功利性倾向。[②] 教师为了能够快速提升职称级别,获得更多有利资源,往往将主要精力放在科学研究上,教学沦为边缘工作。长此以往,需要投入更多智慧和精力的个性化教学必然受到教师忽视。在教学评价制度中,对教师课堂教学的评价也大多流于教学行为表面,侧重关注教师知识的传播量,而非学生个体对知识的需求度,当"教"与"学"出现匹配失衡时,学生就不可能在学习过程中实现个性的自

① 姚志敏.教师专业发展的意义重建和教育变革[J].教育理论与实践,2017,37(8):26-28.
② 丛春秋,张新亚.焦虑中的变革:高校教师评价机制创新的困惑与反思[J].中国高校科技,2020(9):25-29.

由发展，更遑论形成创造能力。个性化教学在管理制度中的失落，导致教师个性化教学行为落空，如此，想要提供符合普及化阶段学生个体特征、社会发展所需的教学服务便无从谈起。制度上对个性化教学引导和保障的缺失，必然导致普及化阶段教师教学与学生学习的矛盾升级，学生个体得不到充分尊重和发展。

三、普及化阶段教师个性化教学的破解之道

（一）突破常规，反思自我，树立个性化教学理念

教学理念反映了教师教学的价值取向，作用于教师教学实践。个性化教学要求教师能够进行持续性反思，突破角色文化禁锢，彰显自我教学智慧，形成独特教学体系。受传统角色文化影响，教师容易受制于传统教学思维，难以树立与高等教育普及化阶段相适应的教学理念。从教师职业发展角度来看，投入更大精力开始新的专业教学实践并非易事，往往需要教师打破固有形象认知，强化自我发展意识，分析和改进每个教学环节。因此，个性化教学总是处在强调之中，偏离实践之外。但在普及化阶段，如果教师仍然缺少对自身教学理念和教学实践的反思，保持安稳的教学状态，处于课堂教学的绝对中心地位，将会降低教学质量和人才培养质量。为了更好促进普及化阶段实施个性化教学，首先需要做出改变的就是教师的个性化教学理念，"正如教育家苏霍姆林斯基所说，一个无个性特色的教师，其所影响的学生也不可能有任何特色"①。因此，为了能够引导学生开展个性化学习，培养学生成为创新型人才，为社会经济增长提供动力，教师自身需要勇敢跳出舒适区，实现角色转型。首先，应该突破思维定式，释放真我，成就个性化自我，有特色的教师才能培养有特色的学生；其次，将教学反思纳入日常教学工作中，不断从教学实践中积累、

---

① 王中华,熊梅.高校个性化教学的影响因素及其消解：文化视角的反思[J].现代教育管理,2012(7):80-84.

总结和提炼经验,尊重学生的选择性学习行为和学习需求,定位学生成长类型;再次,将个人经验、知识内容与价值认知等融入教学中,体现教学个性,培养学生成为具有特色的个体。普及化阶段,虽然学生数量不断增多,但只要教师回归初心、关爱学生、潜心育人,实现因材施教、人尽其才就不是没有可能。①

(二)赋能技术,善用数据,解决规模化教学难题

"'规模化'与'个性化'是一组缺乏调和基础的矛盾"②,由于教师精力有限,开展大规模个性化教学对教师个体而言是一个巨大的挑战,特别是普及化阶段学生文化背景、学习方式和学习要求的多样化,整齐划一的标准化课堂已经无法满足学生个性化学习需求,人才规模化复制的教学建构已经背离智能生产和产业升级要求。普及化阶段,信息技术的高速发展使人类迈入了大数据时代,人工智能技术得以高度发展,这不仅对学生的学习生活产生辐射作用,也为教师顺利开展个性化教学创造条件。当教师教学融入人工智能技术,可以有效促进规模化教学向大规模个性化教学转变。在人工智能的支持下,教师可以通过"图像识别、语音识别和情感感知等技术,在自然状态下捕捉学生的学习行为和体验,分析学生的学习轨迹,甄别学生的个性和潜质"③,为学生解决学习难题,提供满意的个性化教学服务。构建"人工智能+课堂"的教学模式,还可以大幅度提高教师教学效率,通过画像技术实现学习者与学习资源的一一对应,帮助学生实现自主学习,解放教师教学生产力,释放个性化教学活力。此外,利用人工智能技术建立的智能辅助系统能够有效记录学生学习过程的行为数据,教师根据行为数据链可以开展个性化学习评价,分析学生学习偏好、特长和潜能等,为学生隐匿的内在需求提供针对性引导。④ 目前,

---

① 田建荣.古代书院因材施教与现代高等教育个性化[J].大学教育科学,2020(6):94-101.

② 吴南中,夏海鹰,黄娥.课堂形态演进:迈向大数据支持的大规模个性化教学[J].电化教育研究,2020,41(9):81-87,114.

③ 李广平,陈武元.人工智能背景下我国高校人才培养变革的有效思路[J].中国高等教育,2020(11):54-56.

④ 李洪修,吴思颖.人工智能背景下大学教学思维的审视与回归[J].高校教育管理,2020,14(2):29-36.

大数据的感知、识别和存储等技术都在快速发展之中，大规模个性化教学技术障碍在不断减少，技术融入教学已成为普及化阶段教师教学发展的必然趋势，教师需要形成与机器共舞的能力，并以理性批判为前提，避免技术异化教学本质。

(三)丰富供给，开放课堂，创造灵活化教学模式

统整的资源供给限制了师生对外界资源的获取，学生只能在有限的资源配置中接受统一的学习时间、学习地点和学习内容安排，这种供给系统在未来发展中将无法适应普及化阶段学生选择多样化的趋势，高校需要由传统单一的供给系统向建设现代多样的供给系统转变，教师需要丰富教学组织形式，成为信息化教学的创新者和实践者。首先，高校要进一步完善智能化教学平台建设，加强虚拟教学空间基础设施建设，将教学活动场域打造成为开放的课程发展系统；[①]其次，"建立功能完备的教学资源中心，直接为教学服务，及时更新数据资源，为学生提供丰富的学习资源"[②]；再次，建立网络课程资源共享机制，师生通过统一身份认证可以获得其他国家、地区和学校的优质课程资源。高校多样化的资源供给为教师开展个性化教学提供了条件保障，教师可以根据学生特点合理安排教学内容，根据不同学生需要提供匹配的课程资源，学生也可以根据需求在平台上自行浏览和学习。此外，教师还需注重创造融合式的教学模式，可以采用翻转课堂、SPOC等线上与线下相结合的教学模式，在一定程度上扩大学生的选择权利，使学生不再受制于空间、时间和进度等条件限制，可以自主安排和调整更多学习活动，而教师则可以将更多精力用于解答学生的学习难题等，给予针对性指导。普及化阶段，教师要创造性地开展教学活动，使教学场域变成一个思维碰撞、交流探讨、创造知识的空间，通过丰富教学模式给予学生更多选择机会，适应不同学生能力基础和学习需求。

①　陈正江.基于高等教育普及化的高职教育教学文化构建[J].职教论坛,2020(3):47-50,55.
②　陈武元,李广平.高等教育普及化背景下的我国高校教学管理变革[J].大学教育科学,2020(6):46-51,101.

(四)改革制度，给予空间，营造宽松化教学环境

个性化教学仅仅依靠教师微观教学行为的改变并不能彻底实现,同时需要管理制度给予宏观层面上的支持和保障。按照权变理论,环境变量与管理变量间有一种因果关系,如果是在一定环境条件下,那么就要寻找一种与环境相适应的管理办法。① 随着我国高等教育迈入普及化阶段,社会对人才的需求类型发生改变,教学不能适应学生个体发展,教师需要采用个性化教学方式,那么高校就需要制定适切的教师管理制度,从而确保经济社会发展、学校人才培养和学生学习发展需求达到动态平衡。高校需要意识到教学是一个具有创造性和复杂化的活动,要给予教师一定的教学空间,允许个性化的教学行为存在。如果制度规定超过一定范围,迎来的将会是机械化、重复性的教学劳动,教师个性得不到发挥。2020 年中共中央、国务院关于印发《深化新阶段教育评价改革总体方案》强调,要"克服唯分数、唯升学、唯文凭、唯论文、唯帽子的顽瘴痼疾,克服重科研轻教学现象,突出教育教学实绩"②。因此,高校在教师评价制度方面,应淡化学术成就物质奖励,将教师教学与科学研究提升到同等地位,重视教师的教学成果。根据教学学术理念,教学也是一种专业的学术活动,个性化教学需要教师倾尽时间、精力和智慧,反思教学环节、精准施策,获得精致化教学改进,为学生提供高质量教学内容。所以,教师评价制度更应积极推动教学评价和科研评价平等融合进行,在教学评价中应重点关注教师的教学设计是否符合学生特点、教学内容是否满足学生需求、教学过程是否激发学生创造性思维等,对取得个性化教学成效的教师给予物质和精神奖励,以此鼓励教师勇于进行教学创新。由于个性化教学体现了教师的教学特色,不同教师的个性化教学手段必然存在差异,高校需要为教师营造宽松化的教学环境,不能急于求成,要保护每个教师的教学个性。

---

① 张科丽.发挥学生主体作用的高职院校个性化教学管理研究[J].职教论坛,2020,36(9):19-24.

② 关于印发《深化新阶段教育评价改革总体方案》的通知[EB/OL].(2020-10-13)[2021-02-07].http://www.gov.cn/zhengce/2020-10/13/content2.htm.

如何促进我国高校教学
从"良心活"向"用心活"转变*

——基于某研究型大学调查的思考

教师是园丁,是蜡烛,是春蚕,是人类灵魂的工程师,这些对教师的隐喻折射出与其他职业相比,国家和社会对教师的要求更高,因为教师肩负着培养人的重任。从这个意义上讲,大学教师不仅要把书教好,更要把人育好。但是,不知从何时起,"教学是良心活"成为大多数大学教师的"最高"追求,这种现象必须引起高教界的高度重视。习近平在全国教育大会上强调:

> 做老师就要执着于教书育人,有热爱教育的定力、淡泊名利的坚守。随着办学条件不断改善,教育投入要更多向教师倾斜,不断提高教师待遇,让广大教师安心从教、热心从教。……扭转不科学的教育评价导向,坚决克服唯分数、唯升学、唯文凭、唯论文、唯帽子的顽瘴痼疾,从根本上解决教育评价指挥棒问题。①

这一讲话为新时期我国高校教学提高工作站位指明方向。实际上,在我国高等教育迈入大众化阶段的初期,就有学者展开有关"教学是良心活"的讨论,认为教师的教育教学工作是一种"良心活",教师的职业良心对教师的行为具有调节作用,教学效果的好坏一定程度上取决于良心的好坏,故而教师应秉

---

* 本篇与曹莅蕾合作,原载《现代大学教育》2020 年第 5 期。

① 习近平.坚持中国特色社会主义教育发展道路　培养德智体美劳全面发展的社会主义建设者和接班人[EB/OL]. (2018-09-10)[2019-11-20].http://www.xinhuanet.com/politics/2018-09/10/c_1123408400.htm.

持"慎独"精神,严格要求自己;①教学工作是"良心活",教师更多时候需要的是真诚建议和及时帮助的人文关怀;②"教学是良心活"反映了教师的教学责任,更多体现在个体品性层面,在教学中承担的责任只能"他说了算";③也有学者在访谈调查中谈及"教学是良心活",认为可以从花费的时间和精力方面来思考该话语的深层含义。④ 但是这些并未引起足够重视。在我国高等教育刚刚进入普及化阶段的今天,切实加强大学教师的教学投入进而提高人才培养质量,成为实现高等教育内涵式发展的迫切要求。那么,为何"教学是良心活"成为大多数大学教师的最高追求? 其背后的深层次原因是什么? 如何促进大学教师将教学工作由"良心活"转变为"用心活"? 基于这个问题意识,本文从梳理目前我国高校教学面临的困境与挑战入手,围绕"教学是良心活"这个话题设计访谈提纲,并对具有一定代表性的某研究型大学的 20 位教师进行半结构式访谈,通过分析访谈结果并结合现有文献,力图为提高我国高校教学质量提供若干对策与建议。

一、我国高校教学面临的困境与挑战

高等教育规模持续扩张引发的大学生多样化,对我国高校的教育教学构成相当大的挑战。尤其是,始于 2003 年的我国高校人事制度改革而不断强化绩效管理的教师评聘制度,既导致目前高校普遍存在"重科研、轻教学"现象,更加剧我国高校教学所面临的困境。如果大学教师长期只重视科研工作,必然会导致其教学责任心淡化,"水课"多而"金课"不足正是这种教学责任心淡

① 谢怀昆.加强教师职业道德修养提高高校教师队伍素质[J].云南高教研究,2001(3):32.
② 任光圆,沈红卫,徐忆琳.本科教育教学督导工作的再认识及"五个一"建设[J].中国大学教学,2009(5):75.
③ 余秀兰,龚放,张红霞,等.教授承担本科教学的困境与出路:来自全国八所一流大学的观点[J].高等教育研究,2008(7):74.
④ 胡仁东.指向与价值观:现代大学组织设计[J].煤炭高等教育,2008(1):24.

化的外显特征。

(一)学生多样化引发对高等教育需求的多样化

随着高等教育规模的持续扩张,2015 年,我国高等教育毛入学率为 40.0%,2018 年为 48.1%[①],2019 年秋季新生入学后,我国高等教育毛入学率将超过 50%,正式进入高等教育普及化阶段;[②]在校研究生数从 2014 年的 184.77 万人增长到了 2018 年的 273.13 万人,[③]短短 5 年间,研究生在校生数增长了近 50%。在毛入学率飞速提升、学生规模持续扩大的趋势下,由规模扩张引发的大学生多样化,必然要对高等教育个性化培养提出诉求,而教师数增长相比学生数增长的滞后性使得这种诉求在短期内难以得到满足。在不得已的情况下,一些高校规定,本科生选修课程选修人数须超过 12 人、研究生课程超过 5 人才能开课。甚至在个别情况下,有的必修课程是一个年级或几个班级一同上课,学生数量最多时在 300 人以上。面对不同需求的众多学生,教师如果要做到针对性教学、个性化指导,不仅在课堂上要处处关注,课后还要解答学生们的疑问、对课堂作业进行反馈,即使借助现代信息技术,也是一件费心劳力的事情。甚至还会有学生在教师的非工作时间(如周末、寒暑假等)要求答疑,这无疑需要教师付出非常多的精力和心血。学生需求多样化与大学教师难以满足的矛盾,是当下我国高校教学面临的主要困境和挑战。

(二)教师"重科研、轻教学"现象十分普遍

高校人事制度改革导致绩效管理和教师评聘制度日益向科研倾斜,在此背景下,科研项目和科研成果成为有效获得精神肯定和物质奖励的"硬指标"。与此相对,原本应当与科研等值的教学工作却没有得到同等重视,教学回报不

---

① 中华人民共和国教育部.2018 年全国教育事业发展统计公报[EB/OL].(2019-07-24) [2019-11-21].http://www.moe.gov.cn/jyb_sjzl/sjzl_fztjgb/.

② 钟秉林.迎接高等教育普及化新阶段[J].中国高等教育,2019(17):1.

③ 中华人民共和国教育部.2018 年全国教育事业发展统计公报[EB/OL].(2019-07-24) [2019-11-21].http://www.moe.gov.cn/jyb_sjzl/sjzl_fztjgb/.

如科研来得"立竿见影",导致大学教师普遍存在"科研是硬指标,教学是软任务"的认识偏向。这种认识偏向使部分教师在对待教学工作方面,往往采取一种应付、敷衍的态度,具体表现为课程教学内容钻研不够,备课不充分,念课件、念教材、课件更新不足等现象。这种照本宣科、不能将学生引向学术或问题前沿来提升学生的学习和研究能力的教学,必然导致课堂枯燥乏味、学生对学习厌烦或不感兴趣以及教师低成就感的后果。大学教师一旦将科研看作自身"硬实力"的集中表现,把教学看作"良心活",一味追求科研,在教学方面必然会投入不足,久而久之,这种"不求有功、但求无过"的心理状态,将会严重制约教学质量的提升。如何平衡教学与科研的关系,一直困扰着大学教师。

(三)教师教学责任心淡化导致教学质量下滑

教师教学责任心受多种主客观因素影响。除了绩效管理和教师评聘制度对教学工作重视不够外,从客观因素看,大学教师面对的是有一定学习基础、有一定独立思考能力的 20 岁左右青年学生,[①]在"以学生为中心"的教育理念下,大学课堂中学生的主体性更加突出,因而课堂教学效果在一定程度上取决于学生的参与度。当然,学生的课堂参与度和教师的教学责任心也密切相关。倘若教师教学责任心淡化,教学敷衍了事,课堂讲授无法满足学生需求,课堂就会因缺少吸引力而变得沉闷无趣,学生在课堂上玩手机、睡觉等便是对教师授课的消极应对。从主观因素看,教师认真备课搞好教学,总是希望能够得到学生的积极回应。倘若一位教师精心准备的一堂课,在呈现时发现教室前三排空无一人,讲到精彩之处无人抬头,他怎会再以饱满的激情来授课?或许在下一次的备课中,教师就可能不会再花费百分之百的精力了。换句话说,如果学生回应不佳,教师就会觉得教学"吃力不讨好"而失去教学兴趣;教师上课激情不高,教学效果无法达到预期,课堂教学质量就必然会下降。可见,教学质量需要师生双方共同来维护。高校教学质量下滑与教师教学责任心淡化分不开,其深层次原因值得高校办学者和管理者高度关注。

---

① 潘懋元.高等教育学讲座[M].北京:人民教育出版社,1993:11.

(四)高校"水课"多而"金课"不足

如上所述,教师教学责任心淡化的外显特征是"水课"多而"金课"不足,其严峻性已引起教育部的高度重视。《教育部关于狠抓新时代全国高等学校本科教育工作会议精神落实的通知》(以下简称《通知》)要求,全国各高校要全面梳理各门课程的教学内容,淘汰"水课",打造"金课",合理提升学业挑战度、增加课程难度、拓展课程深度,切实提高课程教学质量。[①]《通知》发布后,全国各高校对于课程质量的重视程度有很大提高,但高校"水课"现象难以在短时间内消除。高校中的"水课"一般指的是教师授课水平不足、授课质量差、授课责任心缺失、考核方式不科学的课程,[②]表现为教师能力、教学内容、教学方法以及教学考核等方面"水",[③]不具有高阶性、创新性和挑战性。产生"水课"的主要原因包括教师的个体特质(教学态度和教学能力)、教师的教学设计(教学目标、教学内容和教学策略)、课程本身的特征(课程时间设置和课程重要性)等。[④] 当然,高校中也会看到与"水课"相反的"金课",它们往往是教师教学精彩、吸引学生的课程,常会出现教室座位不足,学生们宁愿站着都要听课甚至没有学分也要听课的情况。但相对来说,这一类课程在高校中数量偏少。

二、研究设计

高等教育对青年成长成才起到重要的促进作用,因而教学工作特别需要

① 中华人民共和国教育部.教育部关于狠抓新时代全国高等学校本科教育工作会议精神落实的通知[EB/OL].(2018-08-27)[2019-11-25].http://www.moe.gov.cn/srcsite/A08/s7056/201809/t20180903_347079.html.
② 刘进,林松月.什么是大学"水课":概念范畴、关键特征与治理方向[J].黑龙江高教研究,2019(9):12.
③ 王琦.高校"水课"评价论析[J].江苏高教,2019(5):68.
④ 汪雅霜,郝龙飞,钱蕾.谁往课程里面掺了"水":高校"水课"形成影响因素的质性研究[J].重庆高教研究,2019(4):72.

能够执着于教书育人的大学教师来承担。面对目前我国高校学生需求多样化与大学教师难以满足的这个矛盾,大学教师若仅凭"良心"来从事教学工作,恐怕难以完成培养社会主义建设者和接班人的崇高使命。为破解这个困局,本文从专任教师这一教学主体的视角切入,试图直观了解教师群体对于目前广为流传的"教学是良心活"这个话题的态度与看法。

(一)研究对象

本文选取的研究型大学,2005 年以全 A 成绩通过教育部的水平评估,自 2006 年以来,每年都对本科教学进行自评,是全国最重视教学工作的高校之一,因而具备典型案例分析的特质。研究于 2019 年 7 月至 8 月间通过随机抽样的方法,抽取 20 名教学科研并重型专任教师进行访谈,访谈方法为半结构式访谈法。访谈对象包括男性 14 名,女性 6 名;职称分布为教授 6 名(含资深教授 1 名)、副教授 8 名、助理教授 6 名;其基本情况如表 1 所示,其中以 A 代表教授、B 代表副教授、C 代表助理教授。

表 1　访谈对象基本情况

编号	性别	教龄	职称	职务
A01	男	9 年	教授	所长
A02	女	10 年	教授	所长
A03	男	15 年	教授	副院长
A04	男	80 年	教授	名誉院长
A05	女	35 年	教授	副院长
A06	男	30 年	教授	原副院长
B01	男	8 年	副教授	无
B02	男	12 年	副教授	所长
B03	男	11 年	副教授	副所长
B04	女	7 年	副教授	无
B05	男	21 年	副教授	无
B06	女	20 年	副教授	无
B07	男	2 年	副教授	无
B08	男	10 年	副教授	无

续表

编号	性别	教龄	职称	职务
C01	男	8 年	助理教授	无
C02	女	2 年	助理教授	无
C03	男	2 年	助理教授	无
C04	女	5 年	助理教授	无
C05	女	2 年	助理教授	无
C06	男	6 年	助理教授	无

注:教龄、职称、职务统计截至访谈时间。

(二)访谈内容

围绕"教学是良心活"这个话题,笔者设计了 5 个单元构成的半结构式访谈提纲:(1)教师一天的工作安排;(2)对"教学是良心活"的看法;(3)对"教学是良心活"成因的见解;(4)对教学和科研的态度;(5)除正式课程之外的教学安排。访谈设定几个主要问题,受访者依据自己经验回答这些问题,同时,访谈者在访谈过程中,可以针对受访者的回答进行更加细致和有针对性的讨论。

(三)访谈过程

笔者首先对随机选取的专任教师发送邮件,询问教师是否方便接受访谈。在最初联系的几位受访者中,副教授和助理教授人数偏多,超过三分之一的受访者入职时间在 6 年以下,样本不足以反映出教师群体对于"教学是良心活"这个话题的普遍看法,因此又联系了几位年龄较大、入职时间较长(大于 10 年)的教授,其中包括 2 位现任副院长。这样一来,访谈对象的构成具备一定的区分度,利于后期结论的得出。与此同时,还运用复现逻辑对之前访谈文本中出现的内容重点关注,若两个或更多案例经历的事件过程极其相似,说明这些相似事件也许就是结果产生的原因。① 如果多个案例中发现这种复现,那

---

① 罗伯特·K.殷.案例研究方法的应用[M].2 版.周海涛,李永贤,李宝敏,译.重庆:重庆大学出版社,2009:20.

么研究结果能被认为是扎实的、站得住脚的,结论的得出也将被赋予更多的自信。[1]

此外,对于访谈过程中可能出现的伦理问题,笔者在通过邮件或短信方式联系受访者的同时已告知受访者本次访谈所得资料仅做研究使用,且访谈严格遵守匿名和保密原则,录音征求访谈对象同意。访谈正式开始前,会再次与受访者确认个人信息的保密性和访谈资料使用的单纯性,使受访者知晓其提供的信息和数据在收集前后均会得到保护。在分析整理的整个过程中,笔者对每一位教师进行编码,隐匿姓名;访谈涉及的科研方向、课程名称以及撰写的论文、专著等内容也进行一定的模糊处理。

(四)文本分析

在研究过程中,一方面关注访谈对象结合亲身经历中对"教学是良心活"的体验与描述,对访谈对象提到的重要事件进行标注,以便从不同维度分析"良心活"的表现方式;另一方面密切关注访谈对象内心对教学工作的态度和诉求,以提炼出当前教学工作"良心活"的形成原因并进行多维度描述与呈现。通过仔细阅读所有资料,析出有重要意义的陈述,借助 NVivo 12.0 软件对文本中出现的观点按照开放编码—类属编码—核心编码进行三级编码。最终归纳出"教学是良心活"这个话题会受到教学效果、教学投入、评聘机制以及教学科研相关性四个方面的影响。

三、"教学是良心活"的成因探析

通过访谈文本的分析结果并结合现有文献,本文将从教学效果的隐性与滞后性、教学投入的弹性与时空性、教师评聘制度的刚性与倾向性、教学科研

---

① 罗伯特·K.殷.案例研究方法的应用[M].2 版.周海涛,李永贤,李宝敏,译.重庆:重庆大学出版社,2009:111.

的脱耦性与分离性等四个方面进行阐述。

(一)教学效果的隐性与滞后性

人才培养是一个隐性、滞后的过程,教师即使投入大量的时间和精力,也很难看到立竿见影的效果,在现行的绩效评价体系下,对教学的不重视也就成了必然结果。[①] 访谈中有教师认为:

教学这个活是这样的,我很尽心尽力,我备了很多的课,学生也得到了很好的知识传递,他们走入社会后发挥了很大的作用。可是学校不会以他们的成功来评价你,因为他们成功的因素太多了,谁知道你在这里面扮演的角色怎么样,所以没有办法衡量你的教学效果是怎么样的。(20190802-B03)

人才培养的核心方式是教学,教学的主要载体是课程。课程的效果固然要重视,但是,人们往往忽视人才培养的过程是累积性而漫长的,因而一堂课对于学生成长成才的作用和效果难以衡量。究其根本,是由教学的基本特性决定的。育人具有隐性和滞后的特征,教学效果不明显,且显现速度慢。

个体教师的教学是整个人才培养过程中的某一个小阶段,而这一小阶段所能帮助到学生的,可能随着学生的成长才会逐渐显现。"因为教学是很难及时看到效果或成果的……我想绝大部分老师可能还是按部就班(进行教学工作)的。"(20190702-C01)

正是教育教学的滞后性,给教师的工作带来相当大的难度。教师不知道自己的哪一堂课、哪一句话、哪一个行为会对学生产生良好的培养效果,也难以预测自己教授的学生步入社会走上工作岗位后会有何作为。教师对教学,对课堂,对学生投入大量时间和精力,有时候还要面对学生的不认同与不理解,或许在未来学生会因此受益,但是,在短时间内往往无法有显著的效果作为回报。长此以往,一些教师对教学的信心和期待减弱,只能凭着对职责的敬畏和对工作的自律进行教学。

---

① 王飞,韩映雄.大学教师专业发展研究进展[J].教师教育研究,2016(2):42.

(二)教学投入的弹性与时空性

教学投入,包括教师的远期投入,即教师个人的"功底";也包括教师的近期投入,主要是教师为上好一堂课所花费的时间和精力,即教师的"功夫"①。无论是一堂课还是一门课程的形成,都需要教师有扎实的专业知识基础、充分的课前准备、教学的艺术性和及时的课后反馈。这些教学投入远远大于在课堂上对学生讲授所花费的时间。有教师指出:

我记得去年第一次上课,每上一次90分钟的课要备课三天左右。如果让学生读两篇文章的话,我可能要两本书的阅读量……我今年上半年,一个礼拜要工作六天,只有周六休息,周日全天都要加班,周一到周五也几乎都要在办公室待到晚上八九点。(20190730-B06)

昨天晚上我在改学生的作业,尽管学生的作业不多,但是要真正去改一份作业,究竟改到什么程度才算改到满意?要不要纠正他们的错别字?要不要给他们提供一些进一步的意见?还是只是给他们一个ABCD的等级?这是两种不同的选择,却会给教师的教学工作量带来天壤的差别。(20190704-C03)

大学教师的教学投入,一部分可以通过教学工作量体现,但远远不止于此。正是因为它难以量化的特点,投入可以有最低限度,却没有最高限度。有教师直接表明:"教学这个事情,我感觉是一个无底洞。(笑)"(20190722-C04)

教师的教学投入凭教师的"良心",具有一定的弹性。其程度的把控,往往由教师对职责的坚守和育人的信念来决定。

大学教师教学投入的时空性指的是教学的投入不受时间和空间的限制。如今教师所要承担的教学任务往往包括本科生和研究生课程以及论文指导等内容,在教学以外还有科研任务,甚至可能还有行政、社会事务等。教师对学生的因材施教、个性指导愈发困难,甚至教师把非工作时间和非工作空间全部用上仍显不足。

我们这边有些硕士生甚至博士生,(之前)并不是做××研究,就是说他本

---

① 朱德全,李鹏.课堂教学有效性论纲[J].教育研究,2015(10):92.

科是不懂这方面专业知识的。所以我认为一开始要给他补强一下……一会儿,我三个博士生要来找我,(我要)一个个(以)另外的方式去补强他们这一块的深度。(20190822-A06)

对于教师来说,指导学生是职责,而教学投入很难用一把客观标尺来衡量,教师对待教学所选择的态度、风格、方式以及付出的努力和心血都会对教学实际投入产生影响,[①]再加上制度层面缺少有力的政策导向,教师对教学投入多少精力全凭自觉自愿,教学工作成了"良心活"[②]。

令教师感到无奈的是,在日常的工作和生活中,其默默付出的教学投入往往得不到认同与共鸣,甚至让人误以为教师是一个很轻松的职业。学生和社会的不理解,使教师从事教学工作时受到不同程度的打击,加深了教师对本职工作的自我怀疑,教学成为一种"良心活"和"应付活"[③]。

教学的投入其实是很大的。别人可能会以为你教学无非一周只上一次课,但是你只看到我上课的那一个多小时或两个小时,而我课前课后还有很多的投入,所以大家会觉得教学是"良心活"——看不见的东西嘛。就像冰山一样……上课就是冰山上面的那一小角,下面的你是看不到的。(20190722-C04)

其实我们也没有去算什么教学量……像我们做沙龙什么的,根本没有去考虑工作量这些问题,纯粹就是为了学生的需要。(有人)觉得好像我们拿了两份教学(工作量)……不是这样的。(20190822-A06)

针对这种现象,美国著名高等教育学家博耶(Ernest L. Boyer)在《学术水平反思》前言中一针见血地指出:

真正应当引起质疑的是教师奖惩制度,而且核心问题是:大学教师的哪些活动最应当受到重视?毕竟,如果教师在学生身上花费的时间得不到最终的承认,那提高高等教育教学质量就是一纸空谈。[④]

[①] 李永刚.研究型大学教师教学时间投入情况及依据的探究[J].复旦教育论坛,2016(4):41.

[②] 杨飞.大学文化建设:问题·目标·路径:基于供给侧改革的视角[J].江苏高教,2018(7):48.

[③] 周萍,陈红.大学教师教学学术能力的建构[J].高校教育管理,2015(6):95.

[④] BOYER E L. Scholarship reconsidered:priorities of the professoriate[M].Princeton,N. J.:Carnegie Foundation for the Advancement of Teaching,1990:xi.

（三）教师评聘制度的刚性与倾向性

目前，不论是国内还是国际上，科研成果都是高校尤其是研究型大学的重要评价指标。这也就使得教师角色随着社会的发展从单纯的"教书先生"变成教学科研"双肩挑"。有些大学片面追求科研指标，为取得科研成果甚至不惜一切代价，不计成本地投入人力、物力、财力，而教书育人工作在大学逐渐被弱化，甚至沦为边缘工作。①

（这是）现在中国大学非常普遍的一个形态，大家都在搞"双一流"、大学排名，所以大学都会把这种所谓的压力转移到老师身上去，拿课题、发文章。（20190730-B06）

所以，教师评聘制度成了现在悬在大学教师头上的"达摩克利斯之剑"。我国高等教育在步入大众化阶段后，各高校先后实行"绩效管理"的人事制度改革，特别注重高素质、高水平人才的引进，强化教师的绩效考核，其刚性使众多教师不得不就此做出应对。

论文、专著，科研这方面的东西会对教师起到决定性的影响，是决定性的因素。我想老师们都知道教学和科研要兼顾，但是迫于"生存"的压力，老师们不得不把重心放在自己的科研上。（20190927-B08）

可能更多的都是搞自己的科研、自己的课题。因为现在你要是不搞这个，如果只上课，到了年末工作总结的时候，弄不好连饭碗都得丢掉……这些老师为了饭碗，就得搞科研。（20190801-B07）

总体而言，教师评聘制度在科研方面非常严格，且向科研倾斜。从当下的评价体系来看：

如果你没有文章或者没有课题，就很麻烦。因为它不仅仅影响到晋升，还影响到绩效工资之类的，所以我觉得在教学工作方面只能尽量做到问心无愧，更多的精力我觉得还是应该放在科研上……这也是制度逼出来的……老师也

---

① 杨飞.大学文化建设：问题・目标・路径：基于供给侧改革的视角[J].江苏高教，2018（7）：48.

是人,他面临的一个问题就是考核,还有职称评定。因为职称关系到你的待遇,而所有这些评定它基本上是"重科研、轻教学",评价体系是这么设定的,所以它必然导致老师会这样应对。(20190726-B05)

从聘用制度来看,学校和学院在聘用教师时,对于教师的科研成果普遍有硬性要求,但较少考虑新教师的教学水平。现在的大学教师大多是刚博士毕业或博士后流动站中的年轻学者,客观来说,刚毕业的博士要从学习课程转向讲授课程,需要一定的适应时间。而讲授课程的能力和热情,不能仅仅以科研成果和科研水平作为衡量标准。同样,在"非升即走"的聘用制度下,学校和学院对教师的绩效考核主要也以教师的科研成果数量来衡量,而教学常常是被弱化的一个评分项。

因为聘任考核,主要还是看你的科研成果,科研成果达到标准,才给聘任。若达不到标准的话,教学再好都没用。除非获得国家级教学成果奖,那是另外一回事,要不然教学基本上都很难得到肯定。(20190725-B04)

更易于量化的科研成果,宏观上对大学来说,能够提升大学排名和社会影响力;微观上对教师来说,显性表现为职称晋升快、岗位提升快、工资增长快,隐性表现为教师个人地位、教师个人成就感的提升。这些都是导致"教学是良心活,科研才是硬杠杠"的主要原因。①

评聘制度中的教学工作评价考核有两个方面的缺憾。一个方面是对教学质量的监控和评判标准不够完善。"教学没有很好的评判标准。就是上课有几门课,然后学生评议达到标准就可以了。这个其实比较简单。"(20190802-B03)"现在的职称或者其他的评定,给学生上课所投入的精力和时间、教得好或不好,都没有产生决定性的影响。"(20190927-B08)另一个方面是缺乏能够约束教师教学工作的惩罚机制。"教学这种东西难量化,老师完成工作量就行了。学校也不会把老师怎么样。"(20190716-A01)

你不认真做,没人管你啊。只要不旷课,只要不让指导的学生最后出问题,没人去追究。有的老师上课,就随便瞎讲,念PPT也没人管,学生也不举

---

① 王飞,赵雨寒.新时期推进本科教学改革的路径探析[J].现代教育科学,2019(8):122.

报,关键是你举报也没用。十年 PPT 不换,让博士生代课,代一次课就算了,代一个学期课?这种现象比比皆是,可是这些老师也没有受到追究和惩罚。(20190802-C06)

在这样的评价体系和考核要求面前,教学质量没有确切的制度保障,教师的教学也不能得到相应的肯定,教学成为"良心活"也就成为必然。

(四)教学科研的脱耦性与分离性

教师的教学和科研紧密结合对人才培养来说至关重要。教师将研究成果融入课堂教学过程中,使学生有直接途径了解学术前沿问题,进行教学的同时促进科研,这是教师们所认为的教学和科研和谐共存的理想状态。但是,在实际工作中,教师的教学和科研常常产生"脱耦"现象。

我们只能"烧高香",说这两个越相关越好。这既可以促进我们的科研,同时又可以节约我们在教学上的额外的时间投入。(20190704-C03)

教学和科研,如果能联系上,那实际上搞科研的时间不就为教学?实际上还是为了备课,这是很好的,但是这种可能性不大。(20190801-B07)

大学中出现的教师教学与科研相分离的现象,主要表现为教师讲授的课程和自己正在进行的科研(包括课题研究、论文专著的撰写等)方向常常不一致,即教学内容和科研内容差异较大。教学与科研相分离,一方面使得教师准备教学和科研的工作量大大增加,而同时做两件关联性不大的工作会使得教师在精力和时间的分配上顾此失彼;另一方面教师的教学脱离科研,也会使得教师的教学不够新颖、前沿,影响教学效果。这两方面的结果不仅与课程设置有关,还与教师承担的科研项目息息相关。

我们的科研不是自由式的科研,都是计划性科研、强制性科研、被迫做的科研……是自由科研的话,教学跟科研就容易结合。计划性科研,你做这个题目不适合教学,就没法把科研成果融入教学里边。如果你完全根据自己兴趣来做科研的话,你又很难拿到课题。(20190726-A03)

这种情况在青年教师中更为常见,因为刚入职的教师科研成果较少、科研方向不稳定,承担的课程和科研项目匹配度较低,但是,又有来自职称晋升方面的压力,导致其教学和科研相分离,工作压力大。长此下去,教师的前沿研究成果不能有效地转化为课程内容进行教学,教师对教学的态度就会愈加敷衍,从而影响到人才培养的质量。

四、研究结论与讨论

(一)结论

本研究发现,"教学是良心活"的成因,可归结为教学效果的隐性与滞后性、教学投入的弹性与时空性、教师评聘制度的刚性与倾向性以及教学科研的脱耦性与分离性四个方面,如图 1 所示。需要说明的是,绘制此图形的目的在于直观地阐述要素之间的关系,以便于解释。分析结果表明,这四个方面的要素并非独立存在、泾渭分明的,而是彼此间相互作用的。正是因为教学效果有一定的隐性和滞后性以及教学投入的弹性和时空性使得教学成为一个难以量化和严格把控的工作,从而导致评聘制度中缺乏对教学工作的量与质的精确度量。而评聘制度的刚性和向科研倾斜的特性,又间接导致了教学科研的脱耦与分离。教学是高校的首要职能,"教学是良心活"作为研究型大学教师的责任底线尚能守住,但是对于我国庞大的高等教育系统而言,这个底线俨然在某种程度上发挥着最高标准。

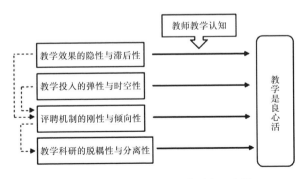

图 1 "教学是良心活"形成因素示意图

(二)讨论

教学成为"良心活",实际上是教师教学良知与教师评聘机制之间反复博弈产生的结果。对于这一现状,普遍认为是由教师考核评价体系向科研倾斜而引发的。如果评聘制度不改变,问题会一直存在,甚至会愈演愈烈。有教师直接提道:

现在这种现象要扭转,是相当困难的。因为教学只是一个工作量的问题,我工作量够就可以了。而科研就不一样了,提升职称也好,提高工资也好,都是要看论文的。(20190728-A04)

科研上去以后你课题拿到了,职称升上去了,你社会地位高了,你外面接的课题更多了,你可以开更多的讲座,有更大的影响力,这个是最实际的问题。我觉得整个学校的评判标准与根源在这里。所以教学它就是"良心活"。(20190802-B03)

更令人感到忧伤的是:①在大多数大学中,教师的教学都没有得到应有的回报,花费大量时间为学生提供咨询和建议的教师甚至可能会失去其任职和晋升的前景和机会。

一边是作为教师,深知自己的本职工作是教学,是"该做的事";一边是付出没有得到相应的肯定和回报,是"没有回报的事"。在这个过程中,教师最终的行为选择会不自觉地有所偏向,访谈过程中很多教师也表明"教学是良心活"的说法符合当下现实,教学确实是靠良心去做,反映大学教师在工作中的无奈,但这不应该是常态。由于评聘制度对教学工作的软约束和教学评价的模糊性特点,使得"教学是良心活"成为大多数教师的基本追求或最高追求。这样的教学状况无法肩负起培养社会主义建设者和接班人的重任。如何促进大学教师的教学从"良心活"到"用心活"转变,是高校办学者和管理者必须着力解决的重大课题。

---

① BOYER E L. Scholarship reconsidered:priorities of the professoriate[M].Princeton,N. J.:Carnegie Foundation for the Advancement of Teaching,1990:xii.

五、从"良心活"到"用心活"：提高高校教学质量的对策与建议

高校教学质量仅凭教师的"良心"来维系，一定不是长久之计。在倡导教师"捧着一颗心来，不带半根草去"，全身心地投入教学，为教书育人奉献自己一切的同时，我们要正视并解决上述所呈现的问题。基于如何促进大学教师的教学从"良心活"向"用心活"转变的研究目的，特提出以下对策与建议，供高校办学者和管理者参考。

（一）相应扩充教师规模，确保合理的师生比

如上所述，学生需求多样化与大学教师难以满足的这个矛盾，是当下我国高校教学面临的主要困境和挑战。《中国统计年鉴》数据显示，我国高等教育即将进入大众化阶段的 2000 年，专任教师与在校学生之比即专任师生比为 1∶12.01，2005 年、2010 年、2015 年分别为 1∶16.17、1∶16.62、1∶16.69，2018 年为 1∶16.92。[①] 这说明随着学生规模扩张而引发的师生比下降是不争的事实。从国际比较来看，师生比的合理比例在 1∶10 左右。经验表明，过低的师生比通常会造成教师过重的教学负担，而教学负担过重会导致教师知识再生产（科学研究、知识更新）的机会减少，教师的研讨式教学以及对学生个性化指导的精力不足等，从而间接或直接影响到教学效果和教学质量。因此，为确保合理的师生比，国家财政应增加教育拨款，确保生均教育经费不因学生规模扩张而缩水；教育行政主管部门应建立随学生规模增长而相应扩充教师规模的动态平衡机制，并监督高校切实落实。这是保障高校教学质量的基础性和战略性的前提条件。

---

① 国家统计局.中国统计年鉴 2019［EB/OL］.（2020-03-25）［2020-06-24］.http://www.stats.gov.cn/tjsj/ndsj/2019/indexch.htm.

(二)完善教师评聘制度,加强教学奖励制度建设

教师评聘制度是"指挥棒",要使教学成为"用心活",关键还是要靠制度。如果不能从制度上保障教师的教学和教学投入得到相应的认可,就无法从根本上消除大学教师"重科研、轻教学"现象。教师评聘制度要统筹处理好教学评价与科研评价的关系,在设计教学评价指标时,应"破五唯",把教书育人的投入与成效纳入教师评价体系,如参加校内教学竞赛获奖,指导学生取得各类竞赛名次,学生对教学的满意度,辅导学生以及指导学生毕业论文等工作;在职称晋升、岗位提档、评优评先等方面,要加大教学质量评价的权重,从而激励教师安心、热心搞好教学工作。教育部2019年底颁发的《普通高等学校教材管理办法》规定"教材建设将纳入'双一流'建设和考核指标,作为教材主编和核心编者参评'长江学者奖励计划''万人计划'的重要成果"[①],对各高校完善教师评聘制度具有重要的指导意义。另外,高校在引进人才时不能仅以学历层次和科研水平的高低来决定聘任与否,应关注人才的教学能力和水平,详细分析教师的教学潜力,关注教师的课程开发和教学设计能力,评价其是否能够精心组织教学并有效地进行知识传播,[②]能够为人才培养提供高水平教学的教师才是高校所需要的教师。在教师入职后,学校和学院还应当给予一定时间的过渡期限,使其在全新的工作岗位中找到自己相应的定位,更好地承担接下来的教学与科研工作。

近20年来,高校不断强化对教师科研的奖励力度,多数高校每年都会召开科研工作会议,对年度取得突出科研业绩的学院和个人进行奖励,而相对忽视对教学方面的奖励。这种异化的奖励制度极大地挫伤广大教师的教学积极性,必须予以纠正。在加强一流本科教育的背景下,各高校应当加强教学奖励制度建设,做到教学与科研同等对待。笔者认为,对获得省级以上教学成果

---

① 中华人民共和国教育部.教育部关于印发《中小学教材管理办法》《职业院校教材管理办法》和《普通高等学校教材管理办法》的通知[EB/OL].(2019-12-19)[2020-01-09].http://www.moe.gov.cn/srcsite/A26/moe_714/202001/t20200107_414578.html.

② 周萍,陈红.大学教师教学学术能力的建构[J].高校教育管理,2015(6):97.

奖、指导学生取得各类竞赛名次、参加校内教学竞赛获奖、获得全校学生喜爱的"十大教师"等荣誉的教师应当给予与科研同等力度的物质奖励,尤其是对获得省级以上"名师"称号的教师更要加大奖励力度。如此,教师的教学就不再是没有回报的工作,教师就不会再仅仅依靠"良心"来教学。

(三)推动科研反哺教学,促进科研与教学相结合

《教育部关于一流本科课程建设的实施意见》明确提出:"课程是人才培养的核心要素,课程质量直接决定人才培养质量。"①高校的课程是教学与科研的有机结合点,高校的科研成果是人才培养中非常宝贵的知识资源。《教育部关于深化本科教育教学改革全面提高人才培养质量的意见》也指出,要"强化科研育人功能,推动高校及时把最新科研成果转化为教学内容,激发学生专业学习兴趣。"②实现科研成果向课程内容的有效转化,有助于实现"科研与教学相统一"理念,促进课程的内涵式发展,提高人才培养质量,对深化大学课程改革具有理论与现实意义。因此,学校和学院应当树立科研成果向课程教学转化的理念,加强相关理论研究,为科研成果转化提供指导,积极推动科研反哺教学,引导教师将前沿研究融入课堂教学,鼓励教师组织学生进行调研、参加科研竞赛、将学生纳入课题组,丰富课堂教学内容,并制订科研成果转化教学的相关奖励措施。与此同时,还可以帮助教师将已付诸实践的教学进行整理和归纳,形成教学经验和科研成果,更好地服务于课堂教学,形成良性循环。

(四)倡导同伴竞争与加强同伴互助并重,促成"教学共同体"

竞争与合作是当代各行各业的发展态势,高校也是如此。教师之间应该

---

① 中华人民共和国教育部.教育部关于一流本科课程建设的实施意见[EB/OL].(2019-10-30)[2019-11-16].http://www.moe.gov.cn/srcsite/A08/s7056/201910/t20191031_406269.html.

② 中华人民共和国教育部.教育部关于深化本科教育教学改革全面提高人才培养质量的意见[EB/OL].(2019-10-08)[2019-11-16].http://www.moe.gov.cn/srcsite/A08/s7056/201910/t20191011_402759.html.

也可以建立起竞争与合作的关系。首先,教师在申请课程时应考虑自身实际情况,不能为了上课而上课,为了完成工作量而上课。学校和学院在选择课程的授课教师时,应考虑到教师主要的科研方向。但是,这并不是"因人设课",而是"因课找人",是根据课程的需要选择最适合的教师。具体而言,可以采用"竞选"的方式,组织申请同一门课程的教师"试讲",相互切磋,最终评判谁最适合上这一门课。其次,强化"教研室"制度建设。《教育部关于深化本科教育教学改革全面提高人才培养质量的意见》指出,"高校要以院系为单位,加强教研室、课程模块教学团队、课程组等基层教学组织建设"①。近 20 年来,高校的教研室渐渐被"课题组""研究所(中心)"取代,这样就从组织的名称上对教学和科研做了孰轻孰重的区分。能让教师相互联系起来的,往往是某一个课题,而不是某一堂课或是某一专业学生的教学。教师集中备课的机会少之又少,使得课堂成了每一位教师自己发挥的场所。人才培养是需要贯通的,一方面让学生减少重复课程,一方面不能出现让学生产生某一个知识点的"真空"现象。教研室作为教学最小基层单位,应受到学校学院的重视,加强相关的制度建设,通过资金、场地和人员的支持,组织教师一起备课,研究教学,促进教师的同伴交流,激发教学组织的活力,从而提高教学的实际效果。再次,探求"合作式教学"模式。针对一些基础性的课程,教师可以进行"合作授课",即 2位及以上(一般不超过 4 位)教师合作来完成一个学期同一门课程的讲授。具体而言,至少有两种课程可以进行"合作"。一是同一主题的不同方向,教师可以根据自己研究最深的方向来讲授。例如国际高等教育课程,分别研究欧美、非洲、亚洲以及东南亚等国家高等教育的教师,可以合作打造一门真正的国际高等教育课程。二是相同研究方向的教师,老教师可以带着新教师一起上课,这样新教师就可以逐渐熟悉课程,为今后打下基础,从而形成"老中青、传帮带"的良好氛围。而工作量的计算可以采取合作教师均到场,工作量同算的方式,增强教师在教学上的合作,也保障教师的教学工作得到充分的认可。这种

---

① 中华人民共和国教育部.教育部关于深化本科教育教学改革全面提高人才培养质量的意见[EB/OL].(2019-10-08)[2019-11-16].http://www.moe.gov.cn/srcsite/A08/s7056/201910/t20191011_402759.html.

模式在世界一流大学和我国部分高校的部分学院中已被证明是一种十分有效的做法,很值得推广。

(五)强化教书育人观念,营造"尊师重教"良好氛围

最后必须强调的是,提高高校教学质量,还要从观念意识入手。师者,传道、授业、解惑也。从教师层面来看,"打铁还需自身硬,无须扬鞭自奋蹄"。身为教师被赋予教书育人的神圣职责和使命从决定成为一名教师的那一天起,就应当认识到教学工作对人才培养和高校发展的重大意义,正视育人的特殊性,树立起以教书育人为己任、教学是教师第一要务的理念,时刻牢记作为人民教师的光荣使命。从院系层面来看,重点是发挥联结教师的纽带作用。要加强对新入职教师的关注,对于院系中出现的懈怠教学、应付教学工作现象,学院应及时了解情况,帮助教师分析原因,防止出现"破窗效应",让教师在教学中获得乐趣与成就感。从学校层面来看,重点是打造平台和提供服务。首先,要着力规范教师发展中心等机构,重视对新入职教师进行入职教育、入职宣誓等,增强其教学工作的使命感和光荣感。同时,要采取入职指导、听课、课下交流等方式,及时关注教师内心世界,了解教师的心理状态,帮助教师尽快适应教学和科研工作。其次,教务部门要加强教师教学能力培训,组织并鼓励教师参加各类教学竞赛,提高教师教学能力和水平。还可以通过组织师生座谈会等活动、鼓励学生做助手等方式,加强教师与学生之间的相互理解,让学生懂得教师教学的良苦用心。再次,各职能部门应当加强协作,加强师德师风建设,营造尊师重教的良好环境。此外,学校还应当重视社会宣传工作,提高全社会对教师教学的关注与认可,使教师在日益繁杂的事务中能够保持初心、潜心治学。

从设置现状到实施效果：
对我国高校通识课程质量的反思*

一、引言

大学教育以培养完整的人为宗旨。① 专业教育可以培养个体形成专精能力，但还不足以造就全人。我国高校教育从"专业至上"走向"通专融合"，既是应对时代变化的应然之举，也是育人价值的理性回归。当今时代，科学技术发展日新月异，使得学科界限变得日益模糊，当代人或是未来人不仅要具备精深的专业知识，还要有宽厚扎实的人文、社会和自然科学等基础知识，才能以广博的知识基础适应社会发展和产业结构升级。2016 年《中华人民共和国国民经济和社会发展第十三个五年规划纲要》首次提到，"实行学术人才和应用人才分类、通识教育和专业教育相结合的培养制度，强化实践教学，着力培养学生创意创新创业能力"。而 2021 年《中华人民共和国国民经济和社会发展第十四个五年规划和 2035 年远景目标纲要》则明确提出要构建高质量教育体系，促进人的全面发展。通识教育作为高等教育的重要组成部分，追求知识的整合，着力促进个体全面发展，其核心在于通过将专深知识与宽泛知识结合，培养具有批判性思维、跨学科意识和健全人格的完整的人。高校在推进通识

---

* 本篇与李广平合作，原载《中国高教研究》2023 年第 7 期。

① 张亚群.培育完整的人：大学通识教育的性质、课程与影响[J].河北师范大学学报（教育科学版），2020,22(3)：53-59.

教育实践过程中,需要构建和依托相应课程,以使通识教育理念具备可行性,推动人才培养向强化学生主体性素养转变。

改革开放以来,我国高校本科课程体系设计大致经历了三个发展变化阶段。改革开放初期呈现"两层楼"结构,即"专业基础课＋专业课";20世纪90年代中后期,随着素质教育的推进,教育部明确提出课程设置可由"公共基础课＋专业基础课＋专业课"构成,为"三层楼"结构;21世纪以来,在西方通识教育理念的进一步影响下,开始转向"通识教育课程＋学科基础课程＋专业课"模式,[①]其中通识教育课程的演变过程主要表现为高校在"公共基础课程"部分增加了公共选修课,后将其改为文化素质教育选修或通识教育选修课程。[②] 虽然目前大多高校选择以通识教育课程涵盖通识必修课(主要指公共必修课)和通识选修课,但通识课程是否真正践行了通识教育理念有待考证。从已有文献来看,通识教育课程研究已成为不断趋热的主题。国内学者通过国际比较对美国[③]、英国[④]、日本[⑤]、德国[⑥]等国通识教育课程改革进行介绍,从通识教育课程目标、通识教育管理部门、通识教育课程教师、通识教育与专业教育结合等方面提出改进举措;也有基于我国高校课程体系对通识教育课程学分、公共必修课程学分及教学质量等做出反思。但是目前大多研究主要是选择几所高校案例或是基于个人经验论述,缺少一定数量的资料支持。人才培养方案是一个教育单位根据培养目标制定的结构严密的"课程体系",以及

---

① 谢鑫,张红霞.一流大学本科教育的课程体系建设:优先属性与基本架构[J].江苏高教,2019(7):32-39.

② 庞海芍,郇秀红.中国高校通识教育:回顾与展望[J].高校教育管理,2016,10(1):12-19.

③ 谢鑫,王世岳,张红霞.哈佛大学通识教育课程实施:历史、现状与启示[J].高等教育研究,2021,42(3):100-109.

④ 冯永刚,师欢欢.英国高校通识教育的发展历程、经验及启示[J].河北师范大学学报(教育科学版),2021,23(1):96-102.

⑤ 杨瞳,吉田文.日本大学通专结合的三十年探索及启示[J].外国教育研究,2022,49(1):110-128.

⑥ 陈洪捷.德国的通识教育传统[J].高教发展与评估,2020,36(5):31-33.

实施这些课程的教学安排,[①]以其为分析资料可以从宏观课程体系设计深入到微观课程研究,真实展现和反映我国高校通识课程设置现状及问题。此外,本研究认为仅关注通识课程设置的质量问题还不足以推进通识教育高质量发展,将进一步利用 12 份学生自传文本资料与厦门大学教师发展中心成绩单数据库信息对课程实施效果进行分析,以期为提升高校人才培养质量提供支持。

二、高校通识课程设置现状

本研究以成绩单数据库中调查的高校样本为研究范围,通过搜索各高校官网收集对应的人才培养方案,并以方案中的通识课程为研究对象,共获得 54 份文本资料。方案共包括 26 所普通本科高校和 28 所"双一流"建设高校,涵盖了教育学、文学、经济学、管理学、理学、医学、工学等多门学科。其中人文社科占总数的比例为 51.85%,在"双一流"建设高校中的比例为 53.57%;理工医科占总数的比例为 48.15%,在"双一流"建设高校中的比例为 50%,比例相对均衡。综合梳理文本资料内容,本研究将从名称设置、分类设置和规模设置三个角度加以分析。

(一)通识课程的名称设置

我国高校课程体系设置由于没有相关统一规定,校本化现象比较严重,[②]高校通识课程名称设置也因校而异,但西方通识教育文化痕迹较重。如前文所述,随着通识教育理念的兴起,更改课程名称成为高校贯彻新理念的标志之一。美其名曰通识课程却不一定是真正的通识课程,如国家层面规定修学的

① 张红霞,吕林海,孙志凤.大学课程与教学:原理与问题[M].北京:教育科学出版社,2015:198.
② 冯惠敏,郭路瑶.通识教育改革的动向与争议:基于"武大通识 3.0"的个案分析[J].教育探索,2019(1):70-75.

系列课程是否真正体现了通识教育理念有待进一步分析。本研究根据人才培养方案课程信息统计了 54 所高校中关于通识课程名称的设置情况，从表 1 结果可见，超过 50％的高校直接以通识课程名称命名，少部分高校以"公共"和"通识"或只以"公共"作为课程分类名称。高校课程名称设置虽然并不要求依照某种统一化标准，但大规模地以通识课程作为非学科或专业课程名称，还需警惕通识教育的名义化现象。与多样化的名称相比，通识教育理念实现的关键更在于课程本身内容的设置。本研究在梳理资料的过程中还发现，某些高校在修订新版人才培养方案时会对公共基础课名称进行更改，但课程内容没有发生明显变化，改革的实质效果甚微。对通识课程名称归纳整理的目的不是要对名称进行界定，而是为了揭示不同高校的课程改革理念与课程内容组织安排尚未实现同频共振问题，因为名称上的趋同可能是一种"繁荣的假象"。

表 1　高校人才培养方案中通识课程名称设置情况

名称	占比
通识必修课、通识选修课	59.26％
公共基础课、通识必修课、通识选修课	14.81％
公共基础课、公共选修课	5.56％
通识类课程	5.56％
其他	14.80％

　　注：其他包括公共选修课、通识必修课；公共必修课、通识教育课；公共课、公共选修课；素质教育核心课程、素质教育实践课程；文理基础课等。

(二)通识必修课的分类设置与规模

　　1.课程学分比重较大，校际课程共性较强。通识课程可以分为必修课与选修课两大类，其中必修课大多是由国家统一规定开设的思想政治理论教育类、身心素质教育类和基本技能教育类等课程。思想政治理论教育类课程[①]学分通常在 14 学分左右，部分高校会将"四史"课程、"习近平新时代中国特色

---

① 　主要包括马克思主义基本原理、毛泽东思想和中国特色社会主义理论体系概论、中国近现代史纲要。

社会主义思想概论"课程纳入该范畴,也将"四史"课程作为限选课要求学生必修。外语类课程与计算机类课程因专业(非外语类与计算机类专业)人才培养目标不同学分差异较大。体育类课程学分基本保持在 4 学分,主要包括体育1、体育 2、体育 3 和体育 4。有关大学物理、大学化学等基础课程由于"不是直接、明确地由党委和政府部门通过政策和制度文件予以设置"①,虽带有一部分公共属性,但又不是为高校所有专业学生修学,因此,在具体课程分类中也有所不同。该类课程在部分理学、工学、管理学、医学、经济学等学科人才培养方案中被列为通识必修课,也有学科专业将其列为学科基础课或专业基础课,没有统一的划分标准。但结合教学实践来看,这类课程基本是为后续专业学习服务,而不是出于通识教育的目的开设的。可以看到的是,大部分学校虽然将上述一系列课程定义为通识课程,试图改变该类课程的性质,但效果甚微,高校间存在极强的相似性,缺少特性,特别是具有自身特殊属性的行业型高校,在该类型课程中也缺少行业特色。值得一提的是,少部分高校也做出了有效尝试,如开设"人文社科经典导引"和"自然科学经典导引"课程;依托当地红色文化资源的"沂蒙文化与沂蒙精神"校本课程;具有文化品牌特色的"江汉大讲坛"②等,使得通识必修课种类有所丰富。在必修课学分设置方面,无论是"双一流"建设高校,还是普通本科高校,通识必修课学分占总学分比例大多集中在 20%～30%区间内,其次在 30%～41%区间内(见图 1)。可见通识必修课在整个课程体系中占有非常重要的地位。

2.课程设置具有学科化、专业化倾向。本研究进一步对照各高校人才培养方案中课程名称发现,通识必修课存在过度学科化或专业化倾向。当前我国高校通识教育理念主要存在"补充论""美国论""国学论"和"学科论"四种倾向,其中"学科论"认为通识教育主要由基础学科知识组成。③ 反观通识课程设置,部分学校在必修课中简单融入学科专业性质课程,表面上看似乎是充实

---

① 别敦荣,李家新.我国高校公共课设置及其改革策略研究[J].中国高教研究,2015(12):18-26.
② 该课程虽然为选修课,但要求必修。
③ 别敦荣,齐恬雨.论我国一流大学通识教育改革[J].江苏高教,2018(1):4-12.

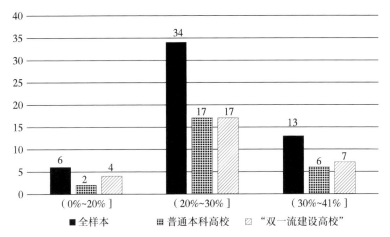

图 1　不同类型高校在通识必修课学分与总学分比值区间内的分布情况

注：有 1 所高校将英语设置为限选性课程，故未包括该校。

了学分学时，但实则挤压了通识课程发展空间，而这一现象主要存在于普通本科高校中。如高校在部分专业通识必修课中设置了工程类模块课程，选择性地将工程图学、工程基础训练（金工）等课程置于该模块中；学院将自建特色课程作为该学院某一特定专业的通识必修课等。这些现象体现了高校对通识教育的理解偏差，必修课程的过度专业化可能会消解通识教育的基础性地位，弱化其育人功能，使其成为专业教育的附属品。

(三)通识选修课的分类设置与规模

1.课程学分受限程度普遍较高。随着教学改革的不断深化，高校通识教育选修课程体系日趋完善，但总体而言，通识选修课学分受限程度依然较高。研究发现，高校选修课学分主要分布在 8～9 学分、10～11 学分和 12 学分及以上 3 个区间内，其中普通本科高校选修课学分集中分布在前两个区间，"双一流"建设高校选修课学分集中分布在第一和第三个区间，其选修课平均学分高于普通本科高校，但几乎所有高校的选修课学分占总学分比例不超过 1/10。（见图 2）哈佛大学和耶鲁大学要求学生在定量推理，人文、艺术科学，社会科学和自然科学、工程等知识领域选修一定课程，课程总数分别为 5 门和 8 门，将课程门数转换为学分后,两所大学课程学分约占总学分的 1/6 和 1/5,[①]远远高于我国高校。进一步比较选修课学分与必修课学分发现(见图 3),约有 1/2 的高校选修课学分不超过必修课学分的 20%,约有 1/3 在 20%～30% 之间,普通本科高校和"双一流"建设高校呈现出相同变化趋势,即学分占比越高,学校数量越少。相比必修课,选修课在整个课程体系中处于相对弱势地位。

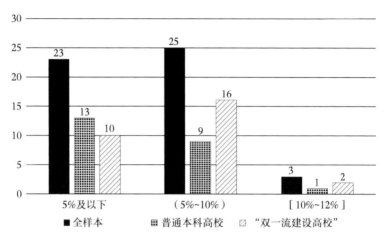

图 2　不同类型高校在通识选修课学分与总学分比值区间内的分布情况

注:剔除 3 所高校,其中 1 所将英语设置为限选性课程,1 所将大量专业化课程设置为通识选修课,1 所将跨学科选修课纳入通识选修课中,与本研究的统计维度有所不同。

2.模块设置的梯度性不足。虽然通识选修课学分比重过低是我国高校教育教学长期以来的弊端,但不可否认的是,通识教育理念已经融入人才培养实践中,选修课建设取得明显成效。目前,高校选修课程资源较为丰富,基本覆盖了自然科学、人文科学、社会科学等学科领域。为了更全面展现高校通识选修课程分类设计,本研究将 49 所高校[②]课程模块名称进行词频统计,结果显示,艺术词频最高,其次为社会、自然、人文、文化、创新、创业等,说明以上几种

[①]　谭宗颖,王颖,陶斯宇.中美代表性高校通识教育比较研究及启示[J].科学与社会,2020,10(3):45-65.

[②]　缺失 4 所高校,有 1 所高校通识选修课程由通识主干课程组、校公选课等组成,故本研究未包括这 5 所高校。

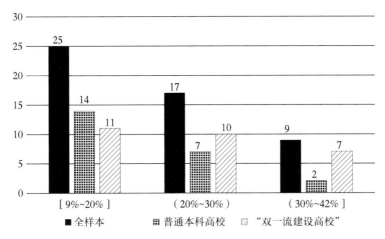

图3 不同类型高校在通识选修课学分与必修课学分比值区间内的分布情况

注:剔除 3 所高校,其中 1 所将英语设置为限选性课程,1 所将大量专业化课程设置为通识选修课,1 所将跨学科选修课纳入通识选修课中,与本研究的统计维度有所不同。

类别是高校在通识选修课建设中比较关注的方面,其中艺术修养、创新创业教育等也是近几年来国家倡导改革的方向,在实践中取得一定成效。

进一步聚焦课程梯度设置发现,多数高校忽视了模块课程与梯度性的关联。现有的专业化课程体系能够按照循序渐进原则设计梯度性课程,符合知识的内在逻辑变化与学习者的认知结构变化。[①] 而在通识课程体系中,几乎所有高校都对学生课程选择做出一定限制,比如要求每一类课程至少修学 2 学分或者至少修一门等,或是对特定类别课程做出限制等,以保证课程学习广度。但是从模块分布形式来看,多数是以知识内容为分割标准的平铺式分布,模块内与模块间的课程设计缺少梯度变化,知识深度与认知发展缺乏互动。少数高校设计了具有层次性的通识课程体系,如以导引课程为基础,核心课程与一般课程点面结合,协同发展。但是关于课程内部的纵向梯度性,则缺少以时间顺序、知识难易程度、学习者心智变化等为依据的有组织设计。这种模块设置一方面容易造成课程拼盘现象,课程间的连贯性难以保障;另一方面不利

---

① 赵俊芳,葛庆贺."双一流"背景下我国大学课程超市的困惑及其超越[J].现代教育管理,2019(4):101-105.

于促进学生认知能力发展,学生选课可能避难就易,缺乏理性。目前,美国大学主要通过课程模块、编号设计梯度式课程,如弗吉尼亚理工大学将一些通识课程模块分为基础与高深两个维度,每个模块的课程编号大都涉及 1000 级到 4000 级,学生需按要求修学相应学分。[①] 我国高校通识课程模块设置需要在保证学习广度的基础上,重点兼顾学习深度。

三、高校通识课程实施效果分析

优化课程设置是建设高质量课程的重要基础,检验课程实施效果是评价课程质量的重要环节。在前文分析内容之外,本研究将进一步以学生通识课程主观学习感受与客观成绩表现作为实证依据,以此从关注课程设置到深入考察课程实施效果,为提高通识教育育人质量提供证据支撑。

(一)学生通识课程学习感受分析

默顿最早提出自传社会学概念,认为自传作者具有参与者和观察者双重身份,最能了解自己的内心世界,以他人所不能的方式反省和回顾自我。[②] 自传社会学也被作为"解构和重构教育叙事材料过程中对个体行为和经验建构获得解释性理解的一种活动"[③]。本研究收集了 12 位学生围绕"我所经历的通识教育"这一话题的自传文本,其中记录了学生在通识课程学习中的经历与感受,可以帮助研究者从中窥见行动者的主观世界。通过对资料的整理和分析,本研究根据学生学习感受归纳出与课程实施效果相关的如下主题。

1.功利化心态与宽松式考评的契合。课程考核评价是教学活动的重要环节,既可以作为一种手段检验学习者的学习效果,也可以作为一种外在约束力

---

① 齐书宇,龚雨,马秋彤.世界一流专业通专融合课程体系的比较与启示:以六所中美一流大学为例[J].北京联合大学学报(人文社会科学版),2022,20(4):17-25.

② 鲍磊.社会学书写的传记式路径[J].学术界,2021(12):77-85.

③ 程猛."读书的料"及其文化生产[M].北京:中国社会科学出版社,2018:46.

规范着被评价者的行为活动。囿于传统"通低专高"的错误认知，在功利化的导向下，学生更倾向于将有限精力投入与未来职业相关、与评奖评优关系密切、难度系数大的专业课程学习中。为了创造有利空间，选择那些关注浅层学习表现的通识课程是功利化倾向使然。"与学生评奖、评优的联系不大，这就使得许多学生从功利主义的角度将通识课程视为无关紧要的课程"（L3）；"绩点的激烈竞争让通识课的地位又一次下降"（L5）。对通识课程的定位使得学生自行建立了一套选课规则，并广为流传，如"不点名、不签到，结课作业只需要上交一篇小论文就行"（L2）。学生对于学习的认知和信念对有效学习极为重要，在功利化导向下，如果以更加宽松式的标准作为考核要求，难免使通识课程形式化、平庸化，反过来强化学生"可有可无"的心理预期，以消极行为应对，①如"到场就好……不会追求真正学到一些跨学科知识"（L9）。

2.非需求性知识对学习动机的抑制。教师对于通识课程内容的选择通常会出现两种错误倾向，一是通识课程平庸化，二是通识课程专业化，前者将通识教育视为"可有可无"的教育，后者则认为通识教育是专业教育的附属品。通识课程教学内容的选取理应以通识教育理念为导向，以学生实际需要为原则。② "通识教育与专业教育共享着同一个前提，即大学教育的适切性：知识与课程必须切合学生的需要"，只不过通识教育更聚焦长久的适切性。③ 传授过度平庸和专业的知识是当下课程教学与学生需求错位的真实写照。教学因无法为学生提供广而博的知识学习体验，而进一步抑制了学生的学习动机。"通识课程缺乏实践意义，本科所学的通识课程仅仅起到知识普及的作用，并没有专业课那么强的实践作用，因此会造成'学而不能用'的状况存在"（L3）。我们需要理性认清，通识课程既不是科普性课程，更不是专业化课程，教师对教学内容的把握必须坚持需求决定论。只有当学生对课程知识形成价值认

---

① 张会杰.大学通识教育的课程考核：意义、困境及管理之改进[J].高教探索,2015(6)：80-84.

② 魏咏梅,丁贺.新时期高校通识课程养成教育模式构建[J].中国高等教育,2022(17)：54-56.

③ 周光礼.论高等教育的适切性：通识教育与专业教育的分歧与融合研究[J].高等工程教育研究,2015(2)：62-69.

同,并产生需求共鸣,才能够激发内在学习动机。

3.单向式教学对学生主体的漠视。教师是通识课程的设计者和引导者,他们可以通过授课、研讨、导读等多种形式引导学生走向成熟、臻于完善,触及教育的真谛。[①] 但在真实的教学情境中,交往与互动却未能走进教学实践者的视野。"老师在讲台上自顾自地讲着课,学生也在安静地做着自己的事情"(L8);"到这些课上,我发现绝大多数同学都在做自己的事情,老师上课仿佛在完成任务一样自言自语,于是我也拿出了准备好的专业书写起了作业"(L5)。"大学之所以存在,不在于其传授给学生知识,也不在于其提供给教师研究机会,而在于其在'富于想象'地探讨学问中把年轻人和老一辈联合起来,由积极的想象所产生的激动气氛转化为知识。"[②]如今,在通识教育的课堂上,我们更多看到了一种"沉默气氛"的单向式教学模式,师生关系疏远,学生主体性缺失,"学习共同体"趋于瓦解。

(二)通识课程成绩表现分析

学生课程成绩表现可以客观反映教师教学效果和学生成长水平。为此,本研究利用厦门大学教师发展中心建立的本科生成绩单数据库对学生通识课程成绩表现进行分析,并将通识课程成绩与学科专业课成绩进行对比,以此揭示在教学内容不适切、教学方法不得当以及功利化心态的影响下,学生是否会因宽松式考评等因素而存在成绩虚高现象。通过对照各高校人才培养方案对成绩单数据库中 7000 余门课程类型进行划分整理,依据各高校学籍管理规定等相关文件将学生等级成绩转换为百分制成绩,最终获得 108 份成绩单,涵盖88 所本科高校。其中,"双一流"建设高校成绩单占总量的 52.78%,普通本科高校成绩单占 47.22%,人文社科占 57.41%,理工医科占 42.59%,不同类别间占比相差不大。

---

① 龚放.造就智慧之士:21 世纪大学通识教育需要重新设计[J].清华大学教育研究,2022,43(4):11-19.

② 约翰·布鲁贝克.高等教育哲学[M].王承绪,郑继伟,张维平,等译.杭州:浙江教育出版社,1987:14.

表 2 汇集了不同类型高校以及不同学科门类的学生通识选修课成绩表现的差异性分析结果。由结果可见,"双一流"建设高校与普通本科高校间学生成绩表现并不存在显著差异,而人文社科学生的通识选修课成绩表现要显著好于理工医科学生($p < 0.05$)。进一步将课程类型按通识必修课、通识选修课、学科专业课分类后,表 3 呈现了对不同课程类型成绩进行差异性分析的结果。由结果可见,学生通识选修课学习成绩要显著高于通识必修课成绩($p < 0.01$)和学科专业课成绩($p < 0.01$)。结合上文文本分析结果可知,这一现象并非说明学生在选修课方面的学习表现更好。由于高校通识选修课存在难度和深度欠缺、挑战性不足、考核评价宽松等问题,学生在掌握选课规则后,往往以"东食西宿"方式选修"水课",由此便形成通识选修课成绩虚高,演变为"营养学分"的现象。从人才培养方案或是学生成绩单中还可以看到,诸如"首饰DIY""围棋基础""大学生健康恋爱"等课程都被列入选修课名单之中,仿佛只要是非专业性课程,就可以作为通识选修课开设,这无疑冲击了通识教育质量,误解了其本质内涵。

表 2　不同类型高校、学科门类学生通识选修课成绩表现

变量	类别	N	M	t	p
高校类型	"双一流"	52	87.93	1.142	0.256
	普通本科	49	86.61		
学科门类	人文社科	57	88.50	2.428**	0.017
	理工医科	44	85.72		

注:* 表示在 $p < 0.1$ 水平上显著,** 表示在 $p < 0.05$ 水平上显著,*** 表示在 $p < 0.01$ 水平上显著。由于部分成绩单数据在不同课程类型中有所缺失,因此 N 不等于 108。

表 3　不同课程类型学生成绩表现

变量	类别	N	M	t	p
课程类型 A	通识必修课	101	82.57	-8.892***	0.000
	通识选修课	101	87.29		
课程类型 B	学科专业课	100	84.09	-5.491***	0.000
	通识选修课	100	87.32		

注:* 表示在 $p < 0.1$ 水平上显著,** 表示在 $p < 0.05$ 水平上显著,*** 表示在 $p < 0.01$ 水平上显著。由于部分成绩单数据在不同课程类型中有所缺失,因此 N 不等于 108。

四、反思与改进

通识课程虽然不能等同于通识教育,但确实是落实通识教育理念的主要途径。从上述分析可见,我国高校通识课程从课程设置到课程实施存在不少问题,需要高校从理念层面、制度层面以及师资层面做出改进,以此更好地推动通识教育的发展。

(一)理念构建:课程内容设计的前提

以什么样的通识教育理念为指导,就会形成什么样的课程内容。通识课程设置应该体现因校制宜特点,在实现特性的基础上兼顾共性,以避免课程设置的随意性。一方面,高校存在通识教育理念陈旧问题,认为所有非专业课程都可以作为通识课程,将思政课、英语课、计算机课等纳入通识教育体系中,不仅在名称设置方面显得五花八门,在分类上也变得杂乱无章,以至于一些学科化、专业化课程也成为通识教育必修课的一部分;另一方面,高校既强调通识教育的重要性,又在实践中突显教学的随意性以及对专业学习的推崇,主要还是对通识教育理念的理解不够深入,将通识教育认为是专业教育之外可有可无的教育,或是专业教育的附属品,这些错误认识是导致通识课程质量低的重要原因之一。高校应该对通识教育形成基本认知,提高对通识教育的重视程度,在课程内容设计中融入学校特色元素,以此使课程变成千校千面,促进形成具有本校鲜明特色的通识教育体系。不仅如此,通识教育理想化状态是观照学生的不同兴趣和发展需求,并满足"以我为主"的个性化需求,在这种理念引导下,占有较高学分比重的通识必修课设计究竟是融入分布式通识选修课中还是分列,值得进一步思考。① 现今社会对人才的需求不仅是要具备一定的专业能力,同时还要掌握广泛性的知识内容,具有批判性思维和创新意识,

---

① 阎光才.关于本科通识教育的林林总总[J].中国高教研究,2021(12).

而通识教育正是实现这一培养目标的主要途径，高校应该以先进的通识教育理念为指导，精心设计通识课程内容，满足每一位学生的成长需求。

(二)制度建设：课程结构优化的关键

通识课程缺乏有效性的关键在于制度建设的合理性没有得到充分发挥。通识教育的边界类型包括"国家边界"，作为实施通识教育载体的通识课程必然也体现了国家意识，涵盖公民教育的成分。[①] 在各种相关政策和制度文件的指导下，高校设置了一系列通识必修课，并在通识选修课程中增设了诸如"四史"教育系列课程、创新创业教育等限定性选修课程，如此一来，可能或多或少会缩小其他选修课程学分设置空间。在刚性制度的要求下，高校通识必修课质量和效果也不尽如人意。因此，政府应该从制度建设方面赋予高校通识必修课设置自主权，激发高校课程改革活力，使其可以根据自身实际情况和人才培养目标开设富有特色的必修课程，提高学生的学习满意度。[②] 针对高校自身而言，如何合理分配不同类型课程学分比重、科学定位具体课程所属类型，需要建立规范化的制度体系。目前，不少高校选修课程模块设计已经涵盖了多种学科领域，但缺少对梯度式课程的有组织设置，课程间的连贯性难以保障。未来，高校在通识教育制度建设方面，应该继续精心设计模块连接脉络，杜绝课程设置的"拼盘"现象，同时注意增设一些符合学生认知能力发展变化的、难度适宜的选修课，打造具有递进关系的课程结构，培养学生高阶思维能力。

(三)师资培育：课程质量保障的基础

高校通识教育质量很大程度上取决于通识课程质量，但在教学实践中，学生在通识课程学习中并没有获得良好效果，一是在功利化心态影响下敷衍对

---

① 吴河江.论通识教育的边界[J].江苏高教,2021(1):14-19.
② 别敦荣,李家新.我国高校公共课设置及其改革策略研究[J].中国高教研究,2015(12):18-26.

待,二是偏爱选择高分选修课。无论是教师教学态度、方式、内容,还是虚高的选修课成绩,都成为质疑高校通识课程质量的证据。相对具有工具性功能的专业课程,通识课程主要承担着以文化育人的重要使命,在学生思维、品格、心智、道德等方面发挥作用。但如何真正将通识教育理念贯彻落地,提高学生在通识课程学习中的投入度和满意度,关键在于打造出符合学生发展需求的课程,才能更好地服务学生成长。教师的能力与素质是构建高质量课程的基础,日本北海道大学非常重视通识教育师资队伍建设,倡导"由最好的教师进行最好的通识教育"[①]。为此,一方面,高校教师自身需要改变对通识教育的认知态度,教授具有合理深度的知识内容;更新教学方式,注重与学生开展多形式、近距离的交往互动;改变教学要求,由单一维度向多维度转变,从关注浅层学习表现到推进深度学习。另一方面,高校要求通识课程教师具备广博性的通识素养并不现实,反而应该倡导教师将专业课程知识与通识课程知识融通起来,有利于打破通识教育与专业教育的割裂局面,使学生在通识课程学习中建立认同感。教师对科研的投入远高于教学已经是不争事实,特别是开设面向全校学生的通识课程更成为教师眼中"无效"的教学投入。高校应激励优秀教师积极开设通识课程,并将教学工作量与晋升、评奖评优挂钩,对教学中具有突出贡献的教师给予肯定和奖励,还应进一步帮助教师建立教学学术共同体,为教师交流、反思、合作拓宽渠道。

---

① 崔迎春.日本北海道大学的通识教育实践与启示[J].黑龙江高教研究,2022,40(2):74-80.

我国研究型大学本科生跨学科课程建设的影响因素分析 *

——基于学术计划理论的质性研究

一、问题的提出

随着社会问题日益复杂,政治、经济、文化、生态等领域都出现了亟待解决的全球性挑战。面对跨越多个部门和多个领域的重大问题,深耕单一学科领域的专业人才往往会因为局限于狭隘的学科视野而忽视事物间的关联,思维僵化产生的惯性禁锢了个人的想象力和创造力。已有研究表明,学科专业化难以与世界的复杂性相匹配,反而使学生无法学以致用解决现实问题,那些受过正式跨学科训练的学生则更具备解决紧急的、模糊的、相互矛盾的社会问题的综合能力。[①] 社会对跨学科人才的旺盛需求也引发了学生个体素质需求的变化。钱颖一认为,专业教育侧重知识的技术性和实用性,可以说是为找第一份工作做准备。[②] 但严峻的就业形势驱使毕业生必须准确把握社会的用人需求,更要做好长远的打算,而不只是着眼于第一份工作。于是,学生个体的学习需求从掌握专业知识与技能,转变为获得适应社会的可迁移能力和追求人

---

* 本篇与唐舟赢合作,原载《高等理科教育》2023 年第 6 期。

① BANGAY C, BLUM N. Education responses to climate change and quality: two parts of the same agenda? [J]. International journal of educational development, 2010, 30 (4):359-368.

② 钱颖一.大学生培养:教育中缺失的第三维[J].中国改革,2022(2):52-54.

的全面发展。跨学科教育作为一种跨越传统学科边界和院系组织边界,通过系统的跨学科学习、教学与研究过程,培养具有复合知识结构、高阶思维和跨界能力的 T 型(一精多专)人才的培养模式,①既能够帮助学习者应对更加复杂多变的工作环境,也有利于扭转传统专业教育培养"单向度的人"的倾向。

高等教育自身的规模扩张也促使既有的人才培养模式必须转型升级。世界高等教育正在加速推进普及化进程,若按照既有的人才培养模式进行规模扩张必然会导致"产能过剩"。近 20 年来,我国高等教育实现了从精英化到普及化的历史性飞跃,将 2021 年的数据与 2000 年作对比,2021 年全国共有普通高校 3012 所,是 2000 年的 1.7 倍;高等教育在校生总数为 4430 万人,是 2000 年的 4.9 倍;高等教育毛入学率为 54.4%,是 2000 年的 4.7 倍。② 尽管高等教育资源已经较以往有了大幅提升,但人才培养模式却一直沿袭精英教育阶段的培养模式,就业难的形势愈演愈烈,同样表征为"产能过剩"。与日俱增的供给量满足了大众的多种选择,"有学上"的愿望被"上好学"的追求取代。在此背景下,高等教育必须从规模速度为主的发展转变成结构质量为主的内涵式发展,实现自身的系统转型与功能再造。③ 传统的专业教育显然对提升高等教育质量的作用微弱,而跨学科教育因其具有促进大学职能整合、夯实通识教育、提升创业教育品质等作用,成为高校教育教学改革重要的生长点与聚焦点。④

外在需求的变化与高校自身变革的内在需要暴露了传统专业教育的弊端,推动了跨学科教育的强势兴起。其中,跨学科课程作为实现跨学科人才培养目标的重要手段之一,成为当下高校课程与教学改革的潮流。结合国内外学者对跨学科课程的理解,本研究将其定义为在跨学科人才培养理念的指导下,以培养具有较高综合素质的、能够解决现实复杂问题的复合型人才为目标,整合了不同学科的理论基础、专业知识、研究方法等内容,由学习者与教育

---

① 徐冬青.跨学科教育:高校教育改革的生长点[J].上海教育,2021(14):28-31.

② 中华人民共和国教育部. 2021 年全国教育事业发展统计公报[EB/OL].[2022-05-26].http://www.moe.gov.cn/jyb_sjzl/sjzl_fztjgb/202209/t20220914_660850.html.

③ 李立国.高等教育发展形态面临深刻变革[EB/OL].[2022-05-19].https://baijiahao.baidu.com/s? id=1653759612104026623&wfr=spider&for=pc.

④ 徐冬青.跨学科教育:高校教育改革的生长点[J].上海教育,2021(14):28-31.

者的互动所形成的活动总体,可分为单一的具有跨学科性质的课程与通过要素组合达到跨学科效果的课程体系。[①] 相比美国于 20 世纪 90 年代开始开设大量跨学科课程促进院系合作,我国直到 21 世纪初期,才逐步展开跨学科课程的建设。多所高校开展本科教育改革后,我国高校的课程体系已基本形成了以通识教育课程、学科大类课程、专业课程为主,个性选修课程为辅的模式,[②]体现出校本性、宽博性、选择性的特点,并将进一步朝着多样化、个性化、基础化、综合化的方向发展。[③] 但在推进跨学科课程具体实施过程中还明显存在问题,既包括课程本身的问题,集中于设计、教学、评价等环节,也体现在课程的外部支持要素不足,如院系的设置方式、课时、学科行政划分等方面都产生了一定的阻力,[④]这不利于推动本科跨学科人才培养目标的实现,不利于提升研究型大学的综合实力,更阻碍了我国高等教育在普及化阶段的高质量、内涵式发展。

基于社会现实和当前研究成果,有必要针对我国研究型大学本科生的跨学科课程建设展开深入研究。本研究主要运用半结构访谈法,围绕我国研究型大学本科生跨学科课程建设,聚焦"我国研究型大学本科生跨学科课程的实施过程受到哪些因素的影响"这一关键问题,深入系统地挖掘跨学科课程建设过程中的阻碍因素,并力图寻找完善我国研究型大学本科生跨学科课程建设的对策。

二、理论视角：学术计划理论

20 世纪 80 年代中期以来,大量促进教育改革的文献都集中在"课程"上,但其概念始终是模糊的,经常被"连贯""整合"等同样模糊的词形容。缺乏清

---

① 邓嘉瑜.美国高校跨学科课程划分框架及启示[J].当代教育实践与教学研究,2016(8):15.
② 刘道玉.论大学本科课程体系的改革[J].高教探索,2009(1):5-9.
③ 胡建华.中国大学课程体系改革分析[J].南京师大学报(社会科学版),2007(3):76-81.
④ 索清辉.高等教育跨学科复合课程设置实证研究[J].中国大学教学,2013(9):90-92.

晰的定义并不影响教师、院长、院校研究者等相关人员各自开展与课程有关的工作,但当具有不同观点的群体聚在一起讨论如何改进课程时,这种共识错觉会使他们从不同的未经阐述的定义和假设出发,进而产生许多问题和争论。①美国大学课程专家丽莎·拉图卡(Lisa R. Lattuca)教授和琼·斯塔克(Joan S. Stark)教授意识到,为了达成真正富有建设性的讨论与决策,教师与管理人员应当对课程内涵以及课程需要改进的方面达成共识。其团队综合了多位学者的研究成果,融合自身经验与对高校课程的思考,将课程定义为"在历史、社会和政治情境下编制的学术计划"②,并构建出不同于以往分析大学课程的基本框架——社会文化情境中的学术计划模型(见图1)。

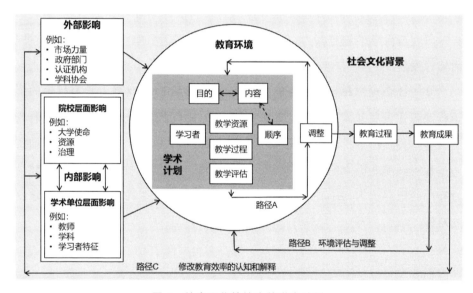

图1　社会文化情境中的学术计划

从该定义出发,课程就意味着一种有目的的规划过程,它着眼于多种重要的教育因素,至少包括目的、内容、顺序、学习者、教学过程、教学资源、评估和

---

① 丽莎·拉图卡,琼·斯塔克.构建大学课程:情境中的学术计划[M].黄福涛,吴玫,译.大连:大连理工大学出版社,2020.

② 丽莎·拉图卡,琼·斯塔克.构建大学课程:情境中的学术计划[M].黄福涛,吴玫,译.大连:大连理工大学出版社,2020.

调整这八种因素。这些因素基本适用于所有层面的课程,既可以是一堂课、一门课程,也可以是专业课程,甚至是更广泛的课程集合体。除此之外,模型图还明确了影响学术计划发展的诸多因素,在社会文化背景下分为外部影响因素和内部影响因素:外部影响因素是指各种社会文化对高等教育的影响,涵盖了社会趋势、市场力量、政府政策以及存在于高校之外的各种专业学会等;内部影响因素主要是指大学、学院或教育提供者带来的影响,可进一步划分为院校层面的影响和学术单位层面的影响,院校层面强调的是组织内部结构,特别是大学使命、资源和治理模式对课程都能产生重大影响,而学术单位层面更加微观,学科、教师和学习者的各种特点将直接影响课程内容、顺序和教学过程的选择。这种区分方式既看到了社会环境与高校课程之间的交互作用,又关注到了高校内部行动者在课程变革实践中的主体性与能动性。

学术计划理论适用于本研究。首先,两位教授构筑该课程理论的初衷是为了改善和解决美国高等教育进入普及化阶段后出现的诸多难题与争论。当前,我国高等教育也已进入普及化发展阶段,虽然国情有别,但我国高等教育同样面临如何提高人才培养质量、如何培养拔尖创新型人才的挑战,因此该理论对解决现阶段我国高等教育所面临的一系列问题有着重要的借鉴意义。其次,该理论指出,理解课程体系除了要考察构成课程的不同要素,还要把握内外部因素对课程形成、实施和调整过程产生的影响。本研究聚焦于影响我国研究型大学本科生跨学科课程建设的因素,因此,该理论能够提供影响因素的分析框架,可有效地指导本文研究方法的运用。最后,该理论清晰地划分了学术计划的影响因素,有助于从中分离促进因素和约束条件。当课程被视为一种计划时,教师和管理者可以清楚地识别出促进因素和约束条件,这有利于分开考虑受制于教学材料、场景和结构所做出的有关教学过程的决策与决定期望的教育结果。[①] 该理论可以指导本研究进一步辨析促进因素与阻碍因素,为提出适切的、有针对性的完善策略指明方向。

---

① 丽莎·拉图卡,琼·斯塔克.构建大学课程:情境中的学术计划[M].黄福涛,吴玫,译.大连:大连理工大学出版社,2020.

综上,该理论和分析框架以一种系统、动态的视角审视高校课程,能为本研究探究研究型大学本科生跨学科课程建设提供必要的学理基础。

三、研究设计

"质性研究"是以研究者本人作为研究工具,在自然情境下采用多种资料收集方法,对社会现象进行整体性探究的方法。[①] 由于有关跨学科课程的定量调查缺乏权威、可靠的问卷与量表作为参考,许多问卷仅停留在现状调查,无法深入探究具体问题,因此本研究改用质性研究方法中的半结构化访谈法,访谈基于已有相关文献设计的访谈提纲进行,内容包括对跨学科课程的理解、跨学科课程的学习过程、教学与评估等。

本研究主要寻找有跨学科学习经历的学生与跨学科课程授课经历的教师为访谈对象,了解其对于我国研究型大学本科生跨学科课程建设现状、问题及对策方面的看法,最终有 16 名学生与 8 名教师参与访谈,访谈者信息见表 1、表 2。调研受疫情影响,大部分为线上访谈,再根据访谈对象意愿选择语音或视频访谈,最后获取线下访谈文本 7 份,语音访谈 14 份,视频访谈 3 份,时长从 30 分钟到 80 分钟不等。结束访谈任务后,将 24 份录音转录成文字稿。转录过程中对个人信息作匿名化处理,同时记录必要的非言语信息。转录完毕后进一步整理和分析文本信息,利用 NVivo 11 对访谈转录文本进行逐级编码和归类,既梳理了研究型大学本科生跨学科课程的影响因素,也从中获得了有关完善跨学科课程建设的建议与启发。

[①] 陈向明.从"范式"的视角看质的研究之定位[J].教育研究,2008(5):30-35,67.

表 1　学生组访谈对象背景信息介绍

编号	性别	专业	访谈时身份
S01	女	传播学	本科生(大四)
S02	女	公共事业管理	本科生(大三)
S03	男	微电子科学与工程	本科生(大二)
S04	男	人工智能	本科生(大二)
S05	女	经济与金融	研究生(研三)
S06	女	电影学	本科生(大二)
S07	女	国际经济与贸易	本科生(大四)
S08	男	生物医学	本科生(大四)
S09	女	新闻学	研究生(研一)
S10	女	药学	本科生(大三)
S11	女	行政管理	本科生(大三)
S12	女	土木工程与经济学	本科生(大一)
S13	女	汉语言文学	本科生(大三)
S14	女	政治学与行政学＋新闻学	本科生(大二)
S15	男	新闻学＋数据科学与大数据技术	本科生(大二)
S16	男	计算与软件系统	研究生(研二)

表 2　教师组访谈对象背景信息介绍

编号	性别	职称	所属院系
T01	女	教授	经济学院
T02	男	教授	信息学院
T03	男	教授	教育研究院
T04	男	教授	知识产权研究院
T05	女	教授	公共事务学院
T06	男	教授	航空航天学院
T07	男	教授	生命科学学院
T08	男	教授	中国语言文学系

四、研究发现

学术计划理论认为,所有学术计划都是在特定的教育情境中建立的,受到外部和内部的影响,它们直接或间接地改变着学术计划。深入挖掘访谈文本,并结合学术计划理论的影响因素分类方式,以三级编码的形式整理形成我国研究型大学本科生跨学科课程建设的影响因素表(见表3),其中内部影响因素根据访谈内容重新命名,将"院校层面"改为"高校层面","学术单位层面"改为"院系层面",突出影响因素由宏观至微观的层级关系,也更符合我国的语境。

表3　我国研究型大学本科生跨学科课程的影响因素表

选择性编码		主轴性编码	开放性编码
外部影响因素		国家政策	高等教育政策
			基础教育政策
		市场需求	人才培养契合市场需求
		跨学科科研生态	外部对跨学科科研成果的态度
		他国他校经验	他国他校成功或失败的经验
内部影响因素	高校层面	办学理念	强化跨学科意识
		教学管理	选课指导
			合作教学
		组织建设	科研组织建设
			基层教学组织建设
	院系层面	学科与专业	设置逻辑
			教材建设
		教师	教育经历
			跨学科身份认同感
			教学投入
		学习者	学习基础
			学习动机

(一)外部影响因素分析

1.国家政策释放利好信号

当前,跨学科已成为我国高等教育政策的关键词之一,多项政策均指向跨学科人才培养的时代任务:2018 年,教育部提出全面推进"新工科、新医科、新农科、新文科"等建设的倡议,强调打破学科专业壁垒,加强基础学科培养能力;2021 年,教育部正式发文,设置"交叉学科"为第 14 大学科门类。

这几年,国家开始去推新文科,包括交叉学科成为第十四个学科门类,终于不用再讨论我们的研究领域到底是什么的问题了,因为它就是属于交叉学科这个门类的了。(T06)

这些政策增强了学术界、行业企业、社会公众对跨学科、交叉学科的认同度,跨学科课程也得到了明显的重视,尤其是教育部发布的《新文科建设宣言》强调,将鼓励支持高校开设跨学科跨专业新兴交叉课程、实践教学课程,培养学生的跨领域知识融通能力和实践能力。

基础教育阶段也开启了学习方式的变革,国外中小学在此方面的探索起步较早,如芬兰的"现象教学"、美国的 STEM 教育,我国也推出了《义务教育课程方案(2022 年版)》,明确要求强化学科内知识整合,统筹设计综合课程和跨学科主题学习,注重培养学生在真实情境中综合运用知识解决问题的能力。

基础教育的跨学科教育政策与强调宽博性的本科教育改革相契合,具有明显的积极意义:就学生而言,能在升学后快速而顺利地完成从高中向大学的过渡,在基础教育阶段初步形成的跨学科意识不仅能激励他们在大学阶段继续保持探索的好奇心,并充分利用丰富的教学资源加强跨学科学习,还可以减少踏入新学科、新领域的畏难情绪;就高等教育而言,改善了其与基础教育的脱节困境,能够获得优质的、符合新时期大学教育所需的生源以顺利推进高等教育人才培养模式的改革。因此,基础教育的跨学科教育政策的成功施行能够间接地提高本科生修习跨学科课程的积极性,也能加速高校跨学科人才培养的进程。

一个办法是高中不分科,高考不分为文理两种考试大类。高中分文理,其

实会在学生心里早早地筑起学科壁垒,导致学生不太敢选其他领域的课。但其实很多课是很基础的,不论文理都能学好。(T02)

2.市场需求呼吁人才培养转向

从《莫里尔法案》颁布到赠地学院崛起,从"三螺旋"理论模型确立到知识生产模式变革,高等教育的社会属性、大学的社会服务职能不断强化,大学以更加主动和开放的姿态回应社会需求,促进经济发展。

我会做"数字丝路"的研究,是因为××工信局给我提了个问题:现在数字经济产业很火,那到底什么是数字经济?我就跟统计系的老师一起研究它的定义。所以我们的研究是任务驱动的,是要解决实际问题的。(T06)

如今科学技术迅猛发展,新兴产业迅速崛起,对高等教育提出了新的人才培养要求——培养具有跨界整合能力与创新创业能力的行业创造者、探索者和领导者,这就需要高校加强资源整合,加强跨专业人才培养。有的受访学生在接受高等教育前就充分认识到跨学科学习的优势,期望自己成为一名复合型人才,有的则是在专业学习过程中体会到自身专业与市场、行业的紧密联系。

上大学前我就听说过"跨学科",当时觉得能花一份钱多学一门课总是好的,而且现在很多专业都需要复合型人才嘛,包括用人单位也是希望你会得越多越好,所以我是比较倾向于找这种专业的。上大学以后,我更加觉得跨学科设置很有必要,对于我的专业以及未来我要从事的行业来说很有好处。(S07)

学了专业课程以后,我感觉我们这个专业其实是业界、市场很需要的一个专业,为了满足市场的需要才有了这个专业,现在市场很需要对新闻和数据都有涉猎的人才。(S15)

根据劳动力市场对毕业生复合能力的需求,基于高深知识逻辑和以知识为目的的大学教育理念趋于式微,能力取向的人才培养改革开始占据越来越重要的地位。这将直接影响大学课程的育人目标和教学内容的选择,接受与积累知识不再是重点,如何利用课程使学生具备宽厚的多学科多领域知识基础与知识整合及运用能力、提升个体的创新创造能力成为教学的新目标。

3.跨学科科研成果遭受质疑与拒绝

跨学科活动包含跨学科研究与跨学科教育,二者既有区别,又有联系。跨学科研究指引跨学科教育发展的方向并为其提供知识基础,充实教育教学内容,促进人才培养模式的变革;跨学科教育则为跨学科研究提供复合型、创新型人才储备,使跨学科研究充满生机活力,同时跨学科教育也在探讨跨学科研究问题,能为跨学科研究提供新的思路与课题。总之,跨学科教育与跨学科科研相互依赖与支持。因此,跨学科课程的实施和发展也离不开跨学科科研的进步。

我觉得很多问题的关键其实也不在课程或者课堂里。如果老师没有做交叉研究的动力,研究做不起来,跨学科的课程又怎么能做起来呢? 课程与研究是有关联的,是相互促进的,我的教学内容肯定也是需要研究作支撑的。如果没有科研,光谈课程,那就是空中楼阁了。(T02)

由此可见,跨学科研究已经成为知识创新最为重要的方向,高校也加大了跨学科科研的投入力度。但在受重视的同时,跨学科科研也存在诸多阻碍,较为突出的就是科研成果难以得到认可,容易被期刊编辑、项目申报和管理机构拒绝,由此打压了教师从事跨学科科研的积极性。

我和一位期刊编辑交流过,我说用经济学的方法做法学的问题,写出来的论文能被接收吗? 编辑说:"我都看不懂,怎么接收呢?"所以交叉研究成果还不太能被期刊认可,研究者用了跨学科的方法,但是编辑对此并不熟悉。(T04)

我们是跨学科的研究,所以既要报自然科学的项目,又要报人文社科的项目。但在文科院系去报自然科学的项目是很难的。之前我们想去报科技厅的一些项目,老是遭到拒绝,即使我们提出一些解决办法也无法报上项目。(T07)

形成良好的跨学科科研生态是一个长期的过程。随着障碍的消除,跨学科教育将在跨学科科研的蓬勃发展中发挥更大的育人潜力,跨学科课程的内容将更加丰富,教师们所开发出的课程将受益于更全面、更前沿的知识框架,学生能接触到更多更尖端的研究成果,从而真切地感受到学科大融合的趋势。

4.他国他校成功经验加速课改潮流

跨学科课程并不是新生事物。自 20 世纪 60 年代以来,创建跨学科课程的运动就盛行于美国教育的各个阶段,尤其 90 年代以来,这场运动的规模更加宏大。当前,跨学科课程的建设已成为国际潮流,世界各国都在这方面进行了诸多尝试,其中不乏成功案例可供我国高校借鉴,如波士顿大学开设了涵盖四门学科的产品开发课程、新加坡国立大学开设的本科生综合性科学课程。我国多所研究型大学也作出了大胆尝试,甚至成为我国本科阶段的跨学科教育的范本,有受访学生表示他所在的高校推行的跨学科教育改革就借鉴了其他高校的有益经验。

我们今年开始实施很多跨学科的措施。当时还专门开过会,好像说我们学校是要推行全国领先的跨学科制度。但是我们学校还是开始得比较晚,那些 TOP 级的高校都已经实施一段时间了。后来和其他高校的同学交流的过程中能感觉到我们学校借鉴了那些高校的实践、技术方面的经验吧,但不是直接搬用,内核还是我们学校的特色。(S03)

在建设高质量高等教育的背景下,总结并反思世界各国高等教育跨学科课程的成功经验,有助于我国本科教育在成功案例基础之上,结合国情和各自高校实际,创造具有中国特色的、校本特色的跨学科课程。

(二)内部影响因素分析:高校层面

1.办学理念起文化引领作用

办学理念是对大学本质及其价值追求的哲学认识,也是一所大学不断前进的思想引领。[1] 当跨学科成为大学办学理念的一部分,它就会作为大学内所有成员共享的目标和愿景,影响大学的战略规划、师生的日常活动,更快更深入地达成跨学科共识,从而提升跨学科课程的开发力度和实施效果。有受访学生提到其所在学校高度重视跨学科,专业设置也作出了相应的调整,强化了专业与信息技术的融合度,创新了课程内容。

我们学校对跨学科还挺重视的。因为学校本身比较偏工科,现在信息技

---

[1] 李石,陈桂云,韩立新.大学办学理念及其发展方略研究:以普林斯顿大学为例[J].扬州大学学报(高教研究版),2016,20(3):14-17.

术又比较热门,所以很多专业也会朝着这个方向进行一些融合,好多课程也是在原来的基础上加上了信息技术,像我学的传播学课程里就加上了人工智能、新媒体这类新内容。(S09)

但是也有受访学生表示其所属高校虽然也推行跨学科教育,而且宣传力度很大,却并未达到理想的落实效果。了解后发现该校的招生措施的确是跨学科教育的常用模式,但仍需进一步探索和完善。从受访者的描述中,发现学生在大类培养措施中的表现其实延续了专业教育的传统,原始的思维习惯驱使着他们早早确定了专业方向,这导致了该校跨学科教育措施成效不佳。

我们学校推行跨学科可以说是雷声大、雨点小吧。我们学校基本是大类招生,人文学院、社科学院、新闻学院等是一起招生的。大一的学科平台课看起来挺多,实际上只要选其中的三四门就行,也都学不深入。理工科也是这样,看起来不怎么搭边的四个系放在一起大类招生,从一堆课里挑那么几门。但是你去问问那些毕业生,前两年的通用平台课,他们也只是选自己想好了的未来方向的课,并没有达到学校所希望的大类培养的宽口径人才培养的理念。(S05)

由此可见,将跨学科融入办学理念之中,上升为一种价值追求,这对跨学科教育、跨学科课程是有积极的促进作用的。但是办学理念如果无法内化成为全员共识,就容易出现高校摇旗呐喊、推陈出新,但师生依然保持传统的教学和学习习惯的"两张皮"现象,进而抑制了跨学科教育的活力。因此,跨学科课程要想顺利开展,发挥跨学科人才培养的应有效果,不仅仅需要在办学理念中加入跨学科这一关键词,更为重要的是使其成为一种全员认可的共识、遵循的目标,成为真实的内在支撑和价值根基。

2.教学管理制度不利于指导选课与合作教学

从访谈中发现大部分学生的选课自由度较低,必修课程占比较高,但是仍有学生希望能获得选课的指导。如 S13 出于兴趣选择课程后,发现自己产生了学习困难,且困难程度超出预期,因此她希望在选课时有指导老师辅助她判断自身的学业承受能力;S05 所在高校的选课自由度较高,导致其产生选课困难,不知如何规划不同学年内不同类型课程的学习计划。

学生需要选课指导,本质上是想获取更多跨学科课程信息,来判断是否契合个体需求。有受访教师指出类似学业顾问的设置在我国并不具备可操作性,因为不符合当下的国情校情;也有受访学生表示并不需要专门设置指导老师,因为其所在高校内部的课程手册会向学生呈现详细的课程介绍,学生群体也会通过"课程交流群"分享真实的课程体验,这两种方式都能使学生有针对性地、全面地了解课程,从而作出合适的、符合心理预期的选择。

设置学术顾问要立足于整个系统。国外学生选专业、选课程的自由度很高,比较需要有人指导。但是我国学生的课程基本定好了,选择余地不大,指导也就多余了。另外,学生可能也不认可老师的建议,或许更倾向听取父母的意见。再有师生比太低,老师事务繁忙,很难花时间和精力去指导。(T01)

另一方面,合作教学作为一种能有效缓解教师难以快速扩充知识储备、对跨学科教学缺乏信心的办法,却在高校内相对少见,大多数教师都是独立备课、授课、考评,如有合作,更多是邀请其他教师来作一场小型的专题讲座,并不实际参与教学过程。造成合作教学并不普遍的原因除了教师个人意愿低以外,可能也与高校缺乏鼓励、支持合作教学的管理制度有关。有受访教师分享了自己申请合作教学被拒的经历,该教师基于提升教学精专度、指导年轻教师、形成教学共同体等多种考虑,计划以联合授课的形式开设跨学科课程,但教务处以不便计算工作量为由驳回了申请,打压了其开展合作教学的积极性。

这两年我想和其他老师联合教授一门外交学的课。计划的是,我和一两位年轻老师上外交的部分,这是我擅长的,也能带带他们;另一部分是找其他学院的老师讲谈判学。因为外交的很多理论都源自谈判。我规划好以后去申请,结果学校和学院都说不行。教务处说工作量不好算,究竟是要按人数来平均算,还是要具体算每个人的实际贡献,这很难找到标准。(T05)

3.科研与基层教学组织建设力度不足

跨学科科研组织依托多个不同学科,通过资源配置和多学科视角的融合创新,利用学科知识流动解决新问题、获取新知识。[①] 加强跨学科科研组织建设,不仅能增强本校的交叉学科研究实力,也能为本科生提供科研训练的机会,利用做中学帮助其巩固理论知识,提升实践才干。然而,通过访谈发现我国高校的跨学科科研组织建设力度不足、作用有限。

一方面,跨学科科研组织数量不足,导致期望从事跨学科研究的教师缺乏发挥才干的平台,但是受国家政策的驱动,越来越多的高校正"举全校之力"建设跨学科科研组织,因此数量不足只是暂时的问题。另一方面,跨学科科研组织的活力不足。有受访教师身处某交叉学科研究院,但院内合作强度低、频次少,活动范围主要还是个人负责的小团队。这说明部分跨学科科研组织形式过于表面,研究过程缺乏合作沟通,没有产生实质性的知识流动,不利于发挥跨学科科研组织的优势——在学术层面整合各类学科资源,产生知识创新绩效,[②]也难以为跨学科课程提供源源不断的教学资源。

我所在的研究院里有很多不同学科的老师,但是据我了解,很多时候还是得有人牵头做项目才会产生合作,平时还是各个团队自顾自地做研究、写文章,在自己的小团队范围里活动。(T04)

跨学科课程的顺利实施、卓越效果有赖于师资建设,参与跨学科教学、跨学科课程开发的教师数量越多、素质越高,越有利于保障跨学科课程的高质量,促成学生跨学科学习的积极体验。一流的基层教学组织恰恰对提高教学质量、强化师资建设等都具有重要作用,因此,加强基层教学组织建设利于研究型大学实施跨学科课程,推进跨学科人才培养。

受访教师所在的高校都有形式多样的基层教学组织,但提及其中的影响更多体现在组织教学培训和教学比赛以提升教学水平上,而在教师的日常教学活动中似乎并未发挥明显作用,比如教学职能的实施下移至教师个体,基层教学组织的教学、教研职能弱化,甚至在一些高校它成为单纯的行政组织,只

① 尹茜.跨学科科研组织发展困境及其策略研究[J].中国管理信息化,2021,24(18):221-222.
② 陈良.大科研背景下跨学科学术组织发展建议[J].中国高校科技,2018(12):4-6.

处理学院下发的事务性工作。^① 有受访学生反映了课程内容重复的问题,这正是基层教学组织未发挥应有作用的体现,没有切实解决学生在课程和教学上的问题。

> 重复的课很多,相同的知识点出现在不同的课程,还有一些感觉用不着的课。好像学院里专门管教学的部门听不到大家的心声。上重复的课很无聊,还占用了不少时间,好多还是必修课,导致我没有太多时间学选修课。(S02)

因此,有必要加强基层教学组织建设,促进其回归教学职能,针对跨学科课程的教学内容、教学形式、教学方法等方面展开工作,提高从事跨学科教学的师资队伍质量。

(三)内部影响因素分析:院系层面

1.学科设置逻辑未凸显问题意识,教材建设颇具难度

传统的设置逻辑主要源于该专业培养人才在未来可能的行业归属以及该专业所属学科的特定研究对象和领域。^② 但是,经济发展与社会进步对不同学科领域知识及技术应用的需求与推动,产生了基于问题导向的知识创造与传播这一专业发展的内部逻辑。有受访教师指出学科设置应当遵循其内在逻辑,以问题为导向、具有问题意识的、符合现实必要性的跨学科才具有合理的出发点,在此基础上开展跨学科课程的教学与学习活动才能取得实质效果。

> 学科设置有自己的内在逻辑。现在讲跨学科,一定是因为出现了需要解决的新问题、新挑战而产生了"跨"的必要。没有一个现实要解决的问题、挑战为基础,个人没有问题意识,那么学生的学习、教师的课程开发多半是在浪费时间。(T01)

近年来,高校响应国家战略、科技创新的需求,新设置了一批专业,也撤销

---

① 江珩,彭妍,肖湘平."双一流"背景下的高校基层教学组织建设研究[J].中国大学教学,2017(4):79-82.

② 白寅.新文科视野下数字出版专业的设置逻辑及其内涵建设[J].出版科学,2021,29(2):89-98.

了一批陈旧专业,体现出了问题逻辑,但是专业设置也存在过度"蹭"热点的问题,一些高校甚至出现盲目扩张、一味跟风、贪大求全等非理性设置的弊病。①专业设置如果不遵循问题逻辑、不考虑自身特色,容易使课程体系的人才培养目标虚化,安排课程内容时也会陷入迷茫,可能会脱离实际地盲目模仿其他高校,最终导致人才培养效果不佳。

学科交叉与渗透的普遍化,解决复杂问题的综合化,也对教材建设产生了一定的冲击。传统教材提供的学科知识相对单一且滞后,难以帮助学习者解决复杂问题。有受访学生表示其经历的跨学科课程并无教材或讲义,只能以内容陈旧的 PPT 为参考,导致课程缺乏吸引力。

有的老师上课就是读 PPT,用的案例也很老,挺没意思的。像新传很多课都会让你求新求变,那些老旧的内容真的该淘汰了,哪怕是那些经典的、具有很强解释力的东西,老师也可以融入新内容或者有新解释。(S01)

由此可见,目前跨学科课程存在缺少配套教材、教材内容陈旧、教材质量不高等问题,无法充分满足学生的课程学习体验,难以对其产生足够的吸引力,一定程度上阻碍了跨学科人才的培养。因此,高校需要建设跨学科教材以扩展知识体系,这就要求授课教师根据学科特色、课程目标、教育对象特点等重新设计教学内容。有受访老师分享了教材编写经历,可以看出跨学科课程的教材编写并不是将上课内容转录为文本即可,而是要重新整合,提升专业性、标准性,以及不同章节内容以及章节内部的逻辑性。

从讲课到教材真的需要花费很多精力。讲课偏口语化,但教材肯定要用标准专业的表述。教材还要有很强的逻辑性,每一块内容都有内在的逻辑,比如不同算法在书中的顺序就需要好好斟酌。(T06)

2.教师个体因素显著影响课程开设与实施

首先是教师的教育经历。一项针对青年教师的跨学科教学意愿研究指出,青年教师在过往所积累的知识和经验越多、预期的跨学科教学障碍越小,

---

① 本科专业设置仍存过度"蹭"热点问题[EB/OL].[2022-12-11].https://m.gmw.cn/baijia/2021-03/23/34707885.html.

跨学科教学意愿就会越强烈。① 也有受访学生提到其所属学院的跨学科选修课程多是由具备跨学科教育经历的教师负责，他们在本硕博阶段可能就读于不同的学科或专业。

我们学院很多选修课的老师可能先是读经济学，后来读了管理学。因为他们本身就经历过不同的学科，所以才能开跨学科的选修课，在课上也会提到几种学科的联系。（S11）

可以发现，教师的跨学科教育经历为开设跨学科课程提供了良好的基础性条件。一名具备跨学科背景的教师，不仅能在跨学科研究方面占据先天优势，而且相对更乐于开设跨学科课程，也能更得心应手地开展教学活动，学生也由此获得了丰富的课程选择机会，能在教师的科学指引下接触新学科。

其次是教师的跨学科身份认同感。传统的学术评价制度和聘任晋升制度主要根据学科特点和院系要求制定，教师的学科归属感往往非常强烈，对跨学科的认同感相对较弱。因此，教师一般局限于其所属学科领域中"自得其乐"，慢慢形成了惯性思维，随着学科研究的不断深入，教师越发不愿意接受新学科的融入，更不愿进行跨学科教学尝试。② 如果多数教师，甚至高校整体对跨学科的认同感都偏弱，跨学科科研与教学活动就缺乏生存土壤，跨学科课程更难以得到开发、推广和实施。

从访谈中可以总结出教师跨学科身份认同感强弱有别的原因主要有：一是教师是否具有跨学科的教育经历，有跨学科背景的教师容易具有较强的跨学科身份认同感；二是跨学科科研成果是否得到认可，如果成果得到正向反馈，跨学科身份认同感强的教师会进一步强化认同感，认同感弱甚至具有排斥心理的教师也会渐渐增强对跨学科活动的接受度；三是院系本身对跨学科的态度是否积极，如果院系推崇跨学科活动，鼓励教师参与跨学科研究与教学，教师就会逐渐对跨学科产生认同感。

---

① 张启尧.新文科背景下高校经管类专业青年教师跨学科教学意愿研究[J].成都师范学院学报，2022,38(9):15-23.

② 陈伟斌."双一流"建设背景下新兴交叉学科建设路径思考[J].中国大学教学，2021(9):80-86.

只有产生了受认可的跨学科成果,才算是成功的跨学科。现在我们有了不少成果,大家也逐渐认可了我们的研究。这也是新事物发展的必经过程吧。(T07)

我记得有位院长很重视跨学科,自己也喜欢用跨学科的研究方法。在他的支持下,他们学院的跨学科活动比较活跃。所以还是需要领导层的支持,来引导老师产生跨学科的意识。(T04)

最后是教师的教学投入。目前有诸多研究结果都体现了教学中心地位的偏离,从访谈中可以总结出教学投入相对少的原因有:一是大学定位,研究型大学更关注科研成果,教师达到基本的教学水平、完成基本的教学工作量即可,而"非升即走"的压力促使教师不得不将精力与时间转移到科研上;二是教师的任务繁重,除科研与教学外,还有其他事务需要处理;三是教师个人可能相对教学更喜欢科研,钻研未知的领域比起教授相对固定的知识更具挑战性和成就感。

其实,教师平时的工作量超出学生的想象。另外,我们学校是教学、科研并重型的,或者说是研究型的学校,不像教学型学校那样特别重视教学。(T06)

教学是个良心活。我就算上课念书本,也不会有很大的影响。但是一旦没达到发表的要求,就会直接出局。至少从激励的角度看,科研更重要。(T04)

不难发现,教师"重科研轻教学"也是无奈之举,但长此以往会导致人才培养质量的下降。虽然科研的繁荣,尤其是跨学科科研的进步,能带来教学内容的革新,促进教师深层次地理解教学内容,但教师可能会因为备课时间和精力不足,难以设计出有效的方式传授知识,也可能会减少师生交流与互动,这对尤其需要答疑解惑的跨学科修课学生来说更容易产生消极的学习体验。

3.学习者学科基础与学习动机影响学习效果

建构主义学习理论认为,学习者过往的经验、知识、见解和信念是个人继续学习新知的基础。知识基础强或涉猎相关知识多的学生能相对快速地适应学科差异,而知识基础弱或涉猎相关知识少的学生容易产生学习困难。多位受访学生表示跨学科课程的学习困难主要是因为学科跨度大、学科基础薄弱,尤其是文科生接触理工科领域时常常产生消极的体验。如 S06 所在的高校开设了全校必修的编程课,她虽然理解学校的开课初衷——学习大数据技术来增加竞争优势,但面对巨大的学科壁垒,她始终难以克服学科基础薄弱导致的学习困难。

我是一名艺术生,数学一直很差。这门课里不仅有数学,还要教编程。我完全不知道老师在讲什么,看着PPT都不知道那是什么意思,真的体会到了一种努力也没用的无奈。(S06)

有受访教师也提及学科基础之于学生选课的重要性,并表示跨学科选课若要受欢迎、有效果,既需要学生理性评估其知识基础是否足以支撑跨学科学习,从而减少学习困难、加快适应速度,也需要高校开设合适的基础型的全校必修课程,帮助学生选修跨学科课程前掌握相关知识和技能。

要支持跨学科的选课交流,学生肯定要学习一些基础课程,比如编程其实是所有学生都应该学的。就像建造高楼大厦需要地基一样,所以学生在选课时也要审视一下自己的基础。(T02)

除了学科基础,学生的学习动机也会影响跨学科课程的学习意愿、投入程度以及学习成效。从访谈中可以发现学生对跨学科课程感兴趣时会增强学习动机,并保持相对认真的学习态度。也有受访学生提到自己常常因为感受不到学习跨学科课程的作用而影响学习动机,无法深入学习,最终课程学习效果一般,达不到其所在高校的通识课程体系的预期目标——宽厚知识基础。

当我产生了学了没用的想法以后,我的学习动机就很弱。我高中是文科生,不是很喜欢理科,所以我对必修的物化生通识课没什么学习动力,学了以后也没体会到什么益处。那些通识课我学得就不是很认真,成绩也一般。(S05)

如果学生缺乏学习动机或学习动机较弱,即使教师不断调整教学内容和方法,可能也无法调动他们的学习热情,跨学科课程自然没有成效。有受访老师也认为"没有兴趣,跨学科就是一种无意义的形式",并指出学习跨学科课程不应成为强制性要求,而要以满足学生的兴趣为取向,同时在课业负担较重的情况下,学生更容易选择对个人职业生涯规划有益的课程,当跨学科课程对个人发展的作用越明显,学习效果相对也越好。

五、讨论与建议

结合学术计划模型与访谈内容,共抽离出 10 个内外部影响因素,分析了我国研究型大学本科生跨学科课程在开发、实施过程中所受到的不同方面的影响。需要强调的是,在课程的实际运行中,内外部影响因素并非完全独立,而是协调作用的,共同建构起影响高校课程的教育环境,对跨学科课程及其教学产生作用。

根据访谈内容和上述分析,再进一步整理形成当前发展跨学科课程的促进与阻碍因素(见表4)。总体看来,阻碍因素多于促进因素,外部影响因素多起促进作用,说明研究型大学发展本科生跨学科课程有较好的大环境基础,而内部影响因素多起阻碍作用,并且直接影响跨学科课程的实施效果。因此,完善我国研究型大学本科生跨学科课程建设,推进跨学科人才培养,应主要从高校内部着手,寻求针对性的解决思路。

表 4　我国研究型大学本科生跨学科课程的促进与阻碍因素分类表

因素	促进	阻碍
外部影响因素	国家政策-高等教育政策 国家政策-基础教育政策 市场需求 他国他校经验	跨学科科研生态
内部影响因素	办学理念 教师-教育经历 教师-跨学科身份认同感	教学管理-选课指导 教学管理-合作授课 组织建设-科研组织建设 组织建设-基层教学组织建设 教师-教学投入 学生-学习基础 学生-学习动机

基于以上分析,本部分同样从内外部两方面出发,其中外部为政策制度层

面,而内部则分为院校整体层面、教师教学层面、学生学习层面,共从内外部四个层面提出完善我国研究型大学本科生跨学科课程建设的若干建议。

(一)政策制度层面

1.出台专项政策,加大引导力度

学科交融作为科技发展的趋势,已经引发高等教育人才培养的变革。国家和政府虽然出台了相关政策,体现了对跨学科、交叉学科的高度重视,但缺乏有关跨学科教育、跨学科课程的专项政策,不利于我国跨学科人才培养的系统推进。

为此,国家与政府应当加强跨学科人才培养的政策支持,加大政策的引导力度,包括但不限于:一是制定《高校跨学科人才培养体系建设的指导意见》,针对跨学科人才培养理念与目标、跨学科课程的规划与实施、师资条件与标准、师资培训要求、合理配置各类资源等方面,给予宏观层面的导向与规范;二是出台跨学科教育的专项研究计划,鼓励学者参与研究计划,重点解决跨学科教育理念、机制障碍、发展路径等现实问题;三是设立一流跨学科课程专项建设计划,鼓励高校根据自身办学定位、学科特色、教育资源的特点,对跨学科课程的目标定位、授课对象、课程计划、教学内容、师资力量、学分设置、预期效果等进行通盘考虑和系统安排,确保课程开设的多样化、有效性和可操作性;四是针对高校教师设立一流跨学科教学人才团队专项计划,促进高校为教师教学能力提升提供政策与专业支持,保障协同教学的规范与有效实施。

出台跨学科教育、跨学科课程的专项政策,多方面释放进一步加强我国高等教育跨学科人才培养的信号,有助于形成更细致、更强大的指引与规范。

2.提升跨学科研究认可度,优化跨学科科研生态

虽然"有发明创见的科学家,从他们学习的部门(学科)转移到新领域,并达到创造的全盛时期,不乏其例"[①],但现实中的跨学科研究总是面临重重阻

---

① 包国庆,关于国家自然科学基金跨学科研究管理的思考[EB/OL].[2022-12-31].https://www.nsfc.gov.cn/publish/portal0/tab440/info59297.htm.

碍。从事跨学科科研工作的受访教师无一不表示其科研成果的认可度相对低,研究成果不易发表,申请立项时更易受挫。因为跨学科仍是一个新鲜事物,容易遭到"跨出去"和"被跨"学科两方面的拒绝。为了改善这种不利于跨学科科研繁荣的局面,急需提升跨学科研究的认可度。从受访教师的反馈来看,他们的跨学科科研成果主要遭到文章期刊与项目申报管理机构的拒绝,这两方应当转变思想观念和管理制度,为跨学科科研的生存和发展拓展空间。

期刊与项目申报管理机构在考察跨学科科研成果时可以有针对性地调整和改进评价工具、程序以及策略,比如确定跨学科研究项目的识别与界定标准,设计项目申请书内容与格式时强调跨学科的必要性、学科整合的内容、研究方法等,以及重新确立跨学科研究评议的同行专家的遴选标准等等。克服跨学科研究项目评审中的困难和障碍、普及跨学科这一新事物注定需要一段时间,但随着跨学科科研成果的认可度不断提高,跨学科科研得以形成良好健康的生态环境,越来越多的学者投身于跨学科科研之中,跨学科教学也将获得各种新资源,产生蓬勃发展的力量。

(二)院校整体层面

1.更新教学管理制度,完善学生课程体验

随着跨学科教育理念逐渐渗透到教育教学中,高校有必要更新教学管理制度,为教师参与跨学科教学提供相对舒适宽松的环境,推进跨学科课程的开发与建设。针对选课自由度低且盲目性高、合作授课受阻等现象,可从以下方面加强工作。

第一是提供选课指导服务,由于专设学业指导教师、学业咨询服务在我国高校的可实施性较低,建议通过制作课程指南、完善在线课程平台建设的方式,详细呈现信息,包括教师简介、课程目标、教学内容、考评方式、学习基础要求等,使学生建立合理的学习预期,并能对照个人的兴趣爱好、学科基础等做出相对理性的选择。高校还可以创新课程体验方式,比如利用"专业互换"活动,比对信息后形成互换小队,学生相互带领对方体验课堂、完成学习任务、分享学习经历,提供更深入的跨学科学习参考。

第二是为合作授课减少阻力,高校应当正确认识合作授课的益处,在鼓励教师投入教学、联合授课的同时,机动灵活地调整管理制度,比如改变相对死板的教学工作量的计算方式,可以由合作的教师团队在符合教学规定的基础上,根据具体的教学情况自行划分工作量,给予一定的教学自由度,释放教学活力,利于开设多种多样的跨学科课程。

2.推进跨学科组织建设,提供资源支持与保障

我国研究型大学应当发挥综合学科的优势,准确把握自身学科特色,以现实问题为导向,既可以设置附属于传统院系的内嵌式组织,也可以建设独立于学系或学院之外的外延式组织,自上而下地引导教师参与跨学科科研,提供学科交流、科研互助的平台。跨学科科研的繁荣将促进跨学科教育的生长,教师在科研中重构知识体系,深入理解学科内涵,将之运用于教学中,使教学内容前沿化,使跨学科师资队伍专业化。

同时,高校应当针对跨学科课程的教学加强跨学科教学组织建设。与跨学科科研组织的建设思路相似:既可以设立校级的跨学科教学统筹机构,对课程规划、资源共享、教学激励等作出系统设计,推动校内不同院系和专业在跨学科教育议题上的互动与创新,延展跨学科课程的学科覆盖范围;也可以在基层教学组织中建立跨学科教学团队,组织教师相互交流教学经验,定期开展跨学科教学培训活动,甚至多学院联合开展培训,扩大跨学科教学培训的覆盖面,也能增加不同学科教师间的沟通与交流,为合作授课带来更多的可能性。

组织的变革创新同卓越的领导力密不可分,领导力更是依赖性要素,[①]受访教师所提及的院长重视跨学科的案例也佐证了这一点。因此,我国研究型大学在建设跨学科组织时,应当重视并发挥领导力在其中的引领作用,组织的管理者与领导者要转变观念,摒弃学科孤立、组织割据的思维局限,重视学科整合与整体效益,成为跨学科科研与教学的引路人、先锋者。

---

① 李鹏虎,王梦文.世界一流大学如何实施跨学科组织改革:基于领导力视角的分析[J].高等工程教育研究,2022(1):98-103.

(三)教师教学层面

1.充分重视跨学科,积极增强学习本领

部分教师受传统学科教学与科研模式的影响,依然认为固守住自己所学的专业知识即可,没有必要涉猎跨学科的知识,对现实问题的关注不足。这种思想认识上的偏差实际也体现了教师知识结构上的不足,多数教师除了自己精通的专业知识外,其他专业的知识相对匮乏,导致精一艺而不通其他,也导致本科生跨学科课程的师资数量少、质量低。因此,我国研究型大学的教师在思想上要充分重视跨学科,尤其是青年教师更要意识到跨学科是一条可以弯道超车、创新成果的新赛道。目前许多交叉学科领域还未成熟、亟待开发,正处于"万类霜天竞自由"的阶段,学者应当转变观念、把握机会、积极合作,创造出实实在在的崭新成果,进一步证明跨学科的优势,激发跨学科科研、跨学科人才培养的需求。

高校教师不仅应转变思想,还当付诸行动,努力使自己转型为跨学科型教师。教师需要保持终身学习的良好态度和习惯,在坚守个人所从事专业的同时,利用各种途径自觉涉猎多学科的知识,包括但不限于参加其他学科的讲座与会议、与其他学科的教师形成合作伙伴关系、参与短期或长期性的进修活动等。另外,教师不仅需要重视传统知识的掌握,也应当注重现实生活的新变化,加强个人所攻领域与现实问题的联系,在合作研究现实问题的过程中构建起宽广而深邃的知识体系,为跨学科教学奠定扎实的基础。

2.合理分配工作时间,增加跨学科教学投入

教学投入是教师在教育教学活动中投入的时间、精力和情感的总和,是教师释放教育教学能量的保证。[①] 为了培养一大批"具有高尚情操,有高深学问,有高级思维,能自我激励,自我发展"的跨学科复合型人才,教师应当科学分配教学与科研的投入,保证教学工作能投入足够的时间和精力,保障课程的

---

① 刘振天.高校教师教学投入的理论、现况及其策略[J].中国高教研究,2013(8):14-19, 47.

教学效果。针对跨学科课程的教学内容作出精心设计,在重视基础理论、基础知识、基本技能、基本方法训练的同时,融入前沿的科研成果,更要重视教育对象的认识水平、解决各种复杂问题的能力。

除了教师个人重视教学工作以外,高校也可以采取适当的激励措施,增强教师的教学成就感和获得感,例如评选"学生最喜欢的老师"、提高教学成果奖奖励标准、提高教学为主型教师的酬劳等,不断提升院校对开展跨学科教学活动的教师的重视程度。另外,教师面临着年度考核、聘期考核、职务晋升的种种压力,容易转移教师投入教学的注意力,因此,可以通过简化教学考核、减少教学干预、减轻职业压力、减轻形式主义负担,尽可能营造宽松的工作环境,扭转评价指挥棒的呆板、严苛的倾向。

(四)学生学习层面

1.增加课程学习投入,充分利用各类资源

学习投入主要指学生个人投入的时间、精力,可被划分为行为投入、认知投入与情感投入三个维度。[①] 从访谈内容中可以大致判断学生在跨学科课程的行为投入与认知投入,即学习活动的具体行为与深层次的内部学习投入。多数受访学生都能认真跟随教学节奏完成课程任务,但是有学生反映自己因为未及时弥补薄弱的学科基础导致后续学习困难,渐渐产生无力感,有的则是缺乏深度学习,浅尝辄止后经常产生"空虚感"。因此,在跨学科课程的学习中,学生既要增加行为投入,提升自主学习能力,认真查阅陌生学科及专业的相关资料,了解基础知识、弥补学科短板、扩充知识储备,也要增加认知投入,对自己感兴趣的学科或研究方向不止步于课程学习,以课程所学为触角,向更广阔或更深入的地方延伸,比如继续拓展课上教授的技能,由入门到精专,也可以接触相应领域的师生加强沟通和合作,获取专业的指导。

---

① TUOMO E V,MARJA-KRISTIINA L,ANNA-MAIJA P,et al. The relationship between classroom quality and students' engagement in secondary school[J]. Educational psychology,2015,35(8).

随着线上学习得到大范围的普及,学习资源日渐丰富,学习平台也日益成熟,为本科生学习跨学科课程提供了更便利的条件。多位受访学生解决跨学科课程学习困难的方式就是利用网络搜集资料,甚至有学生直接利用在线学习平台满足拓展认知的需求。可见跨学科学习无须受时间与地点的限制。因此,本科生应当提升个人的信息素养,充分利用各种学习资源,不仅可以借助学校图书馆资源,以阅读扩充专业知识、拓展学科视野,还应当善于利用网络学习资源和在线学习平台,合理利用闲余时间弥补差距和深度学习,并学会多方位接收信息来源,提升信息整合能力。

2.树立正确学习观念,加强内部驱动力

在询问受访学生对跨学科课程的评价时,多数学生都认可学校的开课初衷,也列举了学习跨学科课程后的积极作用,包括提升研究能力与写作水平、拓展知识领域与见闻、提高批判性思考能力等,充分说明本科生已认识到跨学科学习的重要性,有着较强的内在学习动机。但依然存在以功利性心态参与跨学科学习的现象,受访学生多次提及因为"水学分""卷绩点"的需求而选择相对轻松的跨学科选修课程。功利性的心态本质是以外部动机作为驱动力,学生由此被动投入跨学科课程的学习,容易导致他们在学习后期因课程难度增加而降低学习意愿与主动性,甚至完全放弃学习,呈现出受访学生所说的"摆烂"状态。

为了实现跨学科课程的目标,学生要尽可能保持积极的跨学科课程学习状态,这就需要学生树立正确的跨学科学习观念,准确把握社会发展趋势和劳动力市场需求,增强跨学科学习的主动性。在选择跨学科课程时,应当从自身的兴趣爱好、生涯规划出发,形成一股强大的内驱力,帮助自身抵御课程难度上升带来的畏难情绪。在课程学习过程中,通过各种跨学科学习方式构建起跨学科知识体系,贯通融合多学科知识,最终培养起跨学科思维,提高自身的综合能力,实现跨学科课程的卓越效果。

教师科研成果转化为教学内容的群体差异与优化路径 *

——基于对某研究型大学人文社会科学教师的调查

一、问题的提出

科学研究成为大学的重要职能,正式形成于 19 世纪初洪堡创建柏林大学时期。"科研与教学相统一"理念的提出,意在将纯粹的教学与科研相结合,① 使人才培养嵌入研究之中并通过研究来开展。② 从洪堡的提出到吉尔曼的传承,再到博耶"教学即学术"的发展,这一理念已成为现代研究型大学普遍接受和遵循的办学理念。作为研究型大学最重要、最鲜活的教学内容与形式,科学研究已经或正在成为世界一流大学人才培养中最不可或缺的组成部分。而"科研成果转化为教学内容",则是在新时代背景下对科研与教学之间逻辑关系的重新审视,是"科研与教学相统一"理念在微观视角下的具体实现形式。当前,我国研究型大学普遍拥有一流的研究机构、强大的科研队伍和丰厚的科研成果,科研成果转化为教学内容已具备基础、资源与实力,理应成为支撑研

---

* 本篇与曹莊蕾合作,原载《教育科学》2023 年第 3 期。

① HUMBOLDT V,SHILS W E,TRANS.On the spirit and the organisational framework of intellectual institutions in Berlin[J].Minerva,1970,8(2):242-250.

② ROBERTSON J.Beyond the"research/teaching nexus":exploring the complexity of academic experience[J].Studies in higher education,2007,32(5):541-556.

究型大学人才培养的重要抓手。① 具体而言,教师将"科研成果转化为教学内容",指的是教师通过自己的理解、认识与钻研,将学界前沿知识融入或渗透于教学活动中,从而使学生在课堂上接触和获取最新知识,实现知识的传播与再生产,进而达到支撑人才培养的目的。

"科研成果转化"在理工类大学、理工类学科的研究中探讨颇多,常指通过发挥知识的经济作用而使学术研究落实到实践应用上,其转化的重要性、形式、成效及其影响因素等相关研究已经较为成熟,②③④⑤然而该活动在人文社会科学领域尚未引起足够重视。一般而言,人文社会科学知识具有应用的情境性、间接性以及渗透性等特征,该领域成果不易被转化为具有可行性的操作技术或社会技能,⑥故该方面的研究一直停留在理论意义的建构和经验性的反思层面,尚未系统地分析成果转化的现状并基于成果所有者的视角深入挖掘成果转化的内在机理,也就难以从根本上探明并解决人文社会科学中所谓的科研与教学的冲突问题。2016 年,一项针对武汉市经管类高校的"科研反哺教学"调查研究显示,82.93%的高校教师具有将自身科研成果引入课堂教学的意识,具体开展实践的教师则占 65.22%,两项数据相差 17.71 个百分点,⑦这说明教师的科研成果转化意愿与实现程度之间存在明显差距。那么,这一差距在教师群体内部的具体表征如何? 原因是什么? 如何有效地缩小差距,实现教师科研成果的有效转化? 针对这些问题,本研究对国内某所研究型

---

① 盛明科,杨可鑫,牛敬丹.高校科研成果转化为教学资源的理论逻辑与实践路径[J].当代教育理论与实践,2019,11(6):5-10.
② 曾静平.构建高校科研成果转化的品牌与传播渠道[J].中国高等教育,2017(17):58-59.
③ 李文涛,段珺,高振.高校科研成果转化现状与建议[J].中国高校科技,2016(11):66-67.
④ 王江哲,刘益,陈晓菲.产学研合作与高校科研成果转化:基于知识产权保护视角[J].科技管理研究,2018,38(17):119-126.
⑤ 卓泽林,杨体荣.剑桥大学促进科研成果转化的经验与教训[J].清华大学教育研究,2016,37(4):117-124.
⑥ 孟照海.教育科研成果如何转化为教育决策:以美国《国家处于危机中》报告为例[J].教育发展研究,2015,35(9):6-12.
⑦ 石智雷,王岩.高校教师科研反哺教学现状及影响因素分析:以武汉市经管类高校为例[J].高等教育评论,2016(1):118-129.

大学人文社会科学的教师开展深入研究,从廓清当前教师在进行科研成果转化为教学内容实践时的外在表现入手,审思这一活动的内在机理,以期为更好地实现人文社会科学成果转化提供参考。

二、研究方法

本研究选取的×大学为"双一流"建设高校,该校重视人才培养与科学研究,在研究型大学中具备典型性,其教师普遍具有丰富的、高水平的科研成果。本研究采用问卷调查和深度访谈相结合的混合研究方法,在×大学的人文社会科学教师群体中开展。其中,自编问卷包含教师个人背景信息、"转化意识"和"转化程度"(采用李克特5点记分法,1表示"非常不符合",5表示"非常符合")三个部分,意在对教师进行整体性认知。通过SPSS 25.0对本研究所关注的"转化意识"和"转化程度"两部分进行信度检验,结果显示克龙巴赫α系数分别为0.905和0.875。问卷共发放300份,回收286份,有效问卷262份,问卷有效率为87.33%(有效问卷中,男教师155份,女教师107份;助理教授83份,副教授93份,教授86份;教龄为10年及以下的教师124份,11~20年的教师76份,21年及以上的教师62份;发表核心期刊论文数量10篇及以下的教师138份,发表11~20篇的教师56份,发表21篇及以上的教师68份;承担省级以上课题数量3项及以下的教师147份,4项及以上的教师115份;以承担本科生课程为主的教师89份,以承担研究生课程为主的教师39份,承担本科、研究生课程数量相当的教师134份)。在访谈调查部分,本研究通过方便抽样和"滚雪球"的方式,综合兼顾教师个人背景、科研成果和课程安排,共邀请20位教师参与一对一访谈(访谈对象基本情况如表1所示),以对问卷调查中所出现的问题寻求更加深入的解释。最后,通过整合问卷和访谈数据,描绘现实样态与探析深层原因。

表 1　访谈对象基本情况、转化态度与转化程度一览表

编号	性别	职称	教龄	转化态度	转化程度
T01	男	副教授	7 年	中立	无明确表述
T02	男	助理教授	8 年	正面	1/4～1/3
T03	女	助理教授	2 年	无明确态度	5％或没有
T04	男	助理教授	2 年	正面	几乎都是
T05	男	教授	9 年	正面	30％～40％,或 10％以上
T06	女	教授	10 年	正面	无明确表述
T07	女	助理教授	5 年	正面	无明确表述
T08	男	教授	15 年	正面	本科生 10％以下,研究生 20％～30％
T09	女	助理教授	2 年	正面	无明确表述
T10	男	教授	30 年	正面	至少一半
T11	男	副教授	12 年半	中立	无明确表述
T12	男	副教授	11 年半	无明确态度	本科生 20％,研究生 40％
T13	男	助理教授	6 年	正面	无明确表述
T14	女	教授	35 年	正面	博士生 50％以上
T15	女	副教授	7 年	无明确态度	本科生 20％～30％,研究生 50％～60％
T16	男	助理教授	4 年	中立	无明确表述
T17	男	副教授	21 年	正面	20％或 10％左右
T18	女	副教授	20 年	正面	本科生 30％～40％,研究生 70％～80％
T19	男	副教授	2 年	正面	几乎都相关
T20	男	副教授	10 年	正面	本科生 20％,研究生 10％或 30％

　　注:表格中"无明确表述""无明确态度"表示受访者在访谈过程中回避了相关问题。如在面对"您当前的教学内容与您的科研关联度如何"等相关问题时,有的教师表示"不好说""说不清",有的甚至不予回答等。这样的回应不能满足本研究的需求。为避免影响访谈的整体效果,访谈者对此往往不会追问,而是通过其他问题发现与该问题相关的线索。

三、教师科研成果转化为教学内容的现实表征

(一)教师普遍具有较强的转化意识

问卷调查结果显示,教师普遍具有高度的科研成果转化意识(M$_{转化意识}$＝4.52±0.580,M$_{最小值}$＝3,M$_{最大值}$＝5),其中仅有 1 位教师的自评转化意识指标值为 3。访谈结果显示,大多数教师对科研成果转化为教学内容持正面态度,并对转化的必要性形成三点共识:第一,从提高教师自身专业性的角度出发,教师将科研成果转化为教学内容时,能够再次熟悉研究过程、重新整理相关成果,从而得到新的体会,这对提升自身在科研、课堂教学、课程资源开发等方面的专业能力都具有重要作用(T04,T11);第二,从加强教学内容前沿性的角度出发,教师将其科研成果引入课堂教学中,并与学界的最新研究成果、社会发展现状相结合,这能够减少生搬硬套讲授书本内容带来的单调和枯燥,提高学生学习的积极性(T02,T12);第三,从支撑创新型人才培养的角度出发,先进的科研成果具有重大的理论意义和实际应用价值,教师据此精选教学内容和教学方法,能够有效地培养大学生的独立思考能力、创新能力、实践能力及探索能力(T05,T14)。[①]

(二)转化程度呈现两极分化,群体特征明显

访谈和问卷调查结果均显示,教师在科研成果转化的程度上存在差异。问卷调查结果显示,教师自评科研成果转化为教学内容的程度(M$_{转化程度}$＝3.10±0.834,M$_{最小值}$＝1,M$_{最大值}$＝5)略高于中间值 3。由此可见,教师整体的转化程度虽不低,但仍有较大提升空间,且离散程度较高,说明不同教师的转化程度可能存在较大差异。

---

① 姚江林.科教融合提高高校办学质量[J].中国高等教育,2012(5):44-45.

　　为深入探明教师在转化程度上的差异,本研究选取转化意愿指数高于中间值的 261 个样本进行差异性分析,以转化程度均值($M_{转化程度}=3.10$)为临界点将被试样本划分为高分组和低分组,即"高意识—高程度"的"如愿以偿型"(98 人,占 37.55%)和"高意识—低程度"的"事与愿违型"(163 人,占 62.45%)。

　　本研究采用卡方检验方法对教师个人背景变量与其科研成果转化"意识—程度"类型进行差异性分析,检验结果如表 2 所示。

表 2　教师背景与其科研成果转化"意识—程度"类型的卡方检验($N=261$)

向度	组别	教师科研成果转化"意识—程度"类型		$\chi2$	Cramer's V
		"如愿以偿型"	"事与愿违型"		
性别	男	58 (59.2%)a	96 (62.3%)a	0.002	0.003
	女	40 (40.8%)a	67 (37.7%)a		
职称	助理教授	21 (21.4%)a	62 (38.0%)b	13.618***	0.220
	副教授	32 (32.7%)a	60 (36.8%)a		
	教授	45 (45.9%)a	41 (25.2%)b		
教龄	10 年及以下	35 (35.7%)a	89 (54.6%)b	10.284**	0.199
	11～20 年	31 (31.6%)a	44 (27.0%)a		
	21 年及以上	32 (32.7%)a	30 (18.4%)b		
发表核心期刊论文数量	10 篇及以下	35 (35.7%)a	103 (63.2%)b	20.982***	0.284
	11～20 篇	24 (24.5%)a	31 (19.0%)a		
	21 篇及以上	39 (39.8%)a	29 (17.8%)b		
承担省级及以上课题数量	3 项及以下	47 (48.0%)a	100 (61.3%)b	4.461*	0.131
	4 项及以上	51 (52.0%)a	63 (38.7%)b		
承担课程类型	以本科生课程为主	19 (19.4%)a	70 (42.9%)b	26.791***	0.320
	本科、研究生课程相当	52 (53.1%)a	81 (49.7%)a		
	以研究生课程为主	27 (27.6%)a	12 (7.4%)b		

注:*** $p<0.001$,** $p<0.01$,* $p<0.05$。

　　教师的职称、发表核心期刊论文数量、承担课程类型在教师成果转化"意识—程度"类型上呈现 0.001 水平的显著差异($p<0.001$);教师的教龄在教师成果转化"意识—程度"类型上呈现 0.01 水平的显著差异($p<0.01$);教师承

担省级及以上课题数量在教师成果转化"意识—程度"类型上呈现 0.05 水平的显著差异（$p<0.05$）；教师的性别在教师成果转化"意识—程度"类型上没有显著差异。同时，教师性别的 Cramer's V＝0.003＜0.1，说明教师的性别在教师成果转化"意识—程度"类型之间的关联度非常小；其他背景变量的 Cramer's V 数值均大于 0.1，说明不同背景变量与教师成果转化"意识—程度"类型之间有不同程度的相关性。有鉴于此，本研究主要分析教师职称、教龄、发表核心期刊论文数量、承担省级及以上课题数量、承担课程类型等方面与教师成果转化"意识—程度"类型的关联差异。

本研究采用卡方检验多重比较 Bonferroni 法比较教师科研成果转化的两种类型，结果显示：职称为"副教授"、教龄为"11～20 年"、发表核心期刊论文数量为"11～20 篇"以及承担本科和研究生课程数量相当的教师在科研成果转化"如愿以偿型"(a)和"事与愿违型"(a)之间没有显著差异。

结合不同组别和类型的教师频数占比来看，在职称上，属于"如愿以偿型"的助理教授的占比（21.4％）明显低于属于"事与愿违型"的（38.0％），属于"如愿以偿型"的教授的占比（45.9％）明显高于属于"事与愿违型"的（25.2％）；在教龄上，属于"如愿以偿型"的 10 年及以下教龄的教师的占比（35.7％）明显低于属于"事与愿违型"的（54.6％），属于"如愿以偿型"的 21 年及以上的教师的占比（32.7％）明显高于属于"事与愿违型"的（18.4％）；在发表核心期刊论文数量上，属于"如愿以偿型"的 10 篇及以下的教师的占比（35.7％）明显低于属于"事与愿违型"的（63.2％），属于"如愿以偿型"的 21 篇及以上的教师的占比（39.8％）明显高于属于"事与愿违型"的（17.8％）；在承担省级及以上课题数量上，属于"如愿以偿型"的 3 项及以下的教师的占比（48.0％）明显低于属于"事与愿违型"的（61.3％），属于"如愿以偿型"的 4 项及以上的教师的占比（52.0％）明显高于属于"事与愿违型"的（38.7％）；在承担课程类型上，属于"如愿以偿型"的以本科生课程为主的教师的占比（19.4％）明显低于属于"事与愿违型"的（42.9％），属于"如愿以偿型"的以研究生课程为主的教师的占比（27.6％）明显高于属于"事与愿违型"的（7.4％）。

从差异性和描述性分析的结果看，属于"如愿以偿型"的教师体现出的群体特征主要有:职称较高(教授)、教龄较长(21 年及以上)、科研能力较强(21 篇及以上、4 项及以上),承担的课程以研究生课程为主。这一类教师的科研成果转化意识较强,同时在教学实践中也能有效地进行转化。属于"事与愿违型"的教师体现出的群体特征主要表现有:职称较低(助理教授)、教龄较短(10 年及以下)、科研能力较弱(10 篇及以下、3 项及以下),承担的课程以本科生课程为主。这一类教师虽然有着非常积极的转化态度和意愿,却不能顺利地付诸实践,在科研与教学的融合或衔接上仍存在问题。

(三)群体两极分化的原因分析

根据对两种类型教师的分析可以发现,虽然教师坚信科研应在教学中发挥重要作用,但是仍有一部分教师无法在实践中真正做到将科研融入教学,[①]即高意愿并不意味着科研成果转化的高程度。结合访谈材料可知,这一情形与教师的发展阶段(包括科研和教学的能力、经验)以及承担的课程类型等因素有关。

第一,教学经验与科研经验是两类教师分化的重要原因,主要反映在教龄的长短上。作为大学新任教师,他们不论是在教学上还是在科研上,都处于"刚刚起步"的状态,尚未将科研和教学建立起紧密的联系。[②] 随着教龄的不断增长,教师承担课程的时间越长,越了解课程内容和掌握教学技巧,也就越能采用更为合适的方式自然地将科研与教学建立起联系。一位教授表示:"科研成果毕竟只是一方面,而教学的内容是系统的知识,要想将两者做到无缝对接,是需要在课程和教学的设计中花功夫的。"(T05)另一位教授表示:"我会在设计教学内容时把这些东西带进去,在和学生的讨论交流中,也会不自觉地

① HU Y J, VAN DER RIJST R M, VAN VEEN K, etal. Integrating research into language teaching:beliefs and perceptions of university teachers[J].Innovations in education and teaching international,2019,56(5):594-604.

② KAASILA R,LUTOVAC S,KOMULAINEN J.From fragmented toward relational academic teacher identity:the role of research-teaching nexus[J].High education,2021,82(3):583-598.

将(自己的科研)成果带入课堂。"(T08)教学作为一种经验性极强的活动,需要教师不断地钻研,而教学科研成果有效支撑教学,需建立在教师对其科研内容和教学内容都十分了解的基础上,这也就意味着教师需要在长时间的经验积累中不断丰富自身的知识体系和完善教学设计,所以属于"如愿以偿型"的教师往往是教龄较长、职称较高的教师。

第二,科研能力同样也是影响两类教师分化的重要因素。这里主要讨论由教师科研成果数量所反映的科研能力与其教学内容的关系。科研成果转化率低,与年轻教师难以平衡科研和教学息息相关。一方面,为了实现身份的转变,年轻教师会在教学方面尽心竭力,就有可能会暂时性地放下科研;另一方面,年轻教师刚进入工作岗位,易受社会热点、科研资源、科研任务分配等多方面因素的影响,他们入职前后在所从事的研究领域或方向上可能会发生转变。在这个时期,教师的科研方向不明确,因来自职称晋升方面的压力而被动承担的科研项目可能与其所承担的课程之间的匹配度较低,无法实现科研成果转化。① 与此同时,"人文社会科学具有一大特点,即并不在于极力追求'产品'的推陈出新,而是在于对人类社会现象的上溯和对人类文明的观照,它是一种更为抽象化的知识体系,需要教师有更长时间的学术积淀"(T04)。随着教师对学科知识、实践的积累,他们所从事的研究领域逐步拓宽,思考问题的深度也会不断提高;随着教师科研成果的逐渐丰硕,他们所坚持的观点在学界得到较为广泛的认同,其教学活动也就具备了比较稳固的转化基础。此时,教师科研成果转化可以"如愿以偿"。

第三,教师所承担课程的类型及其特征将影响科研成果转化的可行性。本科生的课程一般为该学科的基础性课程,有既定的课程大纲和知识体系,教师将前沿成果融入本科生课堂可能会使学生难以理解,这在客观上影响了转化的可行性。研究生的课程具有更大的开放性,更贴近研究前沿,注重对学生研究能力的培养,因而更适合科研成果的转化。正如 T01 教师所言:"本科生

---

① 陈武元,曹荭蕾.如何促进我国高校教学从"良心活"向"用心活"转变:基于某研究型大学调查的思考[J].现代大学教育,2020,36(5):92-101.

课程有教材或者有明确的教学内容……教科书已经很成熟了,我不可能把教材内容体系全部打散,把自己的研究成果'放'进去,所以自己的研究成果融进去的比例不是那么大。研究生的课程带有较强的研究性质,研究成果转化的比例会更高。"T14 教师同样表示:"教师如果没有成果,那么在研究生课程上的教学就会非常平庸。"故相比之下,属于"如愿以偿型"的教师多为以承担研究生课程为主的教师。此外,由于人才培养方案是明确的,每个学院、专业每学年和学期的课程基本固定。这就可能出现必须安排的课程没有教师讲授,同一个研究方向能授课的教师较多而有人无课可上的情况。一些教师为达到教学考核的要求,只能"硬着头皮"上与自己科研关系较弱的课程。"我最开始想开某课程,但院里已经有相关课程了。尽管我自己很愿意将研究成果融入课程,但从各方面考虑,这么做并不合适,尤其从学院的角度来说。"(T04)这种情况常发生在教龄较短的教师群体中,他们对科研成果的转化更多抱有一种无奈的态度——他们并非不愿意,而是确实难以做到。

四、教师科研成果转化程度出现
群体分化的内在机理

为更好地实现教师科研成果的育人作用,我们有必要在描绘科研成果转化为教学内容的具体表征的基础上,进一步厘清转化的内在机理,即群体分化的形成要素以及形成要素之间的关系。

从知识社会学的视角来看,大学是一个知识生产的场所,大学教师的科研与教学活动本质上是一种知识生产活动。科学研究是关于新知识的发现、解释和理解活动,教学是关于知识和技能的传播的活动,那么科研成果转化为教学就是关于新知识传播的活动。^① 因此,研究是教学的基础。^② 以教学为途径、以课程为载体,加快掌握和传授前人的认识成果,向知识创新不断输送新的资源与活力,成为大学教师从事知识生产活动的基本表现形式。对于人文社会科学而言,其科研成果往往不是某一种精细结构化实验条件下得出的绝对结论,而是强调对人类文明经典的回溯和再认识,对社会现象产生原因以及事物发展规律的解释,它强调观念与思维的创新和传递。这种学科特性决定了这类学科的教学并不是将确定性的结果公式化地告知学生,而是需要锻炼学生对社会和人类问题的思考与反思的能力。这种发生在大学场域内的知识生产活动,需要依据特定学科知识的生产与再生产规律对转化机制进行细化。目前,学界已基本形成了"开发科研成果→转化科研成果(确定可转化的科研成果→选择合适的转化方式)→呈现于课堂"的机制。该机制的核心在于"转化",即教师根据个人的科教经验以及学生和社会的需要确定可转化的科研成果(科学研究的结果、思路或方法),再选择适合的转化方式进行转化。所以,从教学的本质来理解科研成果转化,其重要性已是不言而喻,关键在于如何基于科研成果的特性,在教师已有的转化意识基础上,强化教学的有效性。

人文社会科学科研成果的特性及转化机制,决定了教师的转化活动是高度个性化的活动,主要表现出四个方面特征:第一,教师个人意愿直接决定了科研成果能否转化、如何转化以及转化的效果,只有在教师对其"学者"和"教师"的双重身份深刻认同的基础上,才有可能通过科研来实现自己对学术理想的追求,并将科研成果作为新知识传递给学生;第二,教师个人的科研能力直接通过其科研成果的质量和数量、深度和广度来反映,成为转化的直接驱动力;第三,由教师思考而产生的成果往往带有个人立场,教师在将成果转化为教学内容进而传递给学生的时候,重点并非直接传递成果,而是要引导学生进行深入的思考进而形成自己的观点与结论;第四,尽管人文社会科学领域强调

---

① TIGHT M.Examining the research/teaching nexus[J].European journal of higher education,2016,6(4): 293-311.

② HARLAND T.Teaching to enhance research[J].Higher education research & development,2016,35(3): 461-472.

团队协作,但学科性质决定了这类学科的研究成果表现为高度个体化的思维特性,当与大学教学这种同样高度个体化的知识再生产活动相结合时,科研成果的转化仍不可避免地表现出"单打独斗"的特点。① 可见,学科特性对科研成果成功转化的程度高低有着关键的影响。

与此同时,个体的行为选择受其所处环境因素的影响,良好的制度环境是教师科研成果转化成功的外在支持。有人认为,大学科研育人,意味着大学应"重科研、轻教学"。"重科研"固然重要,这是研究型大学的历史使命和职责所在;而"轻教学"不仅违背了大学办学的初衷,也背离了大学教师的基本责任。若大学过度功利性地强调科研,忽视研究的重要育人作用,则将造成巨大的知识资源和人才资源的浪费。良好的科教环境应是教学与科研可以紧密结合的环境,即教学为科研带来新动力,科研也能够真正反哺教学。调查中发现,教师科研成果转化程度的高低,受到外部因素(如课程设置、课题申请、职称晋升等)的影响,导致了一些有意愿将科研成果进行转化的教师无法开课等情况的发生,使教师对教学变得"有心无力",进一步引发了"如愿以偿型"和"事与愿违型"两类教师的分化。只有当大学的科教环境满足科研成果转化的客观要求时,教学与科研才能实现共生共存,科研成果才能有效地转化为优质的教学资源。

五、教师科研成果转化的路径优化

基于对当前研究型大学教师科研成果转化为教学内容现状的分析与审思,为更好地使教师的科研成果转化意识真正付诸实践,我们应充分考虑人文社会科学的学科特征,从教师个体行为以及环境的构建等方面选择可行性高、科学性强的优化路径。

---

① GALBRAITH G S, MERRILL G B. Faculty research productivity and standardized student learning outcomes in a university teaching environment: a bayesian analysis of relationships[J]. Studies in higher education, 2012, 37(4): 469-480.

(一)创新教师科研成果转化方法

在访谈中了解到,目前教师在将科研成果转化为教学内容时主要采用口头讲解(讲授法),对情境性、合作性转化方法的采用稍显不足,故而有必要加强对教师科研成果转化的方式方法的开发。有研究表明,通过参与研究来学习如何研究,是连接教学与研究最有效的方式,[①]这能够有利于学生对研究方法和专业知识的掌握,提高他们的智力水平。[②] 所以,我们可以根据学科特性组织学生参与导师课题、课外调研,并通过项目式、问题式、探究式、报告答辩式等作业评价方式,向学生传递科研意识、态度与方法,使他们真正领悟到科研成果的学术价值。值得关注的是,诸如"沙龙"、读书会、研讨会等非正式课程具有灵活性特征,也是可行的转化途径。

(二)加强学科教学科研团队建设

教师科研成果转化为教学内容是一种高度个性化的行为,教师的转化意愿和意识是主要驱动力。目前,在教师普遍具有积极转化意识的背景下,大多数教师正在进行的是自发的或无意识的实践,学界并未形成一个明确的、稳定的机制来鼓励科研反哺教学,具体来说就是还没有为教师将其丰富的科研成果进行转化提供支持。为此,我们应从学科团队建设出发,在现有的各类研究所、课题组的基础上进一步构建稳定的教学科研团队,让现有的科研团队真正为人才培养服务。在观念的更新上,我们要摒弃科研工作是单纯为了发表论文以及申请课题是以个人的职称晋升和提高绩效为目的的陈旧观念,真正思考如何将团队的最新成果与教学结合起来,而非停留在意愿层面。在具体做

---

① HEALEY M,JORDAN F,PELL B,et al.The research teaching nexus:a case study of students' awareness, experiences and perceptions of research[J]. Innovations in education and teaching international,2010,47(2):235-246.

② FELDMAN A,DIVOLLK A,ROGAN-KLYVE A.Becoming researchers:the participation of undergraduate and graduate students in scientific research groups[J].Science education,2013,97(2):218-243.

法上,同专业或同领域范围内应鼓励有经验的老教师为新教师提供在教学、科研以及科研成果转化方面的经验,帮助新教师保持工作的积极性。特别地,拥有副高职称,教龄以及科研能力都处于中段的教师也应得到关注,他们已具备较为丰富的教学经验和较强的科研实力,是科教队伍的主力军,理应得到就科研成果转化在课程教学安排上的支持。比如,团队授课就是一种很好的方式,这种方式是以多名教师共同完成一门课程来实现的,能够发挥每位教师的长处,最大化地实现转化,提高课程的丰富度和有效性。

(三)营造和谐的科教环境

实际上,研究型大学及其各院系已经充分认识到一线教师科研成果的育人作用,但现有环境对科研在"量"上的过度偏向,以及课程教学安排的繁杂性、课题申请的不确定性大等外界因素,致使科研成果转化为教学内容难以落到实处。为教师营造一个良好的制度环境,使他们从成果转化的认知层面转向行为层面,就需要通过相关制度的建立和宣传来实现。在考评体系上,提高与教学相关项目的占比,如授课时长、学生满意度、教材建设等,从制度上提高教师对教学的重视,以此推动教师利用科研来反哺教学。在课程分配上,应提供更加和谐与科学的课程申请机制,综合考虑教师的科研方向和经历,尽可能使教师的科研方向与其承担的课程相匹配。针对本科生的课程内容和重点是以基础性、系统性知识为主的客观情况,可以在本科生层面加强课外科研实践,鼓励教师用与本科生共同完成科研项目的方式实现科研育人;在研究生课程上,提高研究式教学的课时比例,增加学生合作完成或独立完成科研项目的机会。此外,还要加强教材建设。由于教材从出版到启用的时间短则一两年,长则五六年,在出版期间产生的新知识不能通过教材及时呈现,所以应加快教材的审核和更新的速度,把教师和广大研究人员的最新前沿知识、观点、理论等纳入教材,将教材内容的先进性作为对教材评估的重要标准之一。由此,内外部共同发力形成科研成果转化的健康环境,有利于改善"重研轻教"的风气,使教学、科研都真正成为"研教并重型"教师甘之若饴的自愿行为,而不是压弯教师肩膀的沉重的两头。

六、结语

近几十年来,随着科学研究成为大学的重要职能,教学与科研相结合的教育性正在逐渐被弱化。[①] 有学者感叹,"科研与教学相统一"理念似乎已从一个"永久的原则"逐渐地堕落为一个"过时的信仰",甚至只是一个"持久的神话"[②]。本研究通过以小见大的方式,对"科研与教学相统一"这一老生常谈的话题开展新的探索,力图展现与前沿知识传播相关的显性问题,以及明晰人才培养的内容和方法上的隐性问题。教学与科研有效互动、共生共强理应成为现代研究型大学的重要特质。今天的"双一流"高校建设乃至高等教育高质量发展,要在关注人文社会科学学科的科研成果转化的特殊性基础上,有针对性地解决教师科研成果转化意识和转化程度之间存在的障碍,构建一个适合于该学科科研成果转化的大环境,始终秉持着科研为教学提供知识基础的原则,发挥科研对创新型人才培养的效力,将其宗旨回归到人才培养这一终极目标上来。

[①] 王建华.重温"教学与科研相统一"[J].教育学报,2015,11(3):77-86.
[②] 吴洪富.用神话谱写现实:"教学与科研相统一"的历史再造[J].复旦教育论坛,2012,10(5):17-22.

"双一流"高校在线教学的
实施现状与思考 *

这次大规模的线上教学是对我国高等教育信息化建设的一次"大考",尽管目前已经实现教育部设定的"停课不停教、停课不停学"的目标,但通过查找教育信息化建设和线上教学的短板,发现我们仍有很多工作要做。基于这个问题意识,厦门大学教师发展中心于 2020 年 3 月 13 日在全国高校发起开展线上教学状况的问卷调查,截至 3 月 17 日共收到 187 所高校调查数据,学生有效问卷 118191 份,其中"双一流"高校参与少,学生填报问卷也少,无法形成一个可比较的整体,而厦门大学的数据则十分完整。因此,本文以厦门大学为代表,以点带面,探讨当下"双一流"高校线上教学的实施现状,深入分析线上教学存在的主要问题,并据此做一些初步思考。

一、线上教学的实施现状

此次疫情使我国"双一流"高校的教学工作由"线下"被迫转到了"线上",尽管如此,厦门大学还是充分发挥既有的组织优势,迅速成立了学校新冠疫情防控期间教学技术服务保障工作领导小组,组建了教学技术服务保障工作组,构建了学校线上教学网格化矩阵式应急保障体系,全力为师生做好服务保障,

---

＊ 本篇与曹荭蕾合作,原载《教育科学》2020 年第 2 期。

从学校层面对线上教学进行整体统筹指导。教学技术服务保障工作组通过微信公众号、网站、微信群等多种渠道及时发布信息,制作"在线教学平台操作指南",并利用在线直播的方式为教师线上教学的顺利开展进行了多场培训。①

相关资料显示,目前"双一流"高校在线教学主要依托四大类平台进行:一是课程资源平台,如中国大学 MOOC 平台、智慧树、学堂在线等;二是实验类平台,如国家虚拟仿真实验教学综合平台;三是直播平台,如钉钉、雨课堂、腾讯课堂、ZOOM、企业微信、QQ 视频等;四是校内平台,如课程中心平台、SPOC 平台等。主要教学形式为"直播"和"线上互动研讨",以往人们熟知的"录播"和"MOOC"等教学形式使用频率远不如这两种新的教学形式。②

厦门大学针对课程组建了 4368 个课程群,努力确保课程、教师和学生三者 100% 入群,确保"课程门门都落实,学生一个不落下",构筑防疫期基础牢、结构稳、技术硬、资源足的教学平台。③ 与此同时,各院系领导、教学委员会、辅导员、教学秘书等进入课程群在线听课,全面了解学生的参与情况和教师的授课情况,并给予及时的反馈和调整。学校重点关注特殊困难学生,在保证质量的前提下,为 2020 年应届毕业生提供特殊时期服务措施,尽量减少疫情对学生毕业的影响。对确因疫情、家庭条件、地理位置、时差等影响,不能或没有全程参加线上学习、开学后不能按时返校等特殊困难的学生(含留学生),将分批分类进行精准帮扶,提供个性化助学指导服务,保障学生合法权益。④

目前高校平台服务器与带宽资源充足,教学过程整体无明显卡顿,教师课程准备充分,课堂内容丰富多彩,在线教学秩序正常。《疫情时期厦门大学"线上学习"调查分析报告》的数据显示,学生对当前线上教学总体认为"非常满意"的比例为 13.7%,"满意"的比例为 52.1%,表明目前学生对线上教学总体

① 厦门大学 2020 年春季学习"在线"如期开课[EB/OL].(2020-02-17)[2020-03-23]. https://news.xmu.edu.cn/2020/0217/c1550a394355/pagem.htm.

② 如无特别说明,本文采用数据均来自对厦门大学的调查。

③ 厦门大学 2020 年春季学习"在线"如期开课[EB/OL].(2020-02-17)[2020-03-23]. https://news.xmu.edu.cn/2020/0217/c1550a394355/pagem.htm.

④ 关于继续做好疫情防控期间本科教学工作的通知[EB/OL].(2020-03-17)[2020-03-23].https://jwc.xmu.edu.cn/2020/0317/c19211a397087/page.htm.

认可度较高。但同时也有 3.8％和 1.8％的学生认为"不满意"和"非常不满意",说明线上教学还存在着一些问题,仍需要进一步分析并加以改进。

二、线上教学存在的主要问题

(一)符合线上教学要求的稳定而统一的授课平台亟待构建

首先,由于各高校从未考虑设计能容纳全校在线教学需要的教学平台,疫情下虽经多方努力扩容至能够满足教师线上教学之需,但短期内要构建起统一的授课平台既不现实也不可能,因此在这种情况下,课程教学平台只能由教师自主选择,但各类平台使用方式不同、效率不同,为了平台优势互补,教师的选择差异便导致了学生需要安装多个软件、注册多个账号。调查数据显示,有 88.6％的学生表示,上一门课需要使用超过 2 个教学平台;49.9％的学生表示,上一门课需要使用 3 个以上教学平台,课程和教学平台的数量过多且不统一无形中增加了上课程序的烦琐程度。尽管学校建有 SPOC 课程平台,但是师生更倾向于选择使用直播的方式,SPOC 的相关功能没能吸引师生使用,可能与课程平台在硬件方面的不完善有关,这需要相关技术人员进一步完善开发、调试等。

其次,线上课程的使用率受教学内容是否适合线上教学的影响较大,这使得线上教学的课程类型分布严重不均衡。厦门大学目前使用线上教学的课程类型主要集中在理论课上(94.2％以上的理论课采用了线上教学);实验课、术科课等需要课堂实践的课程,由于受实验室、运动场、琴房等场地限制,使用线上教学的比例分别为 21.2％和 13.4％;其他教学环节(含军训、见习、实习、毕业设计、毕业论文、社会调查等)使用线上教学的百分比仅为 8.2％,这或许是线上教学的局限性之一。

再次,网速和平台稳定性也是影响线上教学效果的重要因素之一。从学生的评价来看,有 60.4％的学生认为"网络速度的流畅度"为"好"或"非常好",

36.5％的学生认为"一般"；57.6％的学生认为"平台运行的稳定度"为"好"或"非常好"，38.6％的学生认为"一般"。学生对线上教学平台总体评价呈中等水平，这可能与一部分学生学习时存在网络掉线、网络延迟、流量费用昂贵等情况有关。此外，受疫情影响，学校未统一分发课本，学生上课没有纸质书本，只能根据教师的课件或者电子资料上课，课程资料的选择变得零碎化。如何让线上课程向整体化、统一化的方向完善，增强其便捷度和使用效率，是线上教学平台建设的重要课题之一。

(二)线上教学中师生、生生之间互动不足

无论是线上教学还是线下教学，课堂上的师生互动都是教学过程中极其重要的一个环节，也是检查教师教学效果的一个重要观测点。线上课堂通过网络将处于不同空间的师生联系在一起，突破地域条件的限制，这是其相较于线下教学的重要优势。尽管有59.8％的学生对目前线上教学"与老师课内外的交流互动"效果的评价是"好"或"非常好"，甚至曾经一些羞于与教师交流的同学通过线上方式与教师增进了交流，但在对线上教学缺点的描述中，仍有59.3％的学生赞成或非常赞成"教师无法即时了解学生的学习状态"，有57.4％的学生赞成或非常赞成"教师无法及时了解学生知识掌握情况"，有43.5％的学生赞成或非常赞成"教师无法第一时间反馈学生关注的问题"。这表明线上教学的不足非常明显，突出表现为教学临场感的缺失，使教师无法直接得到学生的反馈。也就是说，师生无法像在线下教学场域里那样进行即时沟通与交流，增加了教师掌控学生学习动态与课堂参与的难度。另一方面，课堂上传统的提问、作答出现了很多不确定性，进而造成教师讲课节奏把握不准，调动学生积极性变得难上加难，于是就容易产生学生精力分散，听课效率不高等问题。在学生之间，以往的课上小组讨论缺乏实现条件，学生独自面对屏幕，缺乏学习、探索、研究的激励氛围。

(三)符合线上教学要求的学业评价体系缺失

尽管学校一开始就组织各院系领导、教学委员会、辅导员、教学秘书等进

入课程群在线听课,加强教学过程的监督,但说到底还是一种将"线下"搬到"线上"的做法,是一种临时的"应急"措施。由于符合线上教学要求的考核体系缺失,且教师使用的授课平台不同、标准不同,使得教学管理者难以有效监管学习者和教学者的行为,这就对学生与教师的综合考评体系提出了挑战。特殊时期,学生学业评价延续了传统教学的评价模式,在评价过程中出现了更加便捷的出勤考察和课后作业提交形式。但实际上,学生出勤率仍然难以约束,学生实际学习进度差异可能比传统课堂更大。[①] 在课堂纪律方面,学生可以通过文字相互交流,发送的消息不能进行有效的监管。部分学生过分依赖回放,导致课上不听讲,课程学习不及时,进而影响学习效果。

在问卷调查的主观题部分,学生普遍反映,线上教学的课后作业负担远大于线下教学。相比之前的线下教学,线上教学在课后的作业布置上显得更为严格,几乎每一堂课都留有课后作业,这在以往的课堂上是比较少见的。教师的这一做法显然是为了增强学生上课的认真程度,确保学生课余时间的学习投入,并据此对学生进行学业评价。具体来说,学生作业量的增加,一是因为在线课堂缺乏有效的实时互动,教师为了了解学生的知识掌握情况,将作业作为检测学生学习效果的重要手段;二是因为之前线下的作业多以小组作业或长时间完成的作业为主,现在几乎变为每个学生独立完成或一周内完成的作业;三是因为学生在家中时间充裕,便布置更多的作业以填充学生的课余时间。但是,学生在家中还有其他事务,并不是完全的"无事可做",也并不能像在学校那样可以做到宿舍、教室、食堂三点一线,这就导致了学生因线上教学和线下生活两方面"较劲"而感到疲惫不堪、分身乏术,因此在线上教学的学业评价的数量和方式上还有值得改善的地方。

(四)学生自主学习能力和自律性有待加强

大学生都是 18 岁以上的青年人,一般来说都具有能够长时段集中精力学习的自制力。但是,家庭和学校是两个不同维度的空间,长期以来,在人们的

---

① 谭清才.把握好"战疫"中的"空中课堂"教育实验[N].团结报,2020-02-18(6).

认知中,"家"是让人感到安逸而舒适的特定空间,"学校"相对来说更讲规则,是知识交流的空间。在安逸的空间内将自己置身于一个规则明晰、知识输出与知识获取的场景之下,需要教师和学生双方凭借自制力来克服心理舒适区,做到高度自律。在线上学习存在的最主要问题中,分别有 45.6％、43.9％的学生赞成或非常赞成"学生未养成线上学习的良好习惯(如按时上课,学习自律能力等)""学生自主学习能力弱";在线上学习对学生最大的挑战中,分别有 77.2％、76％的学生赞成或非常赞成"需要更强自律性,养成良好的线上学习行为和习惯"和"对自主学习能力提出更高要求"。调查数据显示的这个结果是应对疫情开展线上教学前所未曾预料到的,由此表明线上学习与线下学习所处环境条件的不同。这也提醒我们:学生从寒假开始到新学期开学,一直处于无拘无束的家庭环境中,要将自己从中抽离进而营造节奏紧凑的学习氛围,是需要其有更强的意志力的。由此可见,之前线上学习的习惯尚未养成,自主学习能力没有得到有意识的培养,学生在家上课可能遇到的问题是不容小觑的。

(五)留学生群体的在线教学有现实困难

留学生群体是一流大学的一道风景线,留学生占比是体现"双一流"高校办学实力的重要指标之一。为了解留学生群体的在线教学情况,笔者电话访谈了厦大接受留学生数最多的海外教育学院的分管院领导。据他介绍,疫情期间,身居海外的留学生的线上教学主要受到时差和学生网络条件/状况的影响。一是,留学生分布在世界不同国家,与中国时差小的国家学生较为方便按统一时间参与学习,而时差大的国家学生则不够方便。二是,不同国家的网络条件/状况不尽相同,尽管中国国内的网络稳定,但其实现端存在一定问题,所以教学中(特别是互动交流)常出现卡顿滞后、语音不清等问题,这样不仅影响到教学平台应有功能的发挥(只能以"评论区"打字交流为主,"举手连麦"等难以发挥其效能),而且容易出现拖堂,不能按时完成教学进度。三是,针对留学生的教学,语言课是主体部分,而语言技能(特别是听、说)需要交互实操掌握,这是线上教学难以代替线下实际课堂的地方。总之,教学组织及教学的稳定性和画面音质的清晰流畅度会不同程度受到影响,教学效果和管理存在着一定困难。

三、基于线上教学问题的思考

(一)加快构建稳定而高效的统一线上教学平台

疫情发生之前,使用过线上教学的学生占比为 34.8%,在疫情期间这一比例则达到了 99%,由此可见,线上教育实际上具有巨大的发展潜力,可以满足师生对线上课程平台需求的巨大增长。而这一增长将引发线上教学设施和教学方式的巨大变革,需要加快推进在线课程平台的建设。尽管近二十年来我国不断加强教育信息化建设,线上课程种类(国家级精品课程、慕课课程等)已经非常丰富,师生可以自行选择进行正常教学之外知识点的完善与扩充,但课程形式主要表现为"录课",对"直播"的授课方式接触较少,如今直播形式变成了线上教学中最主要的授课方式。因此,高校应充分利用教育资源,发挥自身优势,与相关企业联合研发,建立并不断完善统一的教学平台,特别是加快直播功能的完善与建设。

课程平台建设应树立"以学习者为中心"理念,体现符合在线教学需求的"一体化"构建原则,要构建科学有效的质量监控机制,杜绝形式主义。高校应发挥平台大数据在质量监控与评价中的积极作用,针对线上教学的实际情况,制定相关考评制度,并纳入学生和教师的考核体系中去,提升平台在过程保障和评价分析等方面的应用水平和辅助决策能力,提高平台的智慧性与人性化程度。同时,由于网络的公开性和记忆性,一些不适宜在线讲授的课程受到了较大的影响,平台在安全监控方面应加以完善。通过平台功能的迭代升级,为教、学、管理提供更精准、细致的服务。

在线课程平台的建设应具备长远眼光,其便利性与无限性对于高校人才培养可以发挥重要作用。从问卷调查情况来看,学生认为未来的线上教学平台应从多方面考虑,特别是平台的稳定性和功能的高效性。此次线上平台的建设与完善,将形成更加高效、科学的教学辅助工具,在疫情结束之后,该平台仍然可以为教师和学生的教学与学习提供线上的资料分发、课程签到、秩序监控、课程评价、作业提交、师生沟通反馈以及成绩评定等帮助。要提高学校资源的获得率和使用率,为学生尤其是毕业班的学生查找相关资料提供方便。

(二)加强线上课程规划与教学设计

大学课程通常主要是指高校一个系或一个专业的教学计划中的各教学科目及其系统或结构。[①] 课程作为教育领域中一个动态发展的事物,其内涵一直在不断深化和丰富。具体来说,课程包括课程目标、课程设计、课程内容、课程实施、课程评价等多个环节。学校应统筹规划,合理安排线上课程的数量与时长,使之更加规范化。通过相关技术的支持,科学安排课程数量、课程安排以及授课时长,改善艺术、体育类课程的学习方式。对于专业和课程种类繁多的高校来说,统一授课较难实现,但可以通过平台建设统一安排上课时长,并根据实际情况增加或减少授课内容,重心应落在教会学生如何利用网络资源自主学习上,减少大学线上课堂的随意性。[②]

在维果茨基、皮亚杰、布鲁纳等人的经典建构主义学习理论的基础上,我国学者王竹立提出了网络时代的新建构主义学习理论,这一理论不仅强调真实情境对学习的重要性,强调合作与交流在学习中的关键作用,还强调意义建构包含在知识创新在内,将学习、应用、创新三个阶段合为一体,为混合式学习提供了新的理论依据。[③] 线上教学应以学生为中心、以问题解决为中心,因此,教学设计应多融入问题解决、实践探索类的教学活动,突出教育个性化、学生个性发展,强调学生自主学习能力的培养,让学习者可以通过自主学习丰富自身知识体系的建构。教师应秉持"引导"的教学理念并贯穿于学习活动过程

---

① 潘懋元.高等学校教学原理与方法[M].北京:人民教育出版社,1995:149.
② 谭清才.把握好"战疫"中的"空中课堂"教育实验[N].团结报,2020-02-18(6).
③ 王竹立.新建构主义:网络时代的学习理论[J].远程教育杂志,2011,29(2):11-18.

的始终：应在了解学生已有知识体系的基础上，教会学生如何对线上资源进行搜索、选择、思考、交流与写作。[①] 在课程内容的选择上，应吸收科学研究的最新成果，通过教师的科研与教学相结合，选择一些能够让学生产生浓厚兴趣的问题，引导学生主动地探索未知。在课程作业的布置上，应倾向探索性的目标任务，作业应对学生学习知识和能力建构有引导作用，不应挤压学生的正常生活。

传统教学中，学生的学业评价一般由形成性评价和终结性评价组成，其中形成性评价指的是学习过程中的评价，一般由单元测试、平时作业构成；终结性评价主要由期末考试或期末论文构成，这些对于检测学生学习效果和调节教师教学活动有重要意义。线上教学反映出的学业评价的问题正在提醒我们，学生形成性评价的完整性和真实性应得到充分的重视。在对学生的综合考评上，学生每一次的出勤、课堂互动、讨论发言以及作业完成情况都应纳入学生的综合评价得分，落实到每一位学生的真实表现上。同时，不能拘泥于学生的在线签到、学习时长和学习成绩，更应通过线上教学的信息化优势，追踪学生在整个学习过程中的进展和成效，并制订更具个性化的评价指标。正是由于日常教学的稳定性，很多在学校中值得注意的机制被视作了常态，而真正严格的课程与教学应然模样被教师和教学管理者忽视了。恢复正常的教学后，学校应以加强学生学习过程管理为抓手，形成更加科学的课程考核与评定方式，特别是对日常学习的检测。[②]

(三)促进大学教师信息化素养的不断提升

信息化教学的有效推行取决于两个主要因素：学校信息化条件和教师信

[①] 郑云翔.新建构主义视角下大学生个性化学习的教学模式探究[J].远程教育杂志，2015,33(4):48-58.

[②] 厦门大学教务处.化学化工学院线上教学保障机制与举措[EB/OL].(2020-03-24)[2020-03-25].https://mp.weixin.qq.com/s/ikhIWnZtQmyt0bOGvESXQg.

息化素养,其中教师因素占据主导作用。[①] 毋庸讳言,很长一段时间以来,在高校"重科研、轻教学"的背景下,教师学习和线上教学模式往往是教师自觉选择的结果;教师培训课程中针对信息化素养的提高相对不足,教师集中学习信息化教育技术的机会和平台较少;部分年长的教师由于惯性使然,接受现代信息技术和工具的速度较慢,或选择年轻教师或助教进行简单的操作性工作等,[②]造成了大部分教师使用信息化教学工具处于一种被动状态的现象,教师整体信息化素养发展受到一定影响。

当今时代,科技发展日新月异,线上教学的顺利实施,与教师专业能力紧密相连,教师专业发展必须与课程发展齐头并进,教师应具备基本的信息化素养,这是新时代对教师专业发展提出的新要求。大学教师的信息化素养,应包括具备信息化教学意识、具有信息化教学能力和掌握信息化教学技术等。针对这几方面,学校相关部门应首先对教师开展信息化培训,改善教师对于信息化教学的理解和认识,让教师充分了解信息化教学的便捷性和有效性,突破传统教学的思维定式;其次,应提供教师信息化教学技术的分享机会和平台,加强教师团队建设,避免教师单枪匹马研究课程平台的操作技术,帮助不熟悉线上教学的教师掌握基本线上教学技术,提升教师群体信息化水平;再次,特殊时期,应发扬团队精神,帮助每位教师顺利授课,并分享授课方法、典型经验,切实推进教学改革,激发学生自主学习兴趣,做到与线下教学"等质同效"。

(四)注重培养学生自主学习能力

教师、教育影响或教育中介(包括教学手段)、学生是教育过程的基本要素,三者在一定的场域中相互作用以完成教育过程。从现实或经验来看,教师、教育中介(包括教学手段)、学生是相互影响的,但对教育起决定性作用的

---

① 赵冬冬,朱益明.信息技术引领教学改革及其辨正:兼议"屏幕改变命运"[J].中国电化教育,2019(11):41-48.

② 任小媛,王志军,王诗佳.基于MOOCs的混合式培训模式研究:高校新教师专业发展的新途径[J].现代教育技术,2016,26(8):76-82.

主要还是学生,毕竟内因是决定性的。从这个意义上讲,无论是线下教学还是线上教学,其关键点都在培养学生自主学习能力上。

自主学习能力是指学生在进行学习相关活动过程中通过发挥主观能动性,了解、认识、分析和接受新事物的能力,通常以自我学习和接受新知识为主。① 在线教学为学生的学习提供了便利,但这一教学形式对学生学习自主性、自律性要求更高,而学生独立的、自主的学习能力差异直接导致了学习效果的差异,并通过线上教学得到了放大。这次大规模的线上教学实践,使得高校人才培养中对学生自主学习能力的培养需求格外显著,自主学习能力再一次走进人们的视野,并让一部分学生意识到了自己的学习自主性不足的问题。事实上,传统教学中大学生学习自主性同样至关重要,但高校似乎将学习自主性的培养默认为学生"自我成长",缺乏切中时弊的调查、培养与措施,导致这一被默认的关键性行为被忽视,没有得到相应的改进。

高校教育,不仅关乎知识的传授,更要培养学生的"慎独"精神。创新型人才的培养不是逼出来的,不是被动学出来的,而是以主动获取知识、发现知识的能力为前提的。高校必须注重学生自学能力的培养,这也是回答"钱学森之问"的应有之义。作为成年人的大学生受到外界对于学业要求的压力较小,探索知识、不断学习的意愿主要源于自身对自己的要求。大学生应该意识到当今社会对高水平、高质量人才的巨大需求,意识到只有不断学习、自我提高才能适应社会的发展。② 学校应开设相关课程进行自主学习的指导,帮助学生寻找人生方向和进行学习规划,制订学习目标,传授和分享自主学习的方式方法,加强学生自主学习监控和自我激励,有意识地提高学生自主学习能力。

---

① 李云梅,李大为,胡阳.团队氛围、团队心理安全感对研究生科研能力的影响[J].高等工程教育研究,2014(6):112-117.
② 成秀英.远程教育模式下大学生自主学习存在的问题及实现策略[J].教育理论与实践,2018,38(18):44-45.

（五）重视和保障留学生群体的在线学习

留学生群体是一流大学不可或缺的重要组成部分，也是其一道靓丽风景，留学生占比更是体现"双一流"高校办学实力的重要指标之一。因此，"双一流"高校无不把留学生（特别是学历留学生）教育纳入重要办学内容。近年来，随着"留学中国"计划的实施，"一带一路"教育服务计划的推进，以及"孔子新汉学计划"等重要措施的出台，搞好留学生教育的需求已经实实在在地摆在了这类大学的面前。

留学生教育的核心在于对认同留学目的国的国际学生的培养，故置身于留学目的国是保证培养质量的关键一环，也是无可替代的一环。从这一意义上讲，对于留学生教育而言，线上教学是难以取代线下教学的。但突如其来的全球疫情，在无法置身留学目的国的情况下，对教育目的的实现就需要想方设法加以解决。其中无论是学历留学生还是非学历留学生，首先需要解决的就是留学目的国的语言问题。而语言技能的学习和掌握需要环境和实操，如何在线上实现这一需求和任务，是具有挑战性的问题，也是需要教师、技术人员乃至整个网络平台来思考和突破的大问题。

除了语言问题，专业知识、国情了解、文化认同等留学生培养内容，也需要统筹加以设计和实现。令人欣喜的是，迅猛发展的现代教育技术、手段为我们打开了一片广阔天地，慕课、微课、翻转课堂等教学新业态、新方式只有被充分且灵活地加以运用，优质教育资源、个性化学习需求等才能在开放、共享中各展异彩，收获实效。

因此，重视和保障留学生群体的在线学习，教育意义重大，涉及内容繁多，需要我们认真对待并切实加以解决，而这也正是呼应并做好这个提前到来的全球化学习时代的使命所在。

四、结语

学校教育仍是未来教育的主流形态。尽管这个问题不是此次线上教学调查的内容,但却绕不开"学校教育存废"这个敏感问题。因此,疫情期间线上教学调查也从一个侧面启发我们对这个问题进行深入思考。

围绕学校教育存废的争议已经持续了近一个世纪。早在20世纪二三十年代,苏联教育家舒里金等人首次提出了"学校消亡论",认为应根据学生的兴趣展开教育活动,用一般社会化机构如"劳动公社"和自发性的"社会形式"来取代学校和学校教育;[1]20世纪60年代,一些西方教育学者再一次提出"学校消亡论"(Deschooling),认为学校教育是意识形态的产物,它会束缚人性而不利于学习,或者认为学校的职能不外乎社会筛选和灌输价值观。[2][3] 这些观点或理论虽然在上个世纪的不同时期均已受到了批判,但由于互联网技术的巨大发展,教学资源与课程平台种类繁多,确实让学生如今足不出户就能学习,因此从20世纪90年代开始,新的"学校消亡论"又卷土重来,不断有人质疑"教育是否还需要教师""学校是否会消亡"等问题。[4] 虽然线上教育有线下教育所不可比拟的优势,但传统学校作为进行文化传承、对新一代进行社会化的专门场所与组织,其教育的不可替代性通过此次大规模的线上教学也得到了充分肯定——传统学校教育有着线上所不可替代的育人作用。调查结果显示,有27.2%的学生赞成或非常赞成线上学习比传统线下学习效果好,有29%的学生不太或不赞成,42.5%的学生认为一般,总体来看,学生认为线下学习效果还是略好于线上学习的效果。由此可见,线上教育无法完全代替线

① 刘垚玥.信息时代"学校消亡论"的省思[J].教学与管理,2016(3):5-8.
② 郑金洲,吕洪波."学校消亡论"评析[J].外国教育动态,1990(5):38-42.
③ 项贤明.作为建构之前提和基础的批判:20世纪中叶美国"学校消亡论"的当代思想价值初探[J].比较教育研究,2019,41(7):3-12.
④ 刘垚玥.信息时代"学校消亡论"的省思[J].教学与管理,2016(3):5-8.

下教育,学校既没有理由消亡,也不可能消亡。

　　传统学校中,师生间的沟通不仅是知识的传递,更是情感、态度、价值观的交流,这些都是抽象的网络以及冰冷的屏幕所不可替代的,需要师生面对面交流与合作。但是,线上学习由于缺少严格的规章制度以及朝夕相处、有着合作与竞争关系的同学,学生只有知识性的输入,对其全面发展是不利的。大学为了实现高素质、高水平人才培养的目标,需要教师和学生的交互合作与深度研讨,需要教师和学生思维、观点的交流与碰撞。但是面对时而卡顿、时而延迟、"只闻其声不见其人"的线上教学平台,教师不能从学生的表情、语言、肢体动作掌握课堂信息,就很有可能造成问答不顺畅、交流受阻碍的问题。久而久之,教师课上提问减少、文字化的作业增多,线上课堂演变成教师的"一言堂",不利于研究型大学的创新型、研究型人才培养。对于学生来说,线下教学能够更加直观地感受到学校和教师对自己的关心和照顾,能力和成就更能够得到他人的肯定,解决问题的能力和自觉性能够得到有效的提高,从而达到自我实现的目标。从这个意义上讲,恰恰说明了线下教学的不可缺失性。

　　当今世界,大数据、区块链、人工智能方兴未艾,教育技术正在深刻改变高等教育的管理方式和教学模式。无论教育观念怎么改变,也无论是线上教学还是线下教学,满足学生个性发展需求是高校始终必须坚持的改革方向。这次大规模在线教育实践,意味着我国可能正在经历一个全球最大的信息化基础设施升级改造工程和一个师生信息素养提升培训工程,一次全球最大的信息化教学社会实验和一次开放教育资源运动,对运用信息化手段推进教育教学方式改革具有革命性意义,最重要的是极大地促进了教育观念的改变。[①]教育观念的改变,将使高等教育反思已习以为常的教学惯性,并有力推动教育技术的发展。[②] 调研中发现,有 59.2% 的学生接受或非常接受"线上+线下"的混合式教学,23.2% 的学生表示一般,16.8% 的学生表示不太接受或不接

---

① 刘利民.这次世界规模最大的"教育实验"将推动中小学学习模式"革命"[EB/OL].(2020-03-12)[2020-03-23].https://mp.weixin.qq.com/s/I8rKsmfR4o2t7VpqqjAOxQ.

② 邬大光.教育技术演进的回顾与思考:基于新冠肺炎疫情背景下高校在线教学的视角[J].中国高教研究,2020(4):1-6.

受。部分学生表示线上教学方式非常好,甚至认为开学之后还可以进行相关的线上教育。展望未来教育,线下教学与线上教学的彼此融合、取长补短将不再仅仅停留在口号上,而是会得到提速发展,在让学生脚踏实地学习的同时,又可以遨游"云端",享受"云"教学所带来的便利。对于厦大本身而言,不同校区可以充分利用网上教学的方式,进行资源的有机整合,但要切忌原封不动地照搬线下教学改革模式,任何方法的借鉴与使用都要立足于实际。总之,对这一"史无前例""世无前例",甚至今后也不多见的大规模在线教育实践进行系统全面的总结反思,进而改进教育信息化工作,改变教育模式,将是这次大规模在线教育最大的价值体现。[①]

---

① 刘利民.这次世界规模最大的"教育实验"将推动中小学学习模式"革命"[EB/OL].
(2020-03-12)[2020-03-23].https://mp.weixin.qq.com/s/I8rKsmfR4o2t7VpqqjAOxQ.

大学生在线学习体验的
影响因素探究 *

一、研究问题的提出

关注大学生的学习体验是高等教育发展到一定历史阶段的产物，也是体现高等教育发展水平的重要标志（亦是体现一所大学发展成熟度的重要标志）。由信息技术和网络技术的发展而引发的我国高校教学模式的变革，在最近 20 年间已从"悄然进行"到"普遍进行"的过渡中。这种变革的一个重要方向就是充分利用现代信息技术的优势，把信息技术与教育教学深度融合，转变传统的"为了教师教而教"的教师中心的教学方式，形成"为了学生学而教"的学生中心的教学方式，实现教学方式的根本性变革。[①] 有学者指出，网络教学模式所要解决的核心问题主要包括：①学生个性化学习的问题；②课堂教学的互动效率问题；③学生的学习反馈问题。在当下乃至未来，学科知识的系统性和结构性等不应再是教学实践追求的目标，如何将学生能力发展这个最终目的贯穿在教学中才是教学模式改革的关键所在。[②] 可见，网络教学正在深刻

---

* 本篇与贾文军合作，原载《华东师范大学学报（教育科学版）》2020 年第 7 期。

① 邬大光.教育技术演进的回顾与思考：基于新冠肺炎疫情背景下高校在线教学的视角[J].中国高教研究，2020（4）：1-6，11.

② 赵婷婷，田贵平.网络教学到底能给我们带来什么：基于教学模式变革的历史考察[J].教育科学，2020，36（2）：9-16.

地改变着我国高校的管理方式和教学模式，其重要指向是满足大学生个性发展需求。而满足大学生个性发展需求的重要衡量指标就是大学生的学习体验。换句话说，无论教学模式如何变革，大学生的学习体验都是检验改革成效的重要指标。

综观国内外相关研究，对大学生学习体验的关注为数不少，但多集中于线下教学层面，而对大学生在线学习体验的研究尤其是基于大样本调查的研究并不多见。这与以往的教学实践未能为在线学习体验研究提供合适的土壤和机会密切相关。2020年初，突如其来的新冠疫情，迫使我国高校大规模开展在线教学，也为我们开展大范围的在线学情调查和研究提供了难得的契机。开展大学生线上学习体验调查和研究，既可以掌握此次线上教学的学习体验，也可以为未来推进"线下＋线上"的教学模式提供参照系。那么，大学生在线学习体验如何？其影响因素有哪些？本研究试图回答这些问题。

二、文献梳理与综述

(一)学习体验的内涵

学习体验从词源的性质来看，既是一种过程，也是一种结果。[①] 英国是最早开展学习体验调查的国家，2005年政府通过组织全国大学生调查机构(National Student Survey)，采用问卷调查的方式来了解学生的学习体验。[②] 而国内外关于在线教学的研究始于 E-Learning 和 MOOCs 兴起之时，研究重点多集中于 MOOCs 开展形式的探讨、课程质量的提高、教学模式转变、未来MOOCs 的发展趋势和高等教育变革等宏观层面，对大学生学习结果等微观层面的问题也有涉及，但关于大学生的学习体验与实际需求的研究却相对较少。

---

① 刘斌,张文兰,江毓君.在线课程学习体验：内涵、发展及影响因素[J].中国电化教育,2016(10):90-96.

② 喻恺,吴雪.学生体验：英国高等教育质量保障体系的新内容[J].中国高教研究,2009(5):47-49.

(二)学习体验的构成要素

在线上教学学生学习体验构成要素的相关研究中,国外较早开展研究的是美国 EDUCAUSE 分析研究中心,该机构于 2013 年通过问卷调查的形式,与 251 所高等教育机构开展合作,获得本科生对于在线教育中信息技术、使用模式和学习环境等的学习体验状况资料。[①] Alraimi K. M.等人探析了感知开放、感知荣誉、感知获得和感知趣味四个层面的学习体验对于 MOOC 持续使用意向的影响。[②] 在国内学者的研究中,研究主要集中于学习体验的定义、构成要素以及影响因素等,研究方法多采用问卷调查法或理论分析法。例如,李艳等人以线上学习平台中学生的学习日志作为研究基础,从学生的情感体验、师生交流、课程内容、课程形式、网络技术和网络质量以及网络环境等方面展开对学生学习体验的探讨。[③]

在研究学生线上学习体验构成要素时,学者多以学生为研究对象切入,贺媛婧等人将学习体验分为学习资源体验、平台设计体验、社会化交互体验、学习进度管理体验及考核方式体验等五个方面。[④] 胡新华和周月则是借鉴顾客体验理论,从感官、情感、思考、知识和关联体验五个方面对学习体验进行分析。[⑤] 吴筱萌等人则主要关注在线课程的学习效果方面,进而将学习体验划分为对于课程的主观反应、课程效果、课程满意度、课程设计等部分。[⑥]

[①] 盛开.美国 ECAR 2013 年度研究报告摘选关注在线教育的学习体验[J].中国教育网络,2014(6):33-36.

[②] ALRAIMI K M,ZO H,CIGANEK A P.Understanding the MOOCs continuance:the role of openness and reputation[J].Computers & education,2015,80:28-38.

[③] 李艳,张慕华.高校学生慕课和翻转课堂体验实证研究:基于 231 条在线学习日志分析[J].现代远程教育研究,2015(5):73-84,93.

[④] 贺媛婧,袁亚兴.基于用户学习体验的 MOOC 学习模式对比研究:以 Coursera 和 Edx 为例[J].中国信息技术教育,2015(9):122-124.

[⑤] 胡新华,周月.MOOC 冲击下高校教师的因应策略:学习体验视角[J].现代教育技术,2014,24(12):19-25.

[⑥] 吴筱萌,雍文静,代良,等.基于 Coursera 课程模式的在线课程学生体验研究[J].中国电化教育,2014(6):11-17.

(三)学习体验的影响因素

学生作为在线学习最直接的参与者和体验者,其学习体验受到来自各方面因素的影响。宿晓华研究发现影响网络课程体验的因素主要有感官、情感、增值体验、技术功能和课程内容。[①] 陈梅芬的研究则发现在线课程的视觉特征、可用性和支持服务是影响学习体验的主要因素,并且学习体验和学生的学习行为、学习动机具有相关性。[②] 张敏等人认为学习体验极大地影响着在线教学平台持续使用态度。[③] 胡靓菲的研究得出在学习体验的各方面中,课程体验最为重要,社交体验影响较小的结论。[④] Paechter M.等人对 2196 名学习者的在线体验进行研究后得出,其影响因素主要包含在线学习环境、学习资源、个体学习过程、师生及同伴互动、在线学习效果等。[⑤] Songlak Sakulwichi-tsintu 等人研究了协作学习对在线学习体验的作用,致力于设计适宜的协作学习活动以提高学生的在线体验。[⑥]

通过梳理国内外学者的研究可以发现,先行研究者对线上学习体验问题各执己见,其研究视角与内容差异较大,研究尚处于起步阶段,并未形成完整的研究体系。同时也可以看出线上教学中大学生的学习体验需要从多个维度进行评价判断,影响因素也具有复杂性,学习体验对于大学生学习、线上教学效果的影响也具有多样性。本研究旨在研究大学生在线学习体验的影响因

---

① 宿晓华.基于用户体验的网络课程设计研究[J].智库时代,2019(5):278,280.

② 陈梅芬.大规模在线课程用户体验与学习动机的关系研究[D].武汉:华中师范大学,2017:139.

③ 张敏,尹帅君,聂瑞,等.基于体验感知的中外慕课学习平台持续使用态度对比分析:以 Coursera 和中国大学 MOOC 为例[J].电化教育研究,2016,37(5):44-49.

④ 胡靓菲.MOOCs 平台课程学习体验与满意度研究[D].北京:北京邮电大学,2018:31.

⑤ PAECHTER M,MAIER B,MACHER D.Students' expectations and experiences in e-learning:their relation to learning achievements and course satisfaction[J].Computer & education,2010,54(1):222-229.

⑥ SAKULWICHITSINTU S,COLBECK D,ELLIS L,et al.Online peer learning:what influences the students' learning experience[C]//2015 IEEE 15th International Conference on Advanced Learning Technologies. IEEE,2015:205-207.

素,以期能够为广大教师乃至学校更好地开展在线教学提供一些有益的思路。

三、研究设计与方法

(一)调查程序与对象

本研究样本来自全国 334 所高校学生的问卷调查,调查时间为 2020 年 3 月 13—31 日,共获得问卷 256504 份,清洗后的有效问卷 209099 份。其中男生占 44.1%,女生占 55.9%;年级分布为大一 39.7%、大二 31%、大三 23%、大四 4.9%、大五(五年制)0.2%、研究生 0.3% 和专科生 0.9%;高校区域分布为东部 41.9%、中部 43.1%、西部 14.8% 和其他 0.3%;高校性质分布为公办学校 78.3%、民办 21.4% 和其他 0.3%;高校类型分布为研究型大学 1.7%、一般本科高校 92.4%、高职院校 5.1% 和其他院校 0.8%;专业分布为文科 50.9%、理科 13.9%、医科 4.5% 和工科 30.7%。

(二)调查工具和变量

本研究分为两个阶段。主要阶段为定量研究,采用厦门大学教师发展中心在线教学课题组编制的线上教学情况调查(学生卷),其中包括大学生个体特征的相关变量和线上主要教学模式量表、线上主要教学环节量表、线上教学效果总体评价量表。

大学生个体特征有关的类别变量包括高校区域、高校类别、学生年级、学生性别、学科类别和学生学习平台技术掌握的熟练程度,研究对类别变量进行重新编码。其中,高校区域变量中,东部=1,中部=2,西部=3,其他=4;高校类别变量中,按性质分类,公办=1,民办=2,其他=3,按类型分类,研究型大学=1,一般本科高校=2,高职=3,其他=4;学生年级变量中,大一=1,大二=2,大三=3,大四=4,大五(五年制)=5,研究生=6,专科=7;学生性别变量中,男=1,女=2;学科类别变量中,文科=1,理科=2,医科=3,工科=4;熟练程度变量中,很不熟练＝1,不熟练＝2,一般＝3,熟练＝4,很熟练＝5。

使用 SPSS 23.0 对每个量表进行探索性因子分析,通过主成分分析和最大方差法旋转后确定量表的相应因子结构。如表 1 所示,各量表的信效度水平良好。

表1　学生调查各量表的信效度水平及样题

量表	题数	克龙巴赫 α	KMO	样题
教学模式体验	6	0.681	0.742	
授课模式	4			录播是线上教学的主要教学模式,您认为教师的使用情况是:
互动模式	2			线上互动研讨(包括答疑、辅导等)是线上教学的主要教学模式,您认为教师的使用情况是:
教学环节体验	8	0.855	0.893	
授课环节	5			课堂研讨是线上教学的主要教学环节,您认为教师的使用情况是:
考核环节	2			课堂小测验是线上教学的主要教学环节,您认为教师的使用情况是:
教学体验评价	10	0.942	0.985	您对目前线上教学中课堂录播效果的评价是:

教学模式量表包括直播、录播、MOOC、文字＋音频、线上互动研讨和教师提供材料学生自学,共 6 道题目,采用李克特 5 点量表计分(1＝从不用、2＝不太经常、3＝一般、4＝频繁、5＝非常频繁)。因子一命名为"授课模式",可以采用录播、MOOC、文字＋音频和教师提供材料学生自学这四种模式。因子二命名为"互动模式",一种是线上互动研讨,另一种是在直播时互动。

教学环节量表包括课堂讲授、实验演示、课堂研讨、课堂提问、课堂小测验、布置作业、课后答疑辅导和教师提供材料学生自主学习,共 8 道题目,采用李克特 5 点量表计分(1＝从不用、2＝不太经常、3＝一般、4＝频繁、5＝非常频繁)。因子一命名为"授课环节",包括课堂讲授、实验演示、课堂研讨、课堂提问、课后答疑辅导。因子二命名为"考核环节",包括提供学习材料自主学习、课堂小测验和课后布置作业。

教学效果总体评价量表包括课堂直播效果、课堂录播效果、文字音频效果、与教师课内外交流互动、课程配套电子教学资源、网络提交作业、教师反馈作业、同学间互助讨论、使用网络各种学习工具和对线上教学总体评价,共 10 道题目,采用李克特 5 点量表计分(1＝非常不好、2＝不好、3＝一般、4＝好、5 ＝非常好)。

辅助阶段为质性研究,主要是通过口头谈话的方式从被研究者那里收集到第一手资料。[①] 为了对定量分析结果进行补充、验证和扩展,笔者根据第一阶段问卷的发放和回收情况,以及问卷的初步分析与整理情况,本着适切性原则和便捷性原则,以目的性抽样的方式选取了 10 位参与过问卷调查的大学生作为研究对象,抽样过程考虑到了学科、年级、性别以及地域等影响因素,他们分享了关于在线学习的直观体验、亲身感受和主观看法。访谈采用半结构化访谈的形式以及扎根理论的方法进行资料收集与质性转录,以便能够追根溯源、有的放矢。为了更加方便地整理质性资料和更加清晰地展示分析结果,笔者依据访谈时间的先后顺序,用"S(Student 单词的英文首字母)＋阿拉伯数字"进行了编码。

(三)数据分析思路

首先,对数据进行描述性统计,分析在线学习体验的总体情况;其次,通过单因素方差分析,以学生的个体特征变量(性别、不同学科、不同年级、不同区域高校、不同类型高校、不同性质高校、教学平台使用熟悉度)为自变量,以在线学习体验为因变量,分析不同背景因素对在线教学体验的影响,然后根据因子分析得到的 4 个因子(授课模式、互动模式、授课环节、考核环节)与在线学习体验效果评价,共 5 个变量进行聚类分析,对目前在线学习大学生的类型进行画像分析;再次,以在线学习体验为因变量,大学生的个体特征变量和各在线学习体验变量(课堂直播效果、课堂录播效果、师生互动、作业提交等)为自变量,采用逐步添加新变量的多元线性回归模型,探讨各自变量对在线学习体

---

① 陈向明.质的研究方法与社会科学研究[M].北京:教育科学出版社,2000:165.

验的影响程度,从而确定影响因素;最后,结合质性访谈资料进行结论的丰富和补充,使得得出的结论更加具有说服力和可靠性。

四、大学生在线学习体验描述性分析和影响因素分析

(一)在线学习体验情况的描述性统计分析

表2总结了各变量的描述性统计,针对线上学习体验,大学生的平均得分为3.61分,高于理论中值3分,说明大学生对线上学习体验评价中等偏上;在线上授课模式、互动模式、授课环节和考核环节四个因子上的评价得分分别为3.36分、3.68分、3.74分和3.54分,也均高于理论中值3分,说明大学生在线上学习的过程中教师在这四个方面都比较注重。

表2 不同背景因素在各量表得分对比

项目		M(SD)				
		授课模式	互动模式	授课环节	考核环节	在线学习体验
性别	男	3.38(0.71)	3.65(0.72)	3.53(0.70)	3.70(0.67)	3.59(0.91)
	女	3.34(0.65)	3.70(0.67)	3.54(0.61)	3.77(0.61)	3.62(0.81)
学科	文科	3.36(0.67)	3.70(0.69)	3.57(0.64)	3.74(0.64)	3.62(0.84)
	理科	3.34(0.68)	3.66(0.68)	3.51(0.65)	3.71(0.64)	3.59(0.86)
	医科	3.49(0.66)	3.61(0.68)	3.50(0.64)	3.84(0.64)	3.59(0.85)
	工科	3.35(0.69)	3.66(0.71)	3.52(0.68)	3.74(0.65)	3.60(0.86)
年级	大一	3.39(0.67)	3.69(0.68)	3.54(0.65)	3.76(0.63)	3.61(0.85)
	大二	3.35(0.68)	3.69(0.69)	3.53(0.65)	3.76(0.63)	3.57(0.86)
	大三	3.32(0.70)	3.68(0.71)	3.56(0.66)	3.73(0.65)	3.62(0.86)
	大四	3.42(0.69)	3.52(0.74)	3.54(0.70)	3.60(0.69)	3.75(0.83)
	大五	3.48(0.71)	3.55(0.75)	3.52(0.73)	3.62(0.74)	3.71(0.86)
	研究生	3.28(0.78)	3.77(0.75)	3.62(0.68)	3.71(0.68)	3.80(0.86)
	专科	3.36(0.68)	3.68(0.69)	3.54(0.65)	3.74(0.64)	3.61(0.86)

续表

项目		M（SD）				
		授课模式	互动模式	授课环节	考核环节	在线学习体验
区域	东部	3.32(0.70)	3.69(0.70)	3.54(0.65)	3.72(0.64)	3.64(0.85)
	中部	3.42(0.66)	3.65(0.69)	3.54(0.63)	3.79(0.64)	3.61(0.86)
	西部	3.28(0.67)	3.73(0.68)	3.54(0.63)	3.68(0.63)	3.54(0.85)
	其他	3.40(0.81)	3.69(0.80)	3.58(0.78)	3.72(0.77)	3.57(0.94)
高校类型	研究型大学	3.10(0.75)	3.81(0.70)	3.52(0.64)	3.70(0.61)	3.68(0.84)
	一般本科	3.36(0.68)	3.68(0.69)	3.54(0.65)	3.74(0.64)	3.61(0.86)
	高职	3.41(0.68)	3.66(0.67)	3.52(0.65)	3.68(0.66)	3.52(0.86)
	其他	3.49(0.76)	3.91(0.72)	3.79(0.71)	3.86(0.70)	3.92(0.85)
高校性质	公办	3.35(0.67)	3.67(0.69)	3.52(0.65)	3.74(0.63)	3.60(0.85)
	民办	4.14(0.63)	3.86(0.70)	3.89(0.68)	3.66(1.08)	4.05(0.74)
	其他	3.41(0.80)	3.70(0.79)	3.60(0.75)	3.73(0.77)	3.58(0.93)
教学平台熟练度	很不熟练	3.10(1.05)	3.04(1.13)	2.92(1.06)	3.41(1.07)	2.17(1.24)
	不熟练	3.09(0.69)	3.21(0.78)	3.07(0.65)	3.48(0.70)	2.75(0.95)
	一般	3.18(0.55)	3.40(0.61)	3.27(0.53)	3.23(0.58)	3.26(0.75)
	熟练	3.78(0.63)	3.75(0.60)	3.60(0.56)	3.79(0.56)	3.72(0.73)
	很熟练	3.77(0.86)	4.19(0.72)	4.08(0.74)	4.17(0.70)	4.27(0.84)
全样本		3.36(0.68)	3.68(0.69)	3.74(0.64)	3.53(0.65)	3.61(0.86)

（二）大学生背景因素的差异性分析

将大学生个体的特征变量作为因子，授课模式、互动模式、授课环节、考核环节和在线学习体验作为因变量进行单因素方差分析，得到的 F 与 p 值如表 3 所示。

由表 2 和表 3 可见，大学生的授课模式体验在性别上有差异，男生比女生更易接受频率较高的授课模式更换；在学科类别上有显著差异，授课方式的更换频率医科＞文科＞工科＞理科；在年级上存在显著差异，毕业班的更换频率高于其他阶段的学生；在不同区域的高校也存在差异性，中部和其他地区的授课方式较为多样化；高职和其他类型的学校、民办的高校更注重授课模式的多样化;大学生对教学平台的使用熟练度越高,授课模式更换频率越高。

大学生的互动模式体验在性别上有差异,女生比男生更倾向接受高频的课堂互动;在学科类别上有显著差异,授课中互动频率医科>文科>工科>理科;在年级上存在差异性,处于研究生阶段的学生互动频率最高,大一、大二和专科学生次之,毕业班学生最低;在不同区域的高校也存在差异性,西部高校学生的互动频率最高,东部次之,中部最低;研究型大学和其他类型的互动频率高;民办高校课堂互动频率高于公办高校;大学生对教学平台的使用熟练度越高,互动频率越高。

表3　大学生背景因素的差异性分析

项目	F/p				
	授课模式	互动模式	授课环节	考核环节	在线学习体验
性别	154.38***	235.89***	9.62*	602.37***	90.81***
学科	129.54***	83.00***	132.46***	94.64***	11.52***
年级	72.83***	105.8***	11.76***	115.87***	79.65***
区域	72.829***	92.83***	2.88*	288.80***	99.99***
高校类型	207.00***	110.55***	90.01***	55.55***	122.31***
高校性质	24.82***	136.33***	358.04***	16.11***	24.04***
教学平台熟练度	59.374***	104.419***	83.047***	60.432***	65.440***

注:* 表示 $p<0.05$;** 表示 $p<0.01$;*** 表示 $p<0.001$。

大学生的授课环节体验在性别上差异不明显;在学科类别上有显著差异,授课环节设计的灵活度顺序为文科>工科>理科>医科;在年级上存在显著差异,授课环节设计的灵活度在研究生阶段最高,其次是大三阶段,其他阶段相当;在不同区域的高校差异不明显;其他类型的学校,民办的高校更注重授课环节的设计;大学生对教学平台的使用熟练度越高,授课环节的设计可以越丰富。

大学生的考核环节体验在性别上存在差异性,女生比男生接受的考核环节更多;在学科类别上有显著差异,医科学生的考核频率最高,其次是文科和工科,理科最低;在年级上存在显著差异,考核频率的排序为大一=大二>专科>研究生>大三>毕业班;在不同区域的高校也存在差异性,中部的高校最注重考核,东部和其他次之,西部最低;一般本科院校、公办和其他类型高校更注重考核环节的设置;学生对教学平台的使用熟练度较高时,考核环节设置频率也较高,熟练度一般时,考核环节频率最低。

大学生的线上学习体验在性别方面存在差异性,女生在线上学习的得分略高于男生;在学科方面有差异,文科学生的体验最好,工科次之,理科和医科最差;在年级方面有显著差异,处于研究生阶段的学生体验最好,其次是毕业班学生、大三学生、大一和专科类学生,最低的是处于大二阶段的学生;对不同区域的高校,东部学生的体验最好,西部学生的体验最差;对于不同类型的高校,研究型大学和其他类型高校学生的体验最好,一般本科院校学生的体验次之,高职院校学生的体验最差;对于不同性质的高校,民办高校学生的体验好于公办高校学生;学生对教学平台使用的熟练度越高,在线学习体验就越好。

(三)大学生在线学习体验类型的聚类分析

将授课模式、互动模式、授课环节、考核环节和大学生在线学习体验进行K-means快速聚类为3类学生后,并对5个变量进行个案数和平均值的统计,得到表4的均值特征表,我们先定义了各均值的含义,把明显低于总体均值项定义为差,介于总体均值±10%区间项定义为一般,高于总体均值10%以上为好,然后根据分类结果关联每类学生的背景特征来分析每一类学生的画像。

表4　3类大学生聚类均值特征表

分类(个案数)	授课模式	互动模式	授课环节	考核环节	在线学习体验
1(40775)	3.41	3.66	3.38	3.87	2.64
2(80897)	2.94	3.16	3.05	3.22	3.35
3(1291)	3.72	4.17	4.06	4.16	4.29
总计(209099)	3.36	3.68	3.54	3.74	3.61

第一类大学生的在线学习体验差,教学模式、互动模式、授课环节和考核环节体验差,其中考核环节过于频繁。这类学生中女性高于男性,医科和理科学生比例高于其他两类学生,本科生占比高,其中大一学生占比最高,大多数

来自中部和西部的公办一般本科院校,对教学平台的使用熟练度低。

第二类大学生的在线学习体验一般,尽管教学模式、互动模式、授课环节和考核环节低于总体均值,但是授课环节和考核环节频率相当。这类学生中女性略高于男性,文科生和工科生比例高,工科生占比是三类学生中最高的,本科生为主体,大一占比最高,大多数来自东部和中部的公办一般本科院校,对教学平台的使用熟练度较高。

第三类大学生的在线学习体验好,教学模式、互动模式、授课环节和考核环节均高于总体均值。这类学生中女性高于男性,文科生和工科生比例高,本科生依旧是主体且大一学生比例最高,大多数来自东部和中部的一般本科院校,民办的比例高于其他两类,对教学平台的使用熟练度很高。

(四)大学生在线学习体验的多元线性回归分析

表5为大学生在线学习体验的影响因素分析模型。模型1和2展示了大学生的背景因素对学习体验的影响机制。模型1仅包含大学生的基本个体特征变量的模型,模型的可解释方差为0.3%;模型2纳入了"各种教学平台使用熟练度"变量,模型的可解释方差达到了20.1%,其中熟练度的影响力最大(β=0.500),高于其他个体特征变量,说明了学生对平台使用的熟练度是所有个体特征中影响力最大的一个变量。从模型3开始纳入学生各种在线学习体验的变量,但模型3仅添加了"使用网上各种学习工具"的变量,该模型的可解释方差达到了64.3%,比模型2提高了43.9%,且新加入的变量影响力最大(β=0.781),说明教师在在线教学过程中是否能够熟练地使用各种教学工具对学生学习体验的影响最大;模型4添加了"课堂直播效果""课堂录播效果""文字音频效果"的变量,方差解释度提高了10%,其中"使用网上各种学习工具"的影响力(β=0.400)最大,"课堂直播效果"的影响力(β=0.274)次之,说明在线教学时教师的直播授课效果较录播和文字加音频的方式更能影响学生的在线体验;模型5中进一步添加了"师生课内外互动""同学间互助讨论""课程配套资源"的变量,方差解释度提高了0.7%,其中"使用网上各种学习工具"的影响力(β=0.338)仍然最大,"课堂直播效果"的影响力(β=0.252)次之,但在新增

的变量中"同学间互助讨论"的影响力（β＝0.114）高于"师生课内外互动"和"课程配套资源"，说明同学间的讨论可以提高大学生的在线学习体验满意度；模型6中添加了"网络提交作业""教师反馈作业"的变量，方差解释度提高了0.5％，其中"使用网上各种学习工具"的影响力（β＝0.308）仍然最大，"课堂直播效果"的影响力（β＝0.238）次之，"网络提交作业"的影响力大于"教师反馈作业"，说明大学生对在网络提交作业的高效性是认可的。

表5　大学生在线学习体验的影响因素分析

控制变量	模型1	模型2	模型3	模型4	模型5	模型6
性别	0.036***	0.048***	0.008*	0.004 (0.063)	0.003 (0.111)	0.000 (0.879)
年级	0.015***	0.006***	0.003*	0.004***	0.004***	0.004***
学校地区	−0.049***	−0.016***	−0.009***	−0.005***	−0.007***	−0.005***
学校性质	−0.008 (0.214)	0.026***	0.019***	0.008*	0.001 (0.762)	0.003 (0.284)
学校类别	0.042***	0.022***	0.020***	0.011***	0.005 (0.018)	0.013***
学科	−0.001 (0.681)	−0.007***	−0.005***	−0.001 (0.311)	0.000 (0.587)	0.000 (0.615)
各种教学平台使用熟练度		0.500***	0.113***	0.023***	0.017***	0.011***
使用网上各种学习工具			0.781***	0.400***	0.338***	0.308***
课堂直播效果				0.274***	0.252***	0.238***
课堂录播效果				0.097***	0.081***	0.073***
文字音频效果				0.090***	0.065***	0.056***
师生课内外互动					0.070***	0.050***
同学间互助讨论					0.114***	0.092***
课程配套资源					0.080***	0.055***
网络提交作业						0.095***
教师反馈作业						0.049***

续表

控制变量	模型1	模型2	模型3	模型4	模型5	模型6
R2	0.003	0.204	0.643	0.743	0.750	0.755
调整后R2	0.003	0.204	0.643	0.743	0.750	0.755
ΔR2	0.003	0.201	0.439	0.100	0.007	0.005
F值	91.429***	7595.56***	46791.1***	500032.34***	44577.82***	39964.88***

注：* 表示 $p < 0.05$；** 表示 $p < 0.01$；*** 表示 $p < 0.001$。

（五）大学生在线学习体验的词频分析

笔者利用 NVivo 软件对访谈的 10 个转录文本稿进行词频分析，最小分词设置为 2 字词，去掉部分停用词后，得到词频数排在前 100 的词语，并制作出高频词的社会网络关系图，如图 1 所示。

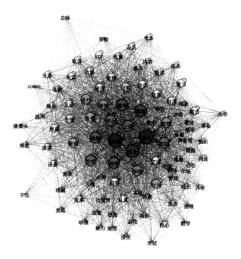

图 1　访谈转录稿高频词的社会网络关系图

由图 1 可知，样本访谈文本转录稿的高频词依次为（按照频率由高到低排序）：学习（279）、老师（252）、在线（106）、教学（98）、课程（98）、学生（89）、平台（76）、疫情（71）、学校（66）、上课（59）。根据高频词的呈现情况可以看出，大学生普遍关注的疫情期间在线学习情况为课程情况和平台使用情况，并且非常注重学习的效果和老师在教学过程中的知识传授。

五、结论与建议

(一)结论与讨论

通过以上分析,本文主要获得了以下三个方面的研究结论:

结论1:大学生个体特征对在线学习体验的影响。从区域类型来看,东(M=3.64)、中(M=3.61)、西部(M=3.54)区域高校之间学生线上学习体验存在差异性;从高校类型来看,研究型大学(M=3.68)、一般本科院校(M=3.61)和高职院校(M=3.52)之间学生线上学习体验存在差异性;从高校性质来看,民办高校(M=4.05)与公办高校(M=3.60)之间学生在线学习体验差异显著;从年级来看,大二学生(M=3.57)体验较差,且大大低于其他年级,大四(M=3.75)学生体验较好。

在访谈过程中,两位受访大学生提出了自己关于地域和网络差异的看法:

有一些同学由于家庭所在地域原因,网络信号不是特别好,但为了线上学习,不怕辛苦地寻找信号比较好的地方,弓着背打着灯光学习,看起来挺心酸的,所以说线上学习还有待普及。(S4)

有些同学所在地区网络条件不好,或者家庭条件不是特别好、设备不全,这就会带来一些困扰,因为我记得我们当时期中考试,老师说必须有两台设备,一台设备要开摄像头,全程要把自己的手录进去,然后用另一台设备获取题目。有的同学可能家庭条件不好,只有一部手机而没有电脑,这种情况就可能比较难以完成。(S6)

从性别来看,女生(M=3.62)相对男生(M=3.59)在在线学习体验方面更容易得到满足;从学科来看,文科(M=3.62)学生体验略好于理(M=3.59)工(M=3.60)医(M=3.59)科学生;从熟悉程度来看,对网络教学平台越熟悉,自身的体验就越好。

一位理科研究生同学表述了他在在线学习体验过程中的不适：

文科，如果老师只打 PPT 或者只说话的话，或只靠文字的话，我觉得可能线上线下没有太大的区别。但是对于数学来说，一个题目你搞不懂，有一个地方你不会，你又没有问到老师，那下节课就可能听不懂了。（数学）有很多很多板书，就是一黑板一黑板的板书，所以有的老师在不熟悉的情况下，就写得很慢。这样课程内容就会缩水，而且还没讲得很清楚。很多老师讲习惯了，讲了这么多年，一段时间改不过来。（S9）

针对熟悉程度来看，也有同学提出了自身对网络较为熟悉，在线学习体验就较好的观点：

（开展在线教学过程中）优势的话就是我自己本来玩电子设备的时间比较长，很多不管是课上或者课下的这些作业都会，自己运用起来觉得很简单、很便利。（S2）这个挺简单的，处理 word、处理文档、处理分享或者什么的，对我来说都挺简单的，这应该算是优势吧。（S9）

结论 2：教学模式、互动模式、授课环节和考核环节对大学生在线学习体验的影响。聚类分析显示，这四个变量的不同，直接关系着大学生在线学习体验的好坏。授课模式（M＝3.72）和互动模式（M＝4.17）越灵活，以及授课环节（M＝3.54）和考核环节（M＝4.16）设置得越合理，大学生在线学习体验（M＝4.29）就越好。以上结果可能从侧面显示了目前线上教育资源和教育投入的不平衡问题，以及线上教学模式多样性和教学平台统一性的不一致问题。

其中，大学生的在线学习体验受考核环节的影响最大。该环节包括提供学习材料自主学习、课堂小测验和课后布置作业，教师在进行在线教学的过程中，对考核环节的设计尤为重要，既要起到检验教学效果的作用，又不能过于频繁。

在访谈中，有学生提出了对课程考核和评价的疑虑：

我们每一门课程都会有考核，包括平时成绩和期末考试成绩，变成了线上教学后，考核项目会变多，或者说作业变多了。除此之外，由于平台有很多形式，很复杂，使得一些评分细则也变得很复杂，让大家比较难以把握。再就是等返校之后继续去开展这个课程的话，我们的分数具体怎么去计算，这也是一

个大家比较困惑的点。(S2)

其次是互动模式对学习体验的影响,即教师以何种授课模式上课会影响学生的学习体验。调查表明,互动性越强(M=4.17)的教学模式,学生在线学习体验(M=4.29)越好。

在访谈中,学生对于教学平台使用情况方面的回答,存在两种声音。下面几位学生的观点非常具有代表性:

课堂参与度会不同,同学们的课堂参与度在线下会更高一点,在线上学习就不是很好。(S4)我觉得线下学习会比较好讨论。因为很多同学本来线下就不好意思举手,线上就更不好意思开麦了,就没有人问什么问题。(S9)现在因为疫情,咱们上课也不是特别方便,师生互动就会减少,在家学习有时候感觉上着课就听不进去东西,就会有一些走神。(S8)

因为没有面对面,所以可能因为看不到老师,就会比较敢于发言一些;另外大家也会在聊天区发表看法,我觉得这个还蛮有意思的。(S5)每次课前老师都会提前开直播,等我们进去,课中也会对我们进行提问,跟我们互动。钉钉有一个帮大家回答问题或者提问的设置,就是通过互动框来进行。我们和老师的互动也蛮多,很接地气。并且老师会开摄像头,就会让大家觉得一是老师很真诚,二是自己注意力也会更集中一些。(S7)

授课环节(M=3.54)的影响力低于考核环节(M=3.74)和互动模式(M=3.68),教师在课堂讲授时需要清晰合理地讲授知识内容,在课前做好有效的教学设计和计划,在课后积极地进行教学研讨与反思。实验演示对理工医科更为重要,学生在课堂的体验会直接影响他们对知识的掌握;课堂研讨和提问及课后答疑辅导的设计是为课堂上更好地互动做准备。

从访谈内容来看,学生对于授课环节的体验呈现褒贬不一的现象,这一方面取决于课程类型的不同,另一方面也取决于教师教学设计的精心程度和网络使用的熟练程度:

举个例子,我们英语课本来是每个人都要到讲台演讲的,但现在视频方式演讲的话就没有讲台的那种效果。而且有时候网络卡顿也不那么流畅,后来就变成学生自己录音上传,就更达不到原来演讲的效果了。(S6)主要是因为没有器材,比如说我们的单片机实验,在家就没有办法实现,像别的专业应该也会有类似问题。人文社科会好一点,而理工科会有这个问题。毕业班同学的毕业设计受疫情影响,没办法做实验,没有数据挺难受的。(S7)

结论3:熟练程度、教学模式、作业提交对大学生在线学习体验的交互影响。多模型多元线性回归分析显示,相比于其他个体特征,大学生的在线学习体验受到平台使用熟练程度($\beta=0.500,\beta=0.113,\beta=0.023,\beta=0.017,\beta=0.011$)的影响最大,并且教师在在线教学过程中能够熟练地使用各种教学工具对大学生学习体验($\beta=0.781,\beta=0.400,\beta=0.338,\beta=0.308$)的影响最大。在线教学的过程中,大学生对课程平台使用的熟练程度尤为重要,在进行课堂讲授时,不仅需要教师准确熟练地运用教学平台和工具开展授课,同时也需要学生敏锐及时地给予反馈,当然其中还涉及平台服务和网络支撑的问题,平台服务和网络支撑是提高学生平台使用熟练度的重要前提条件,而地区差异、学科差异和高校类别差异等都造成了不同群体线上学习体验的鸿沟,即学生之间平台使用熟练程度的鸿沟和教师之间教学工具使用熟练程度的鸿沟。

一位学生这样描述了教师在使用教学工具熟练程度方面的问题:

老师刚开始第一节课的时候会去问,你们看得到吗?你们听得到吗?有没有卡?就一直在问,问了几分钟还一直在问。其实一直都挺顺畅,但是老师就非常担心出现状况。几次之后老师习惯了,就没怎么问了。(S1)老师一开始就是使用各种平台,非常不熟练,我们就在下面发信息告诉他怎么用,慢慢就熟悉了,效率就提高了。(S8)

在线教学中采用直播的教学模式($\beta=0.274,\beta=0.252,\beta=0.238$),和同学间互助讨论($\beta=0.114,\beta=0.092$),能在更大程度上提高大学生在线学习体验。在线上教学过程中,课堂囿于时空的障碍而被分割成分散的教学单元,因而,教师和学生,以及学生群体之间的屏障由此产生,因此师生互动和生生互动受到阻碍,相比于录播或文字加音频,直播和讨论都是互动性较强的教学模式,能够最大程度地减少互动中的壁垒和障碍,学生参与感提高,线上学习体验随之提升。

受访的大学生对平台满意度的描述和对同辈交流的描述也体现了上述结论：

腾讯课堂没有互动，就是一个单向的讲课。中国大学慕课它是一个录播的形式，网络教学平台也是老师自己录好的视频。腾讯会议可能是最好的一个……老师和学生互动的时候更加方便，因为可以直接开麦。如果是用钉钉直播的话，可能会需要老师喊半天学生，然后学生申请连线等。(S2)因为直播是老师用画笔在上面讲解，老师会边讲边在知识点上做备注，同学们也可以在老师讲解的屏幕上添加自己的备注。如果我不懂，我就在他讲的这个题上画个圈，打个问号，老师就知道我这里没弄懂，他就会再讲一遍。这种反馈是非常及时的。(S10)

印象比较深的事情，是我在大学英语课上和小伙伴一起准备报告。因为我们几个人线下都没见过面，就组成了一个小组。这种感觉就很奇妙。仅仅是通过网络，我们就建立起了这样互信的感情，和一些所谓的同院的陌生人，一起在网络上成为朋友，一起完成了老师布置的任务。(S8)谈到缺点，我觉得还是少了一些课堂的氛围。隔着屏幕，就少了那么一点点和老师、同学在一起的感觉。我可能会更习惯这十几年来保持的传统的学习方式。身边有同学，讲台上有老师这样的。(S7)

网络虽然对课堂的物理空间进行了分割，但便捷的操作和有速度的传输为学生提交作业($\beta=0.095$)、教师反馈作业($\beta=0.049$)的及时性提供了可能，这种便捷在一定程度上超越了线下教学，师生之间通过点对点的传输，有效地提高了学习和工作效率。正如一位学生分享的在线学习体验：

我觉得很方便的就是，老师线上上课是用他自己的电脑，在讲课过程中，老师有时会突然想起他有某个很好的案例，就直接从自己电脑上导出文件、病例、处方给我们看了。如果是在教室，可能就没这个条件……总之，线上教学文件、案例分享就很方便。(S3)

与此同时，以下的情况值得我们留意和进一步讨论。从现有的在线学习情况来看，目前还只是在线学习的狭义阶段，即在线课堂。在广义的概念之下，在线学习应是未来的一种教育趋势和教育模式，教师主动提供有效学习材料,学生全身心投入自学反思,外部硬件保障和内部教学动力双管齐下,在师生共同体的相互作用下,学生学有所获,教师学有所教,二者形成良性互动,最终在保障教育质量的前提下实现教学相长。目前疫情期间掀起的大规模在线学习热潮仍然停留于应急状态,要真正实现全方位、立体化的线上教育模式,恐怕还有较长的一段路要走,这不仅涉及外部硬件设施、教师和学生群体,更需要在制度设计和宏观规划方面下足苦功。

(二)改善建议

基于以上研究结论,结合与大学生线上学习密切相关的三大主体,提出以下三点改善建议:

1.完善课程平台建设,加强线上学习技术保障

这一点是针对学校层面的网络技术中心和教务管理部门而言的。平台使用种类繁多,课程信息相对分散,线上教学技术和水平的缺位,是影响大学生在线学习体验的客观性因素。平台建设和网络设施建设是保障线上学习的首要条件之一。从教学平台数量来看,由《疫情期间高校教师线上教学调查报告》[①]可知,教师目前使用教学平台数量非常多,涉及范围非常广,呈分散状态。从区域和高校类来看,不同区域、不同类别高校大学生之间对于线上学习体验存在差异性。从大学生对教学模式的评价来看,学生评价较高的教学模式多集中在作业提交和反馈、使用学习工具等较为浅显的层次。完善课程平台建设,不仅要规范线上教学平台使用,减少教师平台使用的随意性和盲目性,缓解区域和高校类别带来的教育资源不公平现象,并且要打通学生课程平台和学习通道,减少使用诸多平台所带来的"软件绑架",还要加强师生互动路径的思考与设计,为师生、生生互动教学创造更多机会,[②]提升学生的线上学习体验。

---

① 厦门大学教师发展中心.疫情期间高校教师线上教学调查报告[EB/OL].(2020-04-07)[2020-05-30].https://mp.weixin.qq.com/s/oxqPcHxL01MaUBN9CTH-Nug.

② 刘振天.一次成功的冲浪:应急性在线教学启思[J].中国高教研究,2020(4):7-11.

2.回归"以本为本"理念,夯实自身信息技术素养

这一点是针对教师而言的。教师复制性地将传统课堂搬到线上,惯性地秉持传统的教学观念和教学设计,是影响大学生在线学习体验的主导性因素。教师是线上教学的主体之一,教师教学平台的选择和使用,教学理念的更新和进步,以及教育技术的水平和素养都直接关系着学生对线上学习体验的好坏。从教学模式来看,学生对于互动性较强的直播和线上互动研讨等教学模式更为满意,而对于录播、MOOC 等单一的、以教师输出为主的教学模式体验较差。教师在线上教学过程中,应当结合课程重新设计教学目标,不仅要能掌握一定的技术技能,更重要的是致力于为学生设计合理的学习方式,提供差异化的学习支持和帮助,引导师生和生生互动,激励学生完成课后的作业。[①] 因此,教师要主动提升自身的信息技术素养,提高网络教学设备使用的熟练程度,积极融入线上教学改革大趋势;要践行"以学生为中心"理念,结合所在学科和课程性质,注重采用探究式在线教学模式,鼓励学生主动学习、深度参与,实现教学内容与形式相统一;要加强师生互动和交流,充分利用网络的便捷性与及时性对学生的学习情况进行及时评价与反馈,从而有效激发学生学习兴趣,提升在线教学效果。

3.改变传统学习方式,注重养成良好学习习惯

这一点是针对大学生群体而言的。相当一部分大学生线上学习自制力比较差,良好学习习惯尚未养成,这是影响大学生在线学习体验的决定性因素。疫情驱动下的教学"革命",给大学生的学习带来了更多的机遇与挑战。线上学习平台的增加,线上学习内容的丰富,以及线上学习形式的多样化,意味着大学生在进行自主学习时有了更多的自主选择空间,学生们可以依据自身兴趣和专长选择适合自己的学习内容,但如何提高辨别能力,提升自主学习能力,便是大学生们面临的主要问题。大学生应当提高辨别能力,选择优质课程资源作为学习材料,努力拓宽知识面、提高综合素质;应当改变被动式听课的

---

① 翁朱华.在线辅导:在线教学的关键:访在线教学领域知名学者吉利·西蒙博士[J].开放教育研究,2012,18(6):4-8.

学习惯性,主动适应线上学习要求,积极加入课堂互动;应当注重养成良好的学习习惯,加强线下自学自省,带着疑问走进线上课堂,培育勤于思考和敢于质疑的精神,做线上课堂的主人。高校更应该开设相关课程培养学生的自主学习能力,引导学生制定人生方向和学习规划,设立学习目标,传授自主学习方法,加强学生的自律和自我激励。①

---

① 陈武元,曹荭蕾."双一流"高校在线教学的实施现状与思考[J].教育科学,2020,36(2):24-30.

大学生在线学习体验：
影响因素与改进策略 *

一、引言

  网络教学正在深刻地改变着我国高校的管理方式和教学模式,其重要指向是满足大学生个性发展需求。而衡量大学生个性发展需求满足程度的一个重要指标是大学生的学习体验。从国内外已有的研究成果来看,对大学生学习体验的研究关注较多,且集中在线下教学层面,而对大学生在线学习体验的研究尤其是基于大样本的调查研究并不多见。这与以往的教学实践未能为在线学习体验研究提供合适的土壤和机会有密切关系。2020 年初,突如其来的新冠疫情迫使我国高校大规模开展在线教学,也为我们开展大范围的在线学情调查和研究提供了难得的契机。① 目前国内有多所高校开展了线上教学情况调查,研究成果也呈"井喷"之势,但这些成果主要是基于结构化数据进行研究。全国高校质量保障机构联盟(CIQA)和厦门大学教师发展中心联合开展的线上教学情况调查(学生卷)中设置了开放性问题并收集到大量的文本数据,为了充分利用这次"难得的机遇",本研究尝试对这些非结构性数据进行深入的文本挖掘。虽然文本挖掘是自然科学领域的研究方法,但在教育研究领

＊ 本篇与贾文军、黄玉珍合作,原载《高等教育研究》2021 年第 3 期。

① 陈武元,贾文军.大学生在线学习体验的影响因素探究[J].华东师范大学学报(教育科学版),2020(7):42-53.

域也有所建树，可以解决定量分析难以解决的问题或是对量化分析加以补充和印证，如利用学生的评论来预测学生的成绩，[1]根据社交媒体上的发言内容自动识别存在特定问题的学生，[2]采集学生在学习过程中产生的关于教学和课程的文本数据，通过主题抽取和情感分类，对定性文本进行量化分析等。[3]因此，本研究通过深入挖掘文本中的信息，力图从大学生的视角查找目前线上教学存在的不足，并提出相应的改进建议，为后疫情时代推进"线上＋线下"的混合式教学模式提供参考。

二、文献综述

（一）学习体验

20 世纪 50 年代后，各国的高等教育先后进入大众化乃至普及化阶段，伴随着高等教育规模扩张，其质量问题备受关注。1952 年罗杰斯（C.R.Rogers）提出了"以学生为中心"的理念，从此关注教学质量与学生体验的研究越来越多，一些国家开发了以学生为中心聚焦教学过程和产出的教学质量调查工具，如澳大利亚的大学课程体验调查（Course Experience Questionnaire，CEQ）、全美大学生参与度调查（National Study of School Evaluation，NSSE）、全英大学生调查（National Student Survey，NSS）等。有学者从哲学意义的角度认知

① WONG G，LI S.Academic performance prediction using chance discovery from online discussion forums C//Proceedings of the IEEE 40th Annual Computer Software and Applications Conference(COMPSAC).Atlanta，GA，USA，2016：706-711.
② CHEN X，VORVOREANU M，MADHAVAN K.Mining social media data for under-standing students' learning experiences[J].Transactions on learning technologies，2014，7(3)：246-259.
③ KOUFAKOU A，GOSSELIN J，Guo D.Using data mining to extract knowledge from student evaluation comments in undergraduate courses[C]//2016 International Joint Conference on Neural Networks，2016：3138-3142.

学习体验,认为它取决于学习者及其学习环境中各种外界条件的相互作用。[①]
有学者从体验发生的角度认知学习体验,认为它是指学习者在学习过程中获
得的认识和情感;从体验内容的角度来认知学习体验,认为它是学习者对学习
环境、学习活动和学习支持服务等学习过程涉及的各种要素的感知、反馈和收
获。[②] 综上,我们认为,学习体验是学习者在一定环境下开展学习活动过程中
对各种外界要素的反馈和感知。

为提高教学质量,欧美等发达国家以学生的发展理论和学习理论为依据,
实施了大规模的学生学习体验调查。NSSE 侧重的是学生对学习以及各种学
习活动的投入和参与的程度,CEQ 则以 3P 模型(presage-process-product,即
"预知—过程—结果")为理论基础,从学生对学习情境的体验来预测学习成
果,从而为改进人才培养方案提供方向。NSS 在 CEQ 量表的基础上又增加
了课程教学、学习机会、评估与反馈、学术支持、组织管理、学习资源、学习社
区、学生建议、总体满意度九项指标。[③] 2009 年清华大学将 NSSE 引进国内并
推出 NSSE-China 版本,大学生学习体验的评价模式得到越来越多国内学者
的重视。

关于学习体验评价的研究主要聚焦在两个领域:一是研究学生的学习体
验行为与教学活动的一致性问题;二是研究学生自我报告的准确性问题。马
什(H.Marsh)等人认为,以不同院系学生的学习体验来评价教学质量不太合
理,因为学生不可能同时体验几个院系的教学情况。[④] 因此,我们需要对不同
学科、类型、层次和院系的课程设计不同的指标和问题,制订个性化的评价方

---

① 李英.体验:一种教育学的话语:初探教育学的体验范畴[J].教育理论与实践,2001,21
(12):1-5.

② 拉尔夫·泰勒.课程与教学的基本原理[M].罗康,张阅,译.北京:中国轻工业出版社,
2014:65-66.

③ 王小青,王九民.中国大学生学业成就评估研究:二十年的回顾(1998—2017 年)[J].苏
州大学学报:教学科学版,2018,6(3):62-73.

④ MARSH H W,GINNS P,MORIN A J S,et al.Use of student ratings to benchmark u-
niversities:multilevel modeling of responses to the Australian course experience ques-
tionnaire(CEQ)[J].Journal of educational psychology,2011(3):733-748.

案。费尔德曼(K.Feldman)等人指出,调查的样本数达到一定临界值(20 或 20 以上)时,学生评价的可靠性是可信的。^① 沙(M.Shah)等人强调将质性评估与量化分析相结合,因为结构性数据提供的信息是有限的,所以应通过文字的反馈来深入了解学生的心声。^②

(二)在线学习体验

以慕课为代表的网络在线开放课程,自 2013 年以来在我国高校掀起了一股热潮,高校慕课的数量急剧增加,并使学习人数在短时间内达到世界最大规模。与此同时,网络在线课程问题也引发了学者们的关注和思考,在线学习体验研究成为学习体验研究的子领域。哈利勒(H.Khalil)等人认为,虽然慕课促进了在线学习的发展,但在线学习的实际效果并没有达到人们的预期,如学生的参与度不够、学习效率低下等。^③ 刘丽芳等人认为,虽然在线课程带动了教育改革,但在线学习过程中教学内容与学习体验个性化缺失的问题也逐渐暴露出来。^④ 近年来,学者们从不同的角度对在线学习体验进行了探索。金善京(K.S.Kim)等人研究了教师信息技术能力、学生学习模式、师生和生生互动对在线学习体验的影响,结果显示师生和生生互动、信息技术能力会影响学生在线学习体验,而学习模式对学习体验的影响并不显著。^⑤ 帕赫特(M.

① FELDMAN A K.Consistency and variability among college students in rating their teachers and courses:a review and analysis[J].Research in higher education,1977,6 (3):223-274.

② SHAH M,CHENG M,FITZGERALD R.Closing the loop on student feedback:the case of Australian and Scottish Universities[J].Higher education,2017(1):115-129.

③ KHALIL H,EBNER M.MOOCs completion rates and possible methods to improve retention:a literature review[C]//Proceedings of World Conference on Educational Multimedia,Hypermedia and Telecommunications,2014:1305-1313.

④ 刘丽芳,李盛聪.MOOCs 在欧洲高等教育发展中的机遇与挑战[J].中国成人教育, 2017(1):116-119.

⑤ KIM K S,MOORE L J.Web-based learning:factors affecting students' satisfaction and learning experience[EB/OL].(2005-11-07)[2020-06-11].https://journals.uic.edu/ojs/index.php/fm/article/view/1294/1214.

Paechter)等人调查了2196名学习者的在线学习体验后指出，影响学习体验的关键因素有网络学习环境、网络学习资源、学习者的学习过程、师生和生生互动以及在线学习效果等。[①] 刘斌等人通过文献研究深入探讨了网络对学习体验的影响，揭示了网络学习体验的主要影响因素有学习环境、教学设计、助教的参与、学生之间的互动行为，[②]但并未用数据证实。陈武元等人通过新冠疫情暴发期间大规模问卷调查和小规模质性访谈方式研究大学生在线学习体验的影响因素，研究发现学生的个体差异对学习体验有显著影响，教学模式、互动模式和课程设计对学习体验有直接的影响。[③] 分析国内外已有的研究成果，发现国外对在线学习体验研究起步较早，学者关注的主要领域是学习体验的影响因素，且限于个别因素对学习体验的影响，鲜有从学习者的角度深入系统地分析学习体验的影响因素。

随着智能时代的到来，教育大数据愈发具有复杂性和多样性，对其进行挖掘和分析成为教育研究的热点，而教育领域中的文本挖掘是一个蕴含重要价值且有待深度发展的新兴领域。文本数据属于非结构化数据的主要成分，有研究表明非结构化数据可以真实地反映学习者的学习动机、认知过程、情感倾向和学习体验等。[④⑤] 在新冠疫情暴发初期，有研究者利用网络爬虫抓取微博平台上的文本数据，运用聚类方法分析了大学生在线学习体验的类型。[⑥] 目前具有代表性的通用文本挖掘模式，是坦（P.Tan）于1999年提出的两阶段模

---

① PAECHTER M，MAIER B，MACHER D.Students' expectations and experiences in e-learning：their relation to learning achievements and course satisfaction[J].Computers & education，2010(1)：222-229.

② 刘斌，张文兰，江毓君.在线课程学习体验：内涵、发展及影响因素[J].中国电化教育，2016(10)：90-96.

③ 陈武元，贾文军.大学生在线学习体验的影响因素探究[J].华东师范大学学报（教育科学版），2020(7)：42-53.

④ GRIMES S.Unstructured data and the 80 percent rule[EB/OL].(2008-08-01)[2020-06-12].http://breakthroughanalysis.com/2008/08/01/unstructured-dataand-the-80-percent-rule/.

⑤ IAN H W，EIBE F，MARK A H，et al.Data mining：practical machine learning tools and techniques[M].San Francisco，CA：Morgan Kaufmann，2016：7-8.

⑥ 贾文军，郭玉婷，赵泽宁.大学生在线学习体验的聚类分析研究[J].中国高教研究，2020(4)：23-27.

型,将数据进行文本精练和知识蒸馏。[①] 常用的挖掘方法有聚类、关联规则、异常检验等,[②]还有深度学习的相关算法如卷积神经网络、词向量法、LDA 主题模型等。其中,LDA 主题模型由于是无监督的机器学习,省略了文本标注样例的过程,只需要设定好参数,就可以自动运行得出结果,使其作为自然语言处理研究方向的一种主题模型得到了广泛的应用。因此,本研究选择 LDA 主题模型对文本数据进行挖掘,利用大规模问卷调查中产生的文本数据,对大学生的学习体验进行更微观的内容解读,以验证文本分析是否与结构化数据研究具有同等的功能和效果。

三、研究数据与方法

(一)数据收集

本研究样本来自全国高校质量保障机构联盟(CIQA)和厦门大学教师发展中心联合开展的线上教学情况调查(学生卷)中最后一道开放式题目中的文本数据。该问卷涉及全国 334 所高校,调查时间为 2020 年 3 月 13—31 日,共获得问卷 256504 份,其中回答了开放题目的问卷数为 64899 份,剔除含"无"字以及无文字意义的文本后有效问卷数为 31717 份,即收集到了 31717 条有效意见,文本字数共计 499666 个。

(二)分析工具

针对本研究收集到的文本数据,采用 LDA 主题模型和文本编码的方法进行分析和研究。LDA 主题模型是 NLP(Natural Language Processing)领域中常用的模型之一,它是两种模型 Linear Discriminant Analysis 和 Latent

① TAN A H.Text mining:The state of the art and the challenges[C]. Proceedings of the PAKDD 1999 Workshop on Knowledge Discovery from Advanced Databases,1999:65-70.
② TAN P N.Introduction to data mining[M].London:Pearson Education India,2018:15-17.

Dirichlet Allocation 的简称。本研究中的 LDA 是指 Latent Dirichlet Alloca-tion,既是一种常用于文档主题的生成模型,又是一个三层贝叶斯概率模型,包含词、主题和文档三层结构。LDA 由布雷(D.M.Blei)、吴恩达(A.Ng)和乔丹(M.Jordan)于 2003 年提出,用于推测文档的主题分布。[①] 所谓生成模型,是指将一篇文章中的每个词都通过"以一定概率选择某个主题,并从这个主题中以一定概率选择某个词语"的过程中得到,它能将文本数据中的主题以概率分布的形式提取出来,通过分析抽取的主题后,再根据主题的分布进行主题聚类或文本分类。

文本编码法是利用 NVivo 12 Plus 软件对文本资料进行编码,编码形成的各级节点构成从属关系。参考点的个数是指每个节点在原始文本资料中出现的次数。根据文本可以进行多级编码,一级节点主要围绕文本主题,在一级主题中对文本资料逐份逐句提取摘要,并以简短的语句表达相关现象,提取的所有原始信息点构成三级节点;将含义相近、重复出现的三级节点进行分类、整合和组织,形成二级节点;将概念内涵属于同一范畴的二级节点归并到一级节点,形成三级节点编码体系。

(三)数据分析思路

首先,对数据进行文本词频分析,筛选出原始资料中的关键词,然后对含有关键词的样本采用 Python 编程实现 LDA 主题模型的训练,根据主题的困惑度确定文本的主题个数。将每个主题的关键词按照出现概率的高低进行罗列,同时根据这些关键词的意义归纳出每个主题的含义,统计每个主题的样本数,得到热门主题的排序,通过以上步骤完成对文本数据的基础处理,并呈现文本资料的基本内容框架。结合内容框架,利用 NVivo 12 Plus 软件对 31717 条有效意见进行三级编码,并对每个主题的内容进行更深入的分析,经过逐级编码使得文本数据的内容可量化展示,同时得出文本框架,由此原本看似杂乱

---

① BIEI M D,NG Y A,JORDAN M I.Latent dirichlet allocation[J].Journal of machine learning research,2003(3):993-1022.

无章的文本数据可梳理清晰，并真实客观地呈现大学生在线学习体验的影响因素。

四、研究发现

（一）文本词频分析

词频是一种用于文本挖掘的常用技术，以评估一个词语在一个语料库中的重复程度。字词在语料库中出现的次数越多，说明它越重要。利用 NVivo 12 Plus 软件对本研究的文本数据进行分词，设置最小词汇字数为二字词，分词结果得到 8075 个词汇，从中筛选出有意义词汇即关键词 1842 个，只显示词频数为前 100 的词汇得到词云图，见图 1。

图 1　词云图

在图 1 中我们根据词语的大小分布可以看到大学生们最关注的是教师的教学，其次是自身的学习，再次是作业、网络、平台、时间和互动等。

(二)LDA 主题模型分析

基于词频分析筛选出关键词,利用 Python 的自然语言处理 Gensim 训练库中的 ldamode 函数构建 LDA 主题模型并对文本数据进行训练,进而用困惑度(perplexity)来评估模型的拟合程度。困惑度用来度量一个概率分布或概率模型预测样本的好坏程度,它也可用来比较两个概率分布或概率模型。评估主题模型计算主题数为 1～20 之间的困惑度指标,指标计算如图 2 和表 1 所示。困惑度越小越好,当模拟到 8 个主题之后困惑度下降趋势变缓,所以本研究选择 8 个主题的模型。

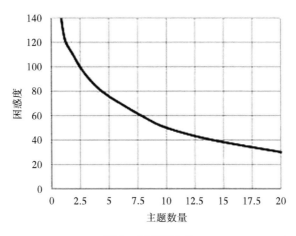

图 2　困惑度曲线

表 1　模型困惑度值列表

主题数	困惑度	变化幅度（后者/前者－1）
1	133.87057	
2	109.932084	－18％
3	93.754248	－15％
4	83.051572	－11％
5	76.384859	－8％
6	70.291037	－8％

续表

主题数	困惑度	变化幅度 (后者/前者-1)
7	64.477827	-8%
8	58.258602	-10%
9	55.667016	-4%
10	53.839248	-3%
11	50.870881	-6%
12	47.362268	-7%
13	45.095804	-5%
14	43.583432	-3%
15	41.197568	-5%
16	39.411672	-4%
17	38.357104	-3%
18	36.245271	-6%
19	35.132097	-3%
20	35.445439	1%

执行输出函数后得到表 2,8 个主题输出词向量 TOP10 关键词如表 2 所示。

排名第一的主题样本数为 4609 个,根据输出的前 10 位主题词将主题一定义为"教学模式",主题词整体关注教学的课前、课中和课后。排名第二的主题样本数为 4096 个,根据主题词的分布将其定义为"教学效果",教师选择不同的教学模式会影响教学效果。排名第三的主题样本数为 3296 个,主题词围绕着"平台支持"的话题,平台是在线教学中最重要的依托手段。排名第四的主题样本数为 2748 个,根据主题词的意义命名主题为"自主学习",大学生的自主学习能力在在线学习期间是重要的影响因素。排名第五的主题样本数为 2664 个,主题词围绕"师生互动"的主题。排名第六的主题样本数为 2309 个,主题词关注"负面作用"。排名第七的主题样本数为 2163 个,根据主题词表达的含义将主题归纳为"技术支持"。排名第八的主题样本数为 1813 个,主题总结为"教学内容"。

表 2　主题与主题词列表

主题排名	样本量	主题	TOP10 主题词
1	4609	教学模式	0.361×教学+0.193×作业+0.060×布置+0.028×适当+0.023×设备+0.023×适合+0.022×授课+0.020×自主+0.018×课后+0.018×网上
2	4096	教学效果	0.368×教师+0.082×直播+0.051×效率+0.045×任务+0.044×能力+0.037×互动+0.032×效果+0.023×师生+0.022×讲解+0.020×流量
3	3296	平台支持	0.173×平台+0.126×软件+0.078×网络+0.074×稳定+0.065×稳定性+0.061×问卷+0.048×电脑+0.040×完善+0.034×浪费时间+0.023×调查
4	2748	自主学习	0.364×学习+0.180×时间+0.035×资源+0.029×方便+0.025×自主+0.021×功能+0.020×资料+0.019×形式+0.017×监督+0.016×掌握
5	2664	师生互动	0.534×学生+0.079×课堂+0.031×支持+0.026×讲课+0.025×讨论+0.020×上线+0.018×答疑+0.017×积极性+0.016×结合+0.013×适应
6	2309	负面作用	0.140×线下+0.130×视频+0.086×教师+0.061×及时+0.059×眼睛+0.050×手机+0.034×安排+0.032×回放+0.027×质量+0.026×课本
7	2163	技术支持	0.184×网络+0.175×需要+0.042×改善+0.039×自律+0.039×重点+0.038×听课+0.033×家里+0.028×卡顿+0.020×学习效果+0.018×兴趣
8	1813	教学内容	0.193×课程+0.071×知识+0.069×平台+0.052×签到+0.050×增加+0.036×认真+0.031×作业量+0.031×统一+0.022×减少+0.022×屏幕

(三)编码分析

将 LDA 主题模型归纳的主题当作编码的一级节点开始文本编码,深入分析每个主题的内容,通过二级和三级编码,展现所有主题内容的内在脉络。一级节点及其下属的二级和三级节点在 NVivo 中的编码参考点如表 3 所示。

表3 各级编码与参考点列表

第一节点	参考点	第二节点	参考点	第三节点	参考点
教学模式	4085	课前	1010	教学资源	613
				签到问题	276
				课程安排	66
				备课问题	55
		课中	1381	教师授课态度	720
				授课模式	455
				课堂纪律管理	128
				课堂测验	78
		课后	1694	作业量增大	1160
				担忧成绩	370
				反馈不及时	164
教学效果	4218	总体评价	1530	学习效果差	1530
		教学技能	1948	教室设备不佳	1093
				视频质量不高	855
		教学安排	740	上课时间延迟	548
				跟不上教师的进度	192
平台支持	2635	稳定性	1245	稳定性差	1245
		数量	585	减少平台数	572
				增加平台数	13
		功能完善	805	优化平台	369
				回放功能	122
				提醒功能	49
				记录功能	16
				智能功能	16
				交流功能	11
				完善系统	121
				优化服务器	84
				改进硬件	17

续表

第一节点	参考点	第二节点	参考点	第三节点	参考点
自主学习	1243	自律性	759		
		学习能力	430		
		缺乏时间	54		
师生互动	788	互动模式	634		
		参与感	75		
		生生互动	73		
		师师互动	6		
负面作用	3086	眼睛	624	视力损伤	624
		沟通效果	2174	交流不畅	493
				不如线下教学	1681
		电子设备报废	288		
技术支持	1406	网络稳定性问题	1128		
		流量不够	239		
		家里无网	39		
教学内容	388	课程	256	课程需要精选	256
		知识讲授	132	讲解不到位	99
				枯燥乏味	33

由表3可以看出,教学模式是学生最为关注的话题,围绕着这个主题分为课前、课中和课后三个阶段进行编码。在课前阶段最突出的是教学资源问题。学生普遍反映获得的资源乱而杂,针对性不强,需要花许多课余时间去观看,希望教师在备课时能精选教学资源。其次是上课的签到问题。教师使用的平台多,签到软件五花八门,这样会影响学生的在线学习体验。另外,还有部分教师的课程安排不明晰。有的教师甚至将线下教学使用的PPT作为课件在线上宣读,令学生感觉到教师对线上课程的敷衍和不重视。课后作业量的问题极为突出,是课后阶段中编码最多的一项,因为网课的作业量比线下教学翻了好几倍,学生的负担明显加重,由此部分学生产生了厌学情绪。

教学效果主要分为三个方面。第一是对教学效果的整体评价,认为学习效果差。第二是教学技能方面,学生普遍认为教学效果不佳是由于教师的教学设备不佳造成的。部分教师未能熟练使用各种直播或录播设备,或教师在授课过程中因家里的网络不畅,会出现各种延迟及卡顿现象;部分教师因未使用专业设备录制视频,从而出现视频清晰度不高、充满杂音等问题。第三是教学安排方面,失去了校园铃声的提醒,教师把控在线教学时间的能力显得不足。学生在家的所有时间都被网课占据,几乎没有自主学习时间。另外,一部分教师在线教学的进度过快,学生反映跟不上教师的进度,从而使得他们对自己的课业成绩产生了严重的担忧。

平台支持是第三个关注的主题。其中的焦点是平台的稳定性,此因素直接影响学生在线学习的体验。在平台数量方面,学生普遍建议应减少在线教学的平台数,也有少数人建议增加平台数;但优化平台是学生反馈较多的问题。在平台功能方面,学生提及的功能主要有回放功能、提醒功能、记录功能、智能功能和交流功能;完善系统、优化服务器也是学生的重点需求;部分学生还提出应改进硬件设备。

自主学习问题是学生关注的第四个问题。其主要涉及学生的自律性、学习能力以及自主学习时间。其中,自律性是学生关注的重点,其次是学习能力,最后是自主学习的时间问题,主要表现为学生自主学习的时间不足。大多数学生认为在线学习的学习自律性会直接影响学习效果,学习能力是影响学习效果的第二大因素,而学生缺乏相对充足的自主学习时间是影响在线学习效果的第三大因素。

师生互动是大学生关注的第五个问题。在师生互动方面,互动模式是学生关注的焦点,其次是师生互动中学生的参与感。此外,生生互动也是学生比较关注的需求,部分学生对教师与教师之间的互动也提出了建议。

长期的在线学习会暴露出不少负面作用,大学生的反馈主要体现在视力损伤、交流不畅和设备损耗等方面。

技术支持在大学生关注的主题中排名第七。学生主要反映网络建设存在问题,包括网络的稳定性问题,以及流量不够用问题。此外,部分学生存在家中无网络和家中网络信号不好的问题。

教学内容问题排名第八。大多数学生的反馈集中在两个方面:一是课程问题,教师在在线教学过程中会盲目地提供很多慕课课程,而这些课程与实际课程的匹配度不高,影响学生的学习效率。二是教学内容问题,教师的在线讲解不到位且内容枯燥乏味。

五、结论与建议

(一)结论

从编码的主题词分析可知,高校学生在线学习体验的影响因素主要集中在教师、学生和环境支持三个方面,并得出以下结论:

第一,教师因素是影响学生在线学习体验的重要因素,它包括教学模式、教学效果、教学内容和教学互动四个主题内容,且每个主题的子因素都不同程度地影响学生的在线学习体验。陈武元等人利用本次调查问卷的量表部分的结构化数据进行了回归分析,指出教学模式中互动模式、授课环节和考核环节对在线学习体验存在影响,其中考核环节影响最大,其次是互动模式,再次是授课环节,[①]但对其中更具体的影响因素未进行探究。与结构化数据呈现的结果相比,本次文本挖掘产生了新的关注点。通过本研究得出的节点和量化的因子存在部分重合,但在教学模式的编码分析中,考核环节在课后的子节点中属于第二大节点,而作业量增大成为第一大节点,虽然在访谈中有学生也提到了作业问题,但没有成为主要的倾诉点。其次,互动模式成为师生互动主题下的一个节点,不仅包括互动模式,还涉及学生的参与度,生生互动和师师互动,对互动进行了更详细的解读。此外,授课模式是教学模式中的三级节点,也是课中节点的第二大子节点,所以除了授课模式,教师的授课态度、在线课堂的纪律和课堂测验都会影响学生的在线学习体验。

第二,在线教学促使学生在自我反思中意识到自主学习的重要性,学生自

---

① 陈武元,贾文军.大学生在线学习体验的影响因素探究[J].华东师范大学学报(教育科学版),2020(7):42-53.

主学习能力的强弱会直接影响在线学习体验的好坏，且学生认为在线教学的负面作用也是影响在线学习体验的重要因素。陈武元等人根据本次问卷量表部分的结构化数据对大学生背景因素的差异性进行分析，得出学生的个体特征对在线学习体验存在影响，如性别、学科专业以及对在线平台的熟悉度都是影响学生在线学习体验的关键因素。[①] 但通过文本数据的挖掘，进一步发现学生自身方面的影响因素还有自主学习能力。自主学习能力是从文本挖掘中发现的一个重要影响因素，通过编码分析，影响自主学习能力的因素包括学生学习的自律性、学生自身的学习能力与学生自主学习的时间。在自律性方面，很多学生长期以来都是靠外界约束自身的学习，加之受家庭环境、家庭成员和其他诱惑等诸多因素的影响，学生的自律性较差。因此，有学生建议学校应采取措施，提高学生的自主学习能力。在学习能力方面，学生的自学能力参差不齐，在线学习在很大程度上依赖学生自学。学生置身于浩瀚的知识海洋中，只有具备一定的搜索能力和导航能力才能有所收获。然而，并不是每一名学生都具备这种能力，加上教师的引导不足，因此学生较难实现自主性学习。在自主性学习时间方面，教师课上留给学生自主学习的时间较少，加之学生个体差异，学生的自主性学习时间相对不足。此外，在线教学的负面作用是文本挖掘发现的又一重要因素，主要包括在线教学导致学生视力下降、交流沟通不畅以及因电子设备超负荷使用导致设备受损，这在结构化数据分析结果中并未得到体现。

第三，平台和技术作为在线教学的载体，是在线教学效果的重要保障。在线教学的平台问题不仅局限于平台的数量与功能，还存在平台的稳定性、优化、系统、服务器等方面的问题，而网络技术支持不足同样是困扰学生在线学习的重大问题。此次问卷的结构化数据分析结果表明，平台的直播功能、回放以及音频等功能都会影响学生的在线学习体验，[②]而文本编码的结果也得出

---

① 陈武元，贾文军.大学生在线学习体验的影响因素探究[J].华东师范大学学报(教育科学版)，2020(7):42-53.

② 陈武元，贾文军.大学生在线学习体验的影响因素探究[J].华东师范大学学报(教育科学版)，2020(7):42-53.

相同的结论,但文本数据还进一步挖掘出学生对平台建设方面的需求和建议。首先,针对平台的功能,学生着重提出应完善回放和提醒功能。因为学生在直播课堂中如有没有听懂的知识点,可以通过平台的回放功能重复学习和消化。同时,在课程繁多的情况下,学生认为设置作业的提醒功能也很重要,这可有效减少学生漏做作业现象的发生。其次,针对平台的稳定性问题,有学生指出应对平台进行优化,同时学校还应完善系统、优化服务器以及对硬件设备进行改进。文本数据显示,技术支持的问题主要聚焦在网络的稳定性、网速和流量等方面,进一步分析文本可知,网络的稳定性受制于当地的硬件设施条件水平。由于学生所处的地区不同,学习的硬件设施条件参差不齐,学习效果也存在较大差异,因此,有学生建议上课前学校需要调查学生的设备和网络环境情况。

根据以上结论,本研究进行以下讨论:

第一,在线教学中学生普遍反映作业量增加,给学生带来课业压力和课业负担,但课业压力和课业负担存在一定区别。课业压力并不暗含贬义,只是学生的心理感知,可通过心理压力问卷获得学生的心理压力情况。课业负担却是一个贬义的概念,表明有些课业偏离教学目标,因此需要给学生"减负"。本研究文本数据中对作业量增加给学生带来的影响并未充分说明,因此需要进一步明确,作业量增加之后学生是课业压力大于课业负担,还是课业负担大于课业压力,这值得作进一步的探讨。只有在明确具体影响之后,才能对作业量这一问题提出有针对性的解决方案。

第二,在研究过程中尽管剔除了无效文本,但不可避免的是文本中依然存在不真实内容。为了保护调查对象的个人隐私信息,问卷采取匿名填写的形式,这在给予被调查者安全感的同时也使被调查者无所畏惧,在匿名的情况下,他们可以在开放题中畅所欲言,不用对自身的言论负责。因此,其中可能会有部分对线上教学不满者把问卷中的开放题作为自己泄愤的出气口,且受个人主观态度的影响故意夸大在线教学的问题,在这种情况下文本内容的客观性可能会受到影响。

（二）建议

此次文本数据较结构化数据挖掘出更多在线教学中存在的具体问题，为解决这一时期在线教学折射出的具体问题，推动后疫情时代下"线上＋线下"混合式教学的稳步进行，本研究提出如下建议：

1.强化教师线上教学信息素养

信息化教学能否有效推进，教师占主导因素。研究结果显示，教师在教学资料准备、线上课堂管理和教学进度把握等方面都存在问题。"大学教师的信息化素养，应包括具备信息化教学意识、具有信息化教学能力和掌握信息化教学技术等。"①教师在线上教学正式开始之前就应做好准备以应对可能存在的问题和阻碍，同时还需要明确线上教学的意义与挑战，认识到线上教学的便捷性和有效性。在后疫情时代实施"线上＋线下"混合式教学中，教师应掌握好教学进度，有计划地执行教学任务，可尝试提前模拟练习；教师之间可组建教学团队小组，交流备课经验、共享教学资料，以解决教师线上教学经验不够、学生学习资料准备不足等问题；高校应注重教学技术人员队伍的建设，让专业人员帮助教师设计在线课程，使在线教学更具专业性。在信息化教学技术方面，高校应开展相应培训，对教师进行针对性训练，提高教师数据应用能力，由此可将在线教学的高频度签到模式转向后台数据统计模式。另外，教师要主动转变角色，从教学主导者转变为学生学习过程中的陪伴者、讲解者和促进者，帮助学生适应线上教学模式。教师要学会利用教学平台的互动功能，比如屏幕共享、投票、举手、分组、点名等。教师只有掌握了平台互动技术，才能真正将互动理念落到实处，开展高效的线上教学活动。

2.增强大学生线上学习适应能力

自主学习能力是影响大学生线上学习投入以及学习效果的重要因素，而随着互联网信息技术在教育领域的深入推广和运用，以及网络在线教育独特

---

① 陈武元,曹荭蕾."双一流"高校在线教学的实施现状与思考[J].教育科学,2020,36(2)：24-30.

的优势,"线上＋线下"的混合教学形式在未来学校教育中必将越来越广泛地得到应用,面对这一趋势大学生需要提高自主学习能力,以适应"线上＋线下"混合式教学模式。影响大学生自主学习的主要因素有自我概念、学习归因和学习环境适应,①因此,在线教学在将来可重视以下路径强化大学生在线学习的适应性。第一,建立积极的自我概念,明确自我学习目标,引导学生根据线上教学模式及时调整学习方法。教师要将教学目标与培养学生核心素养相结合,在教学过程中帮助学生树立自主学习意识,最大限度地释放学生的创造性和自主性,增强学生自我效能感。第二,引导学生合理进行内部归因,及时帮助学生解决线上学习问题,归纳总结经验,认清问题本质。从内部归因行为上增强学生学习行为动机和学习投入意愿,强化自律意识,激励学生主动学习。第三,营造良好的学习环境,学校应为学生创设有利于自主学习的环境,提供具有针对性而非繁杂性的学习资源,教师应及时为学生提供指导和反馈,从而保障自主学习活动的顺利进行。家长应形成支持性的家庭氛围,增强共情意识,主动了解学生的学习目标、学习状态和学习困难,主动与学生进行沟通和交流,为学生居家学习提供情感支持和行为支持,从而保障学生具有良好的学习心态,使其积极主动投身学习活动中,不断增强自主学习能力,适应线上教学模式。② 当然,居家学习是一种特殊形态,随着新冠疫情解除后高校学生回归校园,这种情况会得到消除。

3.加大环境支持,补齐线上教学技术短板

平台支持与技术支持是保障线上教学效果的物力因素。从平台数量上看,目前我国已开发了多种多样的线上教学平台供师生自由选择,但平台数量过多会给学生的学习带来不便;从平台质量上看,教学平台功能仍存在问题,回放与提醒等功能的欠缺无法满足学生的学习需求。由于技术发展水平的限制,网络拥堵等问题也成为阻碍线上教学活动顺畅进行的因素,农村地区学生因此成为线上教学的"弱势群体"。而高校要推行"线上＋线下"混合式教学模

---

① 刘燚,张辉蓉.高校线上教学调查研究[J].重庆高教研究,2020,8(5):66-78.
② 刘燚,张辉蓉.高校线上教学调查研究[J].重庆高教研究,2020,8(5):66-78.

式,必然要解决这些基本问题,优化平台与技术势在必行,以下方面亟须改进和加强:第一,学校、学院及教师应统一教学平台的使用,平台太多,来回切换,已对学生造成困扰。第二,学校需要加大人力与物力投入,完善校内教学平台功能,便于教师和学生开展教学活动。第三,应引进功能性全、稳定性强的教学平台与校内教学平台衔接,满足学生对硬件上的需求。第四,"增加带宽和服务器投入、加大课程平台的扩容,保证线上教学的稳定进行,最大化规避网络拥堵、平台崩溃带来的负面影响"[①]。第五,国家应尽快加强资源统筹,推进农村信息网络建设,实现宽带进乡入村,保障农村学生顺利进行线上学习。[②]当然,最后一点也是特殊情况下的产物。但为了防患于未然,在国家财力日趋雄厚的条件下,应予以加强。

---

① 张建卫,周愉凡,宣星宇,等.疫情防控期高校在线教学与学生发展:基于B大学的案例研究[J].中国高教研究,2020(6):64-71.

② 胡小平,谢作栩.疫情下高校在线教学的优势与挑战探析[J].中国高教研究,2020(4):18-22,58.

我国高校大规模线上教学的区域差异*

——基于疫情期间师生调查问卷的实证研究

面对面教学一直以来都是高校的主流教学形式,更是师生进行教学活动的常态选择。新冠疫情的暴发迫使全国高校做出应急之举,将线下课堂转移到线上。这一转移打破了传统的教学格局,同时也显现出一系列线上教学问题。有学者指出,此次线上教学的目的主要包括两个:一是做到"停课不停学,停课不停教";二是在线上教学中积累经验,为今后开展线上和线下混合教学模式提供经验参考。[①] 可以预见,未来线上教学与线下教学的结合将会成为我国高校教学方式转变的主要方向,也有助于实现以学生为中心的个性化教学方式变革。但由于线上教学是信息技术和教育教学深度融合的产物,各高校实现有效线上教学必然会受到区域物力资源和人力资源的影响。长期以来,我国东中西部发展水平不均衡、资源配置不合理,如何缩小线上教学的区域差距、保障线上教学区域质量,对推进大规模线上教学、促进高等教育公平具有重要意义。

一、研究问题与文献综述

纵观目前高等教育区域差异的相关研究,大多聚焦于高等教育资源配置

---

* 本篇与郭瀛霞、李广平合作,原载《教育发展研究》2020 年第 11 期。

[①] 邬大光,沈忠华.我国高校开展在线教学的理性思考:基于 6 所本科高校的实证调查[J].教育科学,2020(2):1-8.

方面,包括高校区域分布、科研设施建设、专任教师数量和教育经费投入等,即使有关于大样本线上教学数据分析的研究,大多也只是关注学生在线学习表现、网络教学发展和在线教学平台管理等,对高校线上教学区域差异的研究并不多见。

通过分析和整理国内学者对高等教育资源配置区域差异的研究可以发现,我国高等教育资源配置的区域差异主要体现在高校地理空间分布差异、高等教育人力资源区域分布差异和物力资源区域配置差异三个层面。在地理空间分布上,吴海燕根据国家统计年鉴数据发现,我国东中西部高校数量依次呈递减趋势,优质高校集中在东部地区,说明东部地区高等教育质量要高于中西部地区。[①] 陈慧青根据我国高校在空间形态上的具体表现总结出高校呈现条状分布特点,即高校空间分布以东中西区域形成三条地带,东部地区高校数量最多、发展水平高,次之依次为中部和西部。[②] 在人力资源分布上,赵春雷等人通过分析我国 2001—2011 年"三大区域"平均每所高校专任教师数量变化,得出东中西部地区高校平均专任教师数量分别高于、接近和低于全国平均水平,东中部、东西部的国家级教学团队和教学名师差距较大。[③] 在物力资源配置上,以基础设施建设而言,姚双良通过对我国高等教育资源区域配置进行研究发现,东部地区科研设施、图书量等明显优于中西部地区。[④] 周平红等人对我国高等教育软硬件资源建设进行区域差异研究时总结道,东中西三大区域高校信息化资源配置总体差距有所缩小,但东部仍然与中西部有较大差距,而西部在生机比、每百名学生拥有多媒体教室座位数等指标已经赶超中部。[⑤]

---

① 吴海燕.浅析我国高等教育资源配置的地域差异及优化建议[J].中国成人教育,2014(14):26-28.

② 陈慧青.高校空间分布特征探析[J].教育评论,2011(5):6-8.

③ 赵春雷,边霞,李艳丽.我国"三大区域"高等院校教育资源配置差异性分析[J].现代交际,2014(8):193-194.

④ 姚双良.我国高等教育资源区域配置存在的问题及对策[J].现代教育管理,2014(11):58-61.

⑤ 周平红,张屹,仰盼盼.我国高等教育信息化软硬件资源建设区域差异研究:基于2003—2010 年中国教育统计年鉴数据分析[J].现代教育技术,2012,22(11):48-53.

从经费投入情况来看,根据全国 31 个省级行政区(除港澳台之外)近十年来的教育经费^①趋势变化图(见图 1)可以发现,西部地区教育经费远远低于东部和中部地区。^② 杜鹏等人总结得出我国高等教育生均经费具有分配不均衡、利用效率低、速度增长慢等特征,并存在区域差异,表现为东部高、中部塌陷、西部低。^③

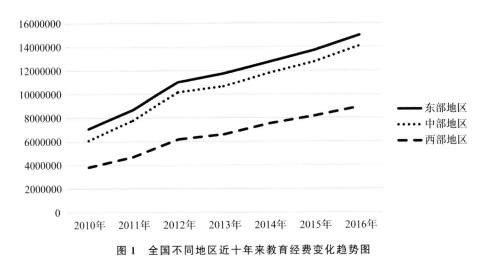

图1 全国不同地区近十年来教育经费变化趋势图

数据来源:国家统计局分省年度数据之教育经费情况[2020-05-06].http://data. stats.gov.cn/easyquery.htm? cn=E0103.

为了进一步了解高校线上教学的具体情况,笔者继续对现有文献进行梳理,发现高校线上教学具有线下教学所不具备的优势,但也存在诸多问题。赵

---

① 教育经费指教育经费总投入,包括国家财政性教育经费、社会团体和公民个人办学经费、社会捐赠经费、学费和杂费、其他教育经费。

② 区域划分依据为中华人民共和国国家统计局经济区域划分办法。东部包括:北京、天津、河北、上海、江苏、浙江、福建、山东、广东和海南;中部包括:山西、安徽、江西、河南、湖北和湖南;西部包括:内蒙古、广西、重庆、四川、贵州、云南、西藏、陕西、甘肃、青海、宁夏和新疆;东北包括:辽宁、吉林和黑龙江。本研究将东北地区统一纳入东部地区进行整理。http://www.stats.gov.cn/ztjc/zthd/sjtjr/dejtjkfr/tjkp/201106/t20110613_71947.htm.

③ 杜鹏,顾昕.中国高等教育生均教育经费:低水平、慢增长、不均衡[J].中国高教研究,2016(5):46-52.

婷婷等人对 20 世纪以来教学模式变革的历史进行了梳理和考察,并总结指出,网络教学为学生个性化学习和自主性学习提供了保障条件,有利于优质资源共享,促进教育公平,为提高课堂效率提供了可能。① 吴莉婧在将在线课堂和传统课堂教学效果进行对比时发现,在线课堂具有学习时间灵活、尊重学生个体差异化需求和可反复观看等优势。② 邬大光等人基于 6 所本科高校发布的在线教学质量报告展开在线教学现状分析,研究发现,针对教师主体而言,教师的在线教学素养亟待提高,部分教师不能很好地掌握在线教学方法和技能,缺少应对在线教学的临场素质。③ 陈武元等人对疫情期间我国"双一流"高校在线教学实施现状进行反思并指出,在线教学主要存在缺少符合线上教学要求的稳定而统一的教学平台、师生互动和生生互动不足、缺少符合线上教学要求的学业评价体系和学生自律性自主性不强等问题。④ 饶爱京等人通过利用回归分析等方法对大学生在线学习准备度、投入度进行研究,发现大学生在线学习存在准备不足和投入度不高等情况,且准备度对投入度有显著影响。⑤

　　基于上述内容可见,受东中西部地区发展水平的影响,我国高等教育自然地存在明显的区域差异问题。而中西部地区的社会经济发展与东部发达地区一样,同样甚至更加迫切地需要源源不断地注入人才支持、物力支持和智力支持。可以毫不夸张地说,中西部地区的发展深刻影响着国家整体的发展水平,中西部地区的高等教育发展更是深刻地影响着全国高等教育的整体实力。为此,从国家层面来看,从世纪之初提出西部大开发战略,到 2013 年发布《中西

①　赵婷婷,田贵平.网络教学到底能给我们带来什么:基于教学模式变革的历史考察[J].教育科学,2020,36(2):9-16.
②　吴莉婧.在线课堂与传统课堂教学效果比较研究[J].教育现代化,2019,6(90):276-277.
③　邬大光,沈忠华.我国高校开展在线教学的理性思考:基于 6 所本科高校的实证调查[J].教育科学,2020(2):1-8.
④　陈武元,曹荭蕾."双一流"高校在线教学的实施现状与思考[J].教育科学,2020,36(2):24-30.
⑤　饶爱京,万昆.在线学习准备度对大学生在线学习投入度的影响[J].教育科学,2020,36(2):31-38.

部高等教育振兴计划(2012—2020 年)》,再到如今的"一带一路"建设,都在为扶持中西部高等教育发展、优化中西部高等教育结构、补强中西部高等教育薄弱环节提供制度保障和政策支持。新冠疫情倒逼下的线上教学,作为一种高校信息化教学方式,其具备的优势或许可以弥补当前线下教学存在的不足,更有可能为我国经济发展水平较低的地区提供更优质的高等教育资源,缩小区域差异。目前我国高校线上教学仍然处于尚未成熟阶段,存在诸如上述问题。但值得注意的是,有关线上教学区域差异的问题还并不明晰。因此,本研究将从线上教学感触最深的教学主体视角出发,重点探究在此次疫情背景下我国高校线上教学是否存在区域差异、具体表现在哪些方面,并借此提出有利于缩小线上教学区域差异、提高线上教学区域质量、促进高等教育公平的建议。

二、大规模线上教学的区域差异分析

本研究样本来自厦门大学教师发展中心于 2020 年疫情期间(3 月 13 日—3 月 31 日)开展的《全国高等学校质量保障机构联盟——线上教学情况调查》。调查共回收了 251929 份学生有效问卷和 13695 份教师有效问卷。其中高校区域分布为教师东部地区 46.97%,中部地区 37.32%,西部地区 15.22%;学生东部地区 43.30%,中部地区 41.39%,西部地区 15.04%(如表 1)。

表 1　不同区域教师和学生基本信息

项目	教师问卷		学生问卷	
	人数	百分比	人数	百分比
东部	6433	46.97%	109087	43.30%
中部	5111	37.32%	104272	41.39%
西部	2084	15.22%	37884	15.04%
其他	67	0.49%	686	0.27%
总计	13695	100%	251929	100%

(一)从前期教学准备看区域差异

1.疫情前后开展线上教学情况

从疫情之前是否开展线上教学情况来看(如图 2),西部地区高校师生开展线上教学的均值最高,经验最为丰富。疫情暴发之后,东中西部地区高校师生开展线上教学的情况基本持平。

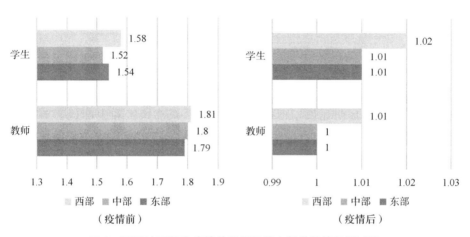

图 2　不同地区师生疫情前后开展线上教学的情况(均值)

2.培训经验和熟悉程度

调查将师生技术熟练度分为"很熟练""熟练""一般""不熟练""很不熟练"五个等级,并相应赋值 5、4、3、2、1。

从线上教学培训经验和平台技术掌握的熟练程度来看(见图 3),学生大多接受过相关培训,但对线上教学平台技术掌握的熟练程度较低,尤其西部地区高校学生对平台技术掌握的熟练程度最低。教师普遍未接受过相关培训,但平台技术掌握熟练程度较高;且师生熟练程度均呈现出东部>中部>西部的趋势。

3.学校提供的线上服务保障

调查将师生对学校线上教学服务保障评价分为"非常好""较好""一般""较差""非常差"五个等级,并分别赋值 5、4、3、2、1。

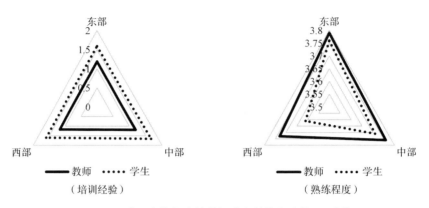

图3 不同地区高校师生培训经验和熟练程度情况（均值）

从不同地区师生对线上教学服务体验（见图4和图5）可以看出，西部地区的师生体验程度明显低于中部和东部地区，东部地区和中部地区差异最小。并且，各项指标明显呈现出东部高校优于中部、中部高校优于西部。从教师视角来看，网络教学条件是造成东西部线上教学体验差异的主要因素，学校政策、学校技术队伍是造成中西部线上教学体验差异的主要因素；从学生视角来看，网络教学条件是造成东西部和中西部线上教学体验差异的主要原因。

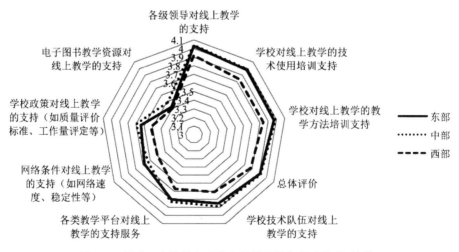

图4 不同地区高校教师对线上教学的服务保障评价（均值）

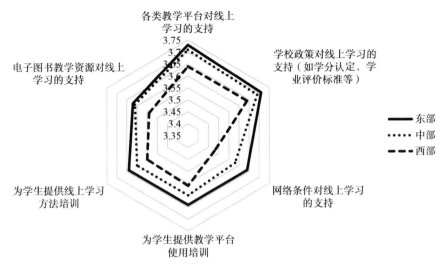

图 5   不同地区高校学生对线上教学的服务保障评价(均值)

进一步聚焦于西部地区高校师生的差异(如图 6),可以看到,西部地区高校教师对学校对线上教学的技术使用培训支持和教学方法培训支持等两项学校层面的教学服务保障满意度高于学生,而学生对于电子图书教学资源和学校政策支持保障满意度高于教师。

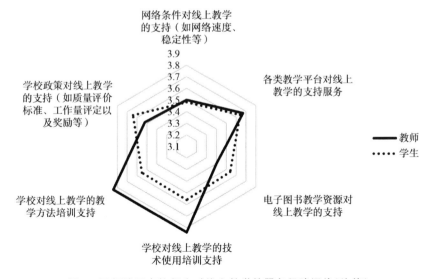

图 6   西部地区高校师生对线上教学的服务保障评价(均值)

(二)从中期切身体验看区域差异

1.主要教学模式使用情况

调查将教师线上主要教学模式的使用频率分为"非常频繁""频繁""一般""不太经常""从不用"五个等级,并分别赋值5、4、3、2、1。

线上教学期间,教学模式的使用主要取决于教师,教师是教学模式选择的主导者。从图7可以看出,不同区域教师选择的主要教学模式基本趋于一致,但西部地区在使用直播模式方面频率高于东部和中部地区,在使用录播模式方面频率低于东部和中部地区。

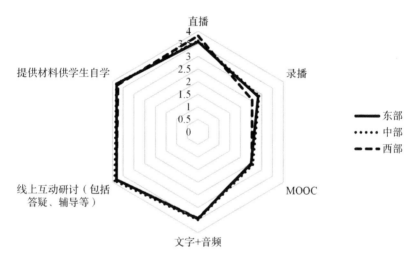

图7 不同地区高校教师主要教学模式使用情况(均值)

2.主要教学环节

调查将教师对各类教学平台能实现的教师教学环节评价分为"完全满足""满足""一般""不能满足""完全不能满足"五个等级,并分别赋值5、4、3、2、1。

按照教师与平台互动的强弱程度划分,可以将各教学环节划分为三类(如表2),提交或传输课程资料,包括作业、课堂考勤管理、课堂讲授和在线布置批改作业四大环节为弱互动性,教师只需与单一教学平台进行互动,教学环节满足程度较高;在线课后辅导答疑、在线备课和通过电子数据分析学生学习行为三大教学环节为中互动性,教师已不是单打独斗,而是要通过与学生或者工具的互动实现教学,教学环节满足程度适中;在线教育测试及评分、在线课堂讨论和在线实验演示为强互动性,教师需要与多个平台或多位学生进行互动,教学环节满足程度低。而且可以看出,虽然东中西部地区高校教师对主要教学环节平台功能满足程度的评价趋同,但从横向比较来看,西部地区高校教师的教育环节平台满足程度明显低于东部地区。

表 2　不同区域高校教师主要教学环节平台功能满足程度(均值)

互动性	教学环节	东部	中部	西部
弱互动性	提交或传输课程资料,包括作业	4.02	4.08	3.9
	课堂考勤管理	4.01	4.09	3.93
	课堂讲授	3.86	3.85	3.82
	在线布置批改作业	3.81	3.9	3.78
中互动性	在线课后辅导答疑	3.79	3.87	3.73
	在线备课	3.73	3.73	3.65
	通过电子数据分析学生学习行为	3.61	3.69	3.51
强互动性	在线教育测试及评分	3.56	3.6	3.52
	在线课堂讨论	3.52	3.59	3.45
	在线实验演示	2.5	2.47	2.48

调查将学生对教师线上教学基本环节的使用情况分为"非常频繁""频繁""一般""不太经常""从不用"五个等级,并分别赋值 5、4、3、2、1。

从表 3 可以看出,布置作业和课堂讲授是教师主要使用的教学环节,且东中西部地区高校学生认知相同。以东部地区高校学生对教师主要教学环节的使用情况认知排序为标准(见图 8),可以看出不同区域在课堂提问、课堂小测验和课后答疑辅导方面差异最大。

表3　不同区域高校学生认为教师主要教学环节的使用情况(均值)

教学环节	东部		中部		西部	
	均值	排序	均值	排序	均值	排序
布置作业	3.95	1	4.01	1	3.86	1
课堂讲授	3.86	2	3.78	2	3.8	2
课堂提问	3.56	3	3.65	5	3.66	4
提供材料供学生自主学习	3.6	4	3.59	3	3.53	3
课堂小测验	3.52	5	3.56	4	3.53	6
课堂研讨	3.53	6	3.62	7	3.5	7
课后答疑辅导	3.52	7	3.55	6	3.48	5
实验演示	2.9	8	2.93	8	2.89	8

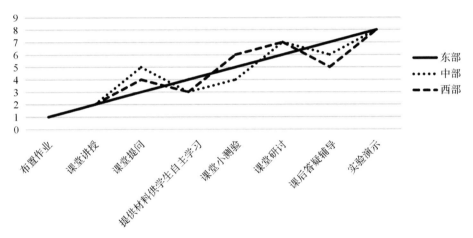

图8　不同地区高校学生对教师主要教学环节使用情况评价的排序

3.教学平台技术支持

本次调查将各种教学平台技术支持的总体评价按好坏程度分为"非常好""好""一般""不好""非常不好"五个等级,并分别赋值5、4、3、2、1。

从图9和图10可以看出,中西部地区高校师生对教学平台技术支持总体评价均低于东部地区。从教师评价来看,不同区域之间网络速度的流畅度和平台运行的稳定度差异最大;从学生评价来看,不同区域之间网络速度的流畅度和作业提交的顺畅度差异最大。可见,网络速度的流畅度是影响西部地区高校开展线上教学的重要制约因素之一。

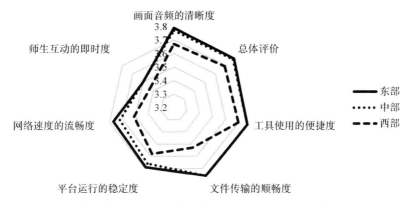

图9　不同地区高校教师对教学平台技术支持总体评价情况(均值)

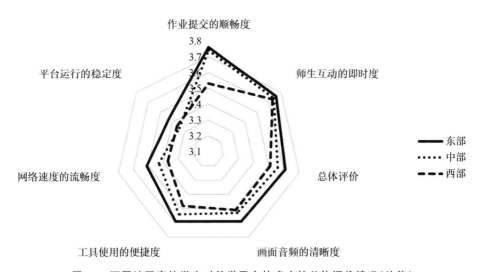

图10　不同地区高校学生对教学平台技术支持总体评价情况(均值)

(三)从后期反思评价看区域差异

1.线上教学遇到的最大困难

调查将线上教学可能遇到最大困难的态度分为"非常赞成""赞成""一般"
"不太赞成""不赞成"五个等级,并分别赋值5、4、3、2、1。

从图 11 可以看出,针对各种平台和教学工具的熟悉和掌握,线上备课,线上直播,线上开展测验或考试,线上布置、批改作业及反馈和线上录播方面,东部地区高校教师认为困难程度大于西部地区,而以上方面多集中于课堂教学内容和平台工具使用本身。针对线上保持学生学习注意力、线上维持课堂教学秩序、线上组织课堂讨论和课后线上交流反馈及讨论方面,西部地区高校教师认为困难程度大于东部地区,而以上方面则主要集中于课堂组织和师生互动。

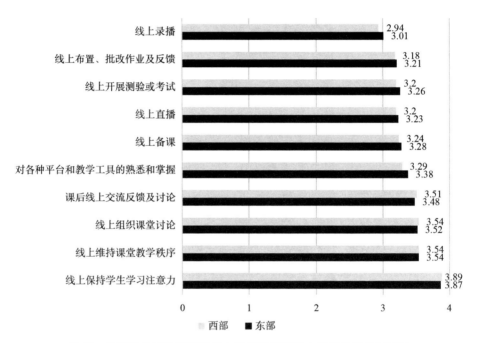

图 11　东西部地区教师对于线上教学遇到的最大困难的评价(均值)

2.线上教学的最大挑战

调查将教师对线上教学面临最大挑战的态度分为"非常赞成""赞成""一般""不太赞成""不赞成"五个等级,并分别赋值 5、4、3、2、1。

从调查结果(见图 12)看,教师从线下教学转向线上教学面临着相当大的挑战。东中西地区高校教师对挑战度的认知趋向一致,且西部地区高校教师面临挑战低于东部和中部地区。其中,最具挑战性的前三项是(从高到低):需要改变教学策略和教学方法、需要重新学习各种教育技术和需要改变以往的教学习惯。

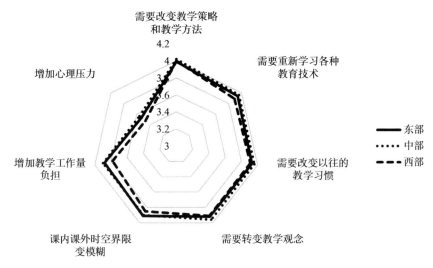

图 12　不同地区高校教师对线上教学最大挑战的评价(均值)

　　调查将学生线上学习可能存在的挑战的态度分为"非常赞成""赞成""一般""不太赞成""不赞成"五个等级并分别赋值为 5、4、3、2、1。从调查结果看(见图 13),所有地区学生的态度均值都低于 4.00。东中西地区高校学生对挑战度的认知趋向一致,最具挑战性的前三项是(从高到低):需要更强自律性、养成良好的线上学习行为和习惯,对自主学习能力提出更高要求,提高课堂听课效率、避免浪费时间。西部地区高校学生认为需要加强与同学之间的互助协作的挑战性高于东部和中部地区高校学生。东部地区高校学生认为对各种平台和学习工具的熟悉和掌握的挑战性低于中西部地区。

　　3.影响线上教学效果的最主要因素

　　为了获得不同地区师生对于各因素重要性的总判断,笔者根据每道题目得分高低的顺序号进行排序,以东部地区高校教师排序为参照,分别比较东部地区、中部地区和西部地区高校教师对于各项因素重要性的看法,得出 18 个因素重要性的排序(见表 4)。可以看出,不同地区高校教师对各因素重要性的评价排序差异非常大。东部地区高校教师认为最重要的三个因素分别为:学生自主学习能力、良好的线上学习行为习惯(如按时上课、学习自律能力等)

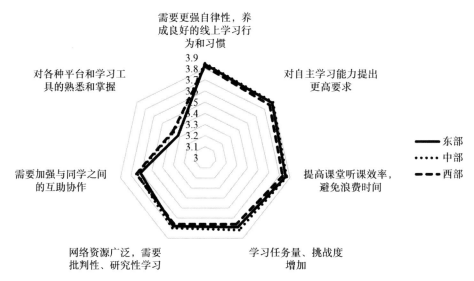

图13 不同地区高校学生对线上教学最大挑战的评价(均值)

和学生积极参与;中部地区高校教师认为最重要的三个因素分别为:提供课程配套电子教学资源、选择适当的评价方式方法和学生对教学平台和工具的熟悉程度;而西部地区高校教师认为最重要的三个因素分别为:学校对线上教学的政策支持、教师的教学空间及设备支持和教师对教学的态度及精力投入。这一现象反映了不同区域高校教师对于线上教学的不同归因。东部地区高校教师主要归因于学生,中部地区高校教师主要归因于线上教学开展过程前后的要素,西部地区高校教师主要归因于政策和设备支持以及自身精力投入。

表4 不同地区高校教师对影响线上教学效果最主要因素评价的排序

最主要影响因素	EUT	CUT	WUT
1.学生自主学习能力	1	10	18
2.良好的线上学习行为习惯(如按时上课、学习自律能力等)	2	5	10
3.学生积极参与	3	11	12
4.教师对教学的态度及精力投入	4	14	3
5.教学平台功能及稳定性	5	9	16
6.教师的教学策略及讲授(演示)方法	6	4	13

续表

最主要影响因素	EUT	CUT	WUT
7.学生的学习空间及终端设备支持	7	6	4
8.学校对线上教学的政策支持	8	15	1
9.网络速度及稳定性	9	17	7
10.选择适合线上教学的课程内容	10	18	9
11.教师对教学平台和工具的熟悉程度	11	12	14
12.线上技术服务支持	12	13	17
13.教师的教学空间及设备支持	13	16	2
14.学生对教学平台和工具的熟悉程度	14	3	11
15.提供课程配套电子教学资源	15	1	8
16.选择适当的评价方式方法	16	2	5
17.掌控和维持好课堂教学秩序	17	7	6
18.配备一定数量的课程助教	18	8	15

注:EUT 代表东部地区高校教师;CUT 代表中部地区高校教师;WUT 代表西部地区高校教师;EUS 代表东部地区高校学生;CUS 代表中部地区高校学生;WUS 代表西部地区高校。下表同,不另注。

从图 14 可以看出,东部与西部最大差异体现在对学生自主学习能力因素的评价(差异值为 17),中部和西部最大差异体现在对学校对线上教学的政策支持和教师的教学空间及设备支持的评价(差异值均为 14),且西部低于东部,且低于中部。

再以东部地区学生评价排序为参照,分别比较东部地区高校、中部地区高校以及西部地区高校学生对于各项因素重要性的看法。从表 5 看出,不同地区高校学生对各因素重要性的评价排序差异非常大。东部地区高校学生认为最重要的前三个因素分别是:学生自主学习能力、良好的线上学习行为习惯和教师的教学策略及讲授(演示)方法;中部地区高校学生认为最重要的前三个因素分别是:教师的教学空间及设备支持、学生对教学平台和工具的熟悉程度和教师对教学平台和工具的熟悉程度;西部地区高校学生认为最重要的前三个因素分别是:提供课程配套电子教学资源、选择适当的评价方式方法和网络

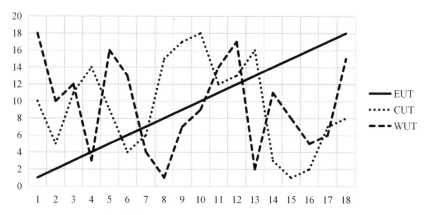

图 14　不同地区高校教师对影响线上教学效果最主要因素评价的排序

速度及稳定性。这一现象反映了不同地区高校学生对于线上教学的不同需求和期待。东部地区高校学生更看重自我学习习惯和能力的提升,而中部地区高校学生更加关注教学平台功能和教学设备支持,西部地区高校学生则更加关注电子课程资源和网络速度等硬件设备支持。这些结果揭示,进一步改进线上教学,需要根据不同地区高校师生的不同需求,制订精准的改进方案。

表 5　不同地区高校学生对影响线上教学效果最主要因素评价的排序

最主要影响因素	EUS	CUS	WUS
1.学生自主学习能力	1	12	15
2.良好的线上学习行为习惯(如按时上课、学习自律能力等)	2	7	4
3.教师的教学策略及讲授(演示)方法	3	10	18
4.学生积极参与	4	11	14
5.教学平台功能及稳定性	5	8	13
6.教师对教学的态度及精力投入	6	6	7
7.学生的学习空间及终端设备支持	7	4	12
8.选择适合线上教学的课程内容	8	13	16
9.学校对线上教学的政策支持	9	17	5
10.线上技术服务支持	10	18	11
11.网络速度及稳定性	11	14	3

续表

最主要影响因素	EUS	CUS	WUS
12.提供课程配套电子教学资源	12	15	1
13.选择适当的评价方式方法	13	16	2
14.教师对教学平台和工具的熟悉程度	14	3	9
15.教师的教学空间及设备支持	15	1	8
16.学生对教学平台和工具的熟悉程度	16	2	6
17.掌控和维持好课堂教学秩序	17	5	10

从图 15 可以看出,东部与西部最大的差异体现在对教师的教学策略及讲授(演示)方法因素的评价(差异值为 15),中部和西部最大的差异体现在对提供课程配套电子教学资源、选择适当的评价方式方法的评价(差异值均为14),且东部低于西部、中部高于西部。

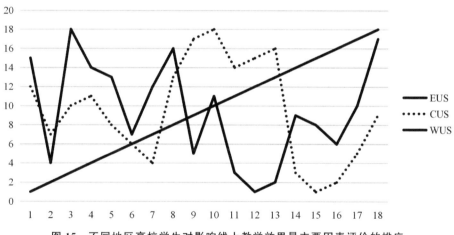

图 15 不同地区高校学生对影响线上教学效果最主要因素评价的排序

4.线上教学优缺点

调查将学生对线上教学可能的优缺点的评价分为"非常赞成""赞成""一般""不太赞成""不赞成"五个等级,并分别赋值为 5、4、3、2、1。

从表 6 可以看出,对于优点的评价,都是东部地区高校学生的评价高于中西部地区;而对于缺点的评价,都是中西部地区高校学生的评价高于东部地区。

表6　不同地区高校学生对线上教学优缺点的评价(均值)

	优缺点	东部	中部	西部	差异情况
优点	可以反复回放,便于知识复习巩固	3.9	3.89	3.76	
	可以让名师名课充分共享	3.85	3.85	3.75	
	突破时空限制,可以随时随地学习	3.74	3.71	3.57	
	有助于学生自主学习能力培养	3.74	3.74	3.62	东高于中西
	学生可以按需选择学习内容,提高学习效率	3.67	3.67	3.55	
	可以让学生充分表达关注的问题	3.64	3.63	3.57	
	方便学生之间交流与协作	3.52	3.52	3.43	
缺点	教师无法即时了解学生的学习状态	3.41	3.43	3.46	
	教师无法及时了解学生知识掌握情况	3.4	3.43	3.44	
	教师无法第一时间反馈学生关注的问题	3.27	3.32	3.32	
	缺乏教师现场指导和督促,课堂纪律松弛	3.27	3.32	3.31	中西高于东
	学生过分依赖回放功能,认为听不明白还可以重学,课堂学习效率下降	3.12	3.2	3.17	
	网络交流不如线下交流直接,浪费时间	3.11	3.16	3.16	

(四)从终期改进状况看区域差异

1.线上教学的评价

调查将教师线上教学能力的评价分为"非常好""好""一般""不好""非常不好"五个等级,并分别赋值为5、4、3、2、1。

从表7可以看出,在对互动对象主要为自己的评价方面,教师的评价较高,与学生互动的自我评价方面次之,与平台互动的自我评价方面最低。整体来看,东中西部地区高校教师评价趋同,但西部地区教师评价明显低于东部和中部地区。

表7 不同地区高校教师对线上教学的自我评价情况(均值)

自我评价	东部	中部	西部	交互性	
				互动对象	互动关系
我对自己线上教学的总体满意度	3.92	3.91	3.84		
我能提交/修改PPT等教学材料	4.21	4.18	4.15	自我	单一互动
我能在线布置、批改和反馈作业	4.09	4.14	4.03		
我能推荐学生使用各种电子教学资源	4.06	4.06	4		
我能根据线上教学特点有效备课	4.03	4.02	3.94		
我能有效组织线上教学,维持教学秩序	4.03	4.04	3.98	与学生 互动	两两互动
我能通过各种平台与学生互动	4.02	4.05	3.96		
我能控制教学节奏,避免学生过度疲劳	3.91	3.93	3.84		
我能设计适合线上教学的教学方案	3.89	3.89	3.8		
我能采用适当教学策略,提高学生注意力	3.87	3.87	3.82		
我能开展课堂直播	3.83	3.9	3.97	与平台 互动	多重互动
我能使用各种工具进行课程测试或评价	3.83	3.87	3.75		
我能利用数据分析和跟踪学生学习行为	3.74	3.76	3.61		
我能利用工具进行录播	3.61	3.66	3.48		

调查将教师对课堂教学效果的评价分为"非常好""好""一般""不好""非常不好"五个等级,并分别赋值为5、4、3、2、1。

从图16可以看出,东部和中部地区高校教师对课堂教学效果的总体评价高于西部地区。不同地区学生对线上教学的总体满意度趋势与教师相同,均为东部高于中部,且高于西部。

2.线上教学存在的最主要问题

为了获得不同地区师生对于各主要问题重要性的总判断,笔者根据每道题目得分高低的顺序进行排序,以东部地区高校教师排序为参照,分别比较东部地区、中部地区和西部地区教师对于各项因素重要性的看法,得出18个问题重要性的排序(如表8和图17)。从中可以看出不同地区高校教师对主要问题的重要性评价排序差异变化不大。东中西部地区高校教师认为线上教学存在的最主要问题为:部分教学内容不适合线上教学、学生自主学习能力弱、学生未养成线上学习的良好习惯(如按时上课、学习自律能力等)和网络速度及稳定性差。

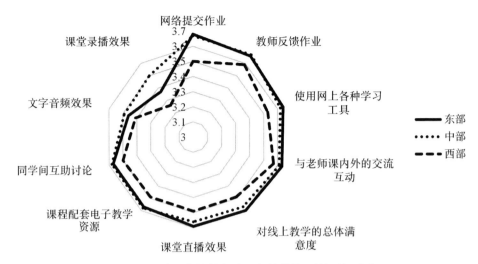

图 16　不同地区高校教师对课堂教学效果的评价（均值）

表 8　不同地区高校教师对线上教学存在最主要问题评价的排序

最主要问题	EUT	CUT	WUT
1.部分教学内容不适合线上教学	1	1	1
2.学生自主学习能力弱	2	2	2
3.学生未养成线上学习的良好习惯（如按时上课、学习自律能力等）	3	3	4
4.网络速度及稳定性差	4	4	3
5.课堂教学秩序不好把控	5	5	6
6.教学平台功能不完善及稳定性差	6	6	5
7.学生参与度不够	7	7	7
8.提供课程配套电子教学资源不足	8	8	8
9.学生的学习空间环境及终端设备支持不够	9	9	9
10.教师的教学空间环境及设备支持不足	10	10	11
11.线上技术服务支持跟不上	11	11	10
12.学生对教学平台和工具的不熟练	12	12	13
13.教育评价方式方法不适合网上教学	13	13	12
14.教学策略及教学方法不适应线上教学	14	14	14
15.教师对教学平台和工具的不熟练	15	15	15
16.没有课程助教或助教数量不足	16	16	17
17.学校对线上教学的政策支持不足	17	17	16
18.教师对教学的态度及精力投入不够	18	18	18

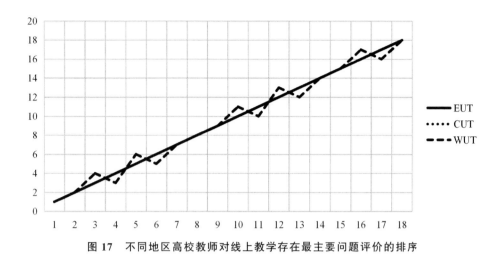

图 17　不同地区高校教师对线上教学存在最主要问题评价的排序

再以东部地区学生评价排序为参照,分别比较东部地区高校、中部地区高校以及西部地区高校学生对于各项因素重要性的看法。从表 9 可以看到,不同地区高校学生对各因素重要性的评价排序差异变化较小。东中西部地区高校学生认为线上教学存在的最主要问题是:网络速度及稳定性差、部分教学内容不适合线上教学和教学平台功能不完善及稳定性差。

从图 18 可以看出,东部、中部与西部最大差异体现在对教师对教学平台和工具的不熟练的评价(差异值分别为 4 和 2),东部低于中部且低于西部。

表 9　不同地区高校学生对线上教学存在最主要问题评价的排序

最主要问题	EUS	CUS	WUS
1.网络速度及稳定性差	1	1	1
2.部分教学内容不适合线上教学	2	2	2
3.教学平台功能不完善及稳定性差	3	3	3
4.线上技术服务支持跟不上	4	4	4
5.提供课程配套电子教学资源不足	5	5	5
6.学生自主学习能力弱	6	6	6
7.学生未养成线上学习的良好习惯 (如按时上课、学习自律能力等)	7	7	7
8.教学策略及教学方法不适应线上教学	8	9	9
9.学生的学习空间环境及终端设备支持不够	9	8	8
10.教育评价方式方法不适合网上教学	10	10	10

续表

最主要问题	EUS	CUS	WUS
11.学生参与度不够	11	11	11
12.教师对教学平台和工具的不熟练	12	14	16
13.教师的教学空间环境及设备支持不足	13	12	13
14.学生对教学平台和工具的不熟练	14	13	12
15.学校对线上教学的政策支持不足	15	15	14
16.课堂教学秩序不好 （如无关群聊问题干扰上课等）	16	16	15
17.教师对教学的态度及精力投入不够	17	17	18
18.没有课程助教或数量不足	18	18	17

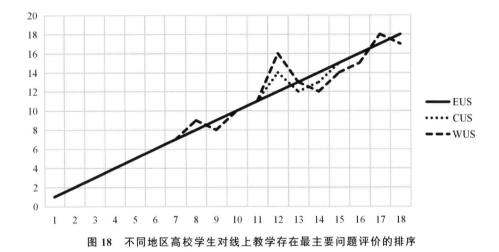

图18　不同地区高校学生对线上教学存在最主要问题评价的排序

3.继续采用线上教学的态度

经历过线上教学后,不同地区高校师生对继续采用线上教学的态度如何?
本次调查将疫情过后教师和学生继续采用线上教学的态度分为"大规模使用"
"部分使用""一般""少部分使用""不使用"五个等级,并分别赋值5、4、3、2、1。

如果把不同地区高校教师或学生单独进行比较,会发现不同地区高校师
生对继续采用线上教学的态度也存在着一定的差异性(如图19)。就教师评
价比较而言,关于"继续采用线上教学"评价,中西部高校教师评价均值低于东
部高校。就学生评价而言,上述现象也同样存在。由此说明,关于"继续采用

线上教学"评价,东部高校师生略高于中西部高校。而关于"不采用线上教学"的师生评价,西部高校略高或持平于东部高校。

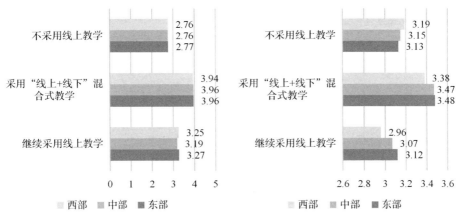

图19 不同地区高校师生对继续采用线上教学的态度评价(均值)

4.线上教学改进意见

为了获得不同地区师生对于各项改进意见重要性的总判断,笔者根据每道题目得分高低的顺序进行排序,以东部地区高校教师排序为参照,分别比较东部地区、中部地区和西部地区教师对于各项改进意见重要性的看法,得出18个问题重要性的排序(如表10)。从中可以看出,不同地区高校教师对这些问题的重要性评价排序差异变化不大。东中西部地区高校教师认为改进意见依次为(重要性由高到低):提高学生的自主学习能力、引导学生养成线上学习的良好习惯(如按时上课、学习自律能力等)和精选适合线上教学的教学内容。

表10 不同地区高校教师对线上教学改进意见的排序

改进意见	EUT	CUT	WUT
1.提高学生的自主学习能力	1	1	1
2.引导学生养成线上学习的良好习惯 (如按时上课、学习自律能力等)	2	2	2
3.精选适合线上教学的教学内容	3	3	3
4.改善平台的功能及稳定性	4	6	5
5.提高学生的课堂参与度	5	4	4

续表

改进意见	EUT	CUT	WUT
6.加大课程配套电子教学资源建设	6	5	6
7.提高网络速度及稳定性	7	8	7
8.进一步改善教师教学空间环境及设备	8	7	11
9.加强线上技术服务支持	9	9	8
10.加大对线上教学的政策支持	10	10	9
11.改善学生学习空间环境及设备支持	11	11	10
12.加强学生对教学平台和工具使用引导	12	12	13
13.改变教学策略及教学方法	13	13	12
14.加强课堂教学秩序管理	14	14	14
15.改革教育评价方式方法 （如加大平时测验、课堂测验或作业等）	15	15	15
16.教师加大教学精力投入	16	16	16
17.加强线上教学的相关培训	17	17	17
18.配备课程助教	18	18	18

从图 20 可以看出,东部、中部与西部最大差异体现在对进一步改善教师教学空间环境及设备的评价(差异值分别为 3 和 4),且东部和中部均低于西部。

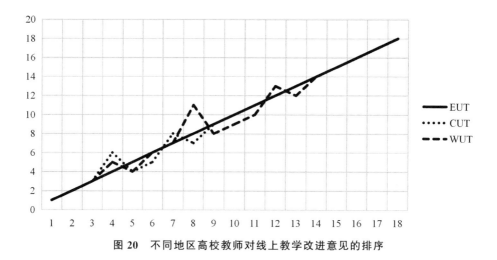

图 20　不同地区高校教师对线上教学改进意见的排序

再以东部地区学生评价排序为参照,分别比较东部地区高校、中部地区高校以及西部地区高校学生对于各项因素重要性的看法。从表11可以看到,不同地区高校学生对这些问题重要性的评价排序差异变化较小。东中部地区高校学生认为改进意见主要为:改善平台的功能及稳定性、精选适合线上教学的教学内容和提高网络速度及稳定性;西部地区高校学生的改进意见则主要为:改善平台的功能及稳定性、提高网络速度及稳定性和加强线上技术服务支持。

表11　不同地区高校学生对线上教学改进意见的排序

改进意见	EUS	CUS	WUS
1.改善平台的功能及稳定性	1	2	1
2.精选适合线上教学的教学内容	2	1	4
3.提高网络速度及稳定性	3	3	2
4.加强线上技术服务支持	4	4	3
5.加大课程配套教学资源建设	5	5	5
6.引导学生养成良好的学习习惯 （如按时上课、学习自律能力等）	6	6	6
7.提高学生的自主学习能力	7	7	7
8.改变教学策略及教学方法	8	8	8
9.教师加大教学精力投入	9	9	9
10.改善学生学习空间环境及设备支持	10	10	10
11.加大对线上教学的政策支持	11	11	12
12.提高学生的课堂参与度	12	12	11
13.进一步改善教师教学空间环境及设备	13	13	13
14.加强学生对教学平台和工具使用引导	14	14	14
15.加强课堂教学秩序管理	15	15	15
16.加强线上教学的相关培训	16	16	16
17.改革教育评价方式方法 （如加大平时测验、课堂测验或作业等）	17	17	17
18.配备课程助教	18	18	18

从图21可以看出,东部、中部与西部最大差异体现在对精选适合线上教学的教学内容的评价(差异值分别为2和3),且东部和中部均低于西部。

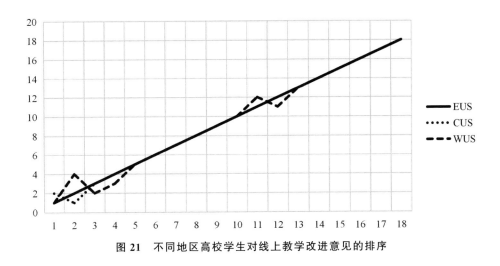

图 21 不同地区高校学生对线上教学改进意见的排序

三、研究发现与讨论

（一）仓促赶上阵：东中西部地区线上教学经验和准备差异显著

从不同地区高校师生教学平台技术掌握的熟练程度可以看出,西部地区师生对平台技术掌握的熟练程度明显低于东部和中部地区。从不同地区师生对学校提供的线上服务保障也可看出,网络教学条件和学校政策支持是东西部地区差异最明显的保障,且西部地区皆低于东部和中部地区,甚至西部地区教师认为电子图书教学资源的支持明显不足。但从疫情前后开展线上教学的情况来看,西部地区线上教学开展情况均值略高于东部和中部地区,原因何在？教学平台技术掌握不够熟练,网络教学条件和学校政策支持尚不完善,教学经验和准备不够充足,线上教学开展的频率和均值较高也并不能够说明西部地区线上教学开展情况着实好于东中部地区,相反,这引发了对西部地区线上教学开展的层次和深度略有不足的省思,技术与教育的融合可能还停留在比较浅显的层次。

(二)齐头不并进：东中西部地区线上教学课堂互动差异显著

教学模式的选择在一定程度上决定了线上课程所开展的主要教学环节,也在一定程度上限定了教学平台技术的使用。从教师的主要教学模式使用情况来看,除西部地区在使用直播模式方面频率略高于东部和中部地区,在使用录播模式方面频率略低于东部和中部地区之外,不同地区之间的差异并不显著。但在主要教学环节的使用情况和教学平台技术支持方面,却呈现出东中西部依次降低的趋势。尤其是在"中互动性"和"弱互动性"的教学环节功能满足方面,西部地区明显低于东部和中部地区,"中、弱互动性"教学环节尚不能满足,在线测试、课堂研讨和实验演示等"强互动性"教学环节的满足程度更令人担忧。

值得一提的是,总体而言,直播教学模式互动性明显强于录播,为何西部地区高校教师对直播模式青睐有加? 笔者推测,主要是录播对于课前的教学准备和视频录制要求较高,而西部地区恰恰存在着线上教学经验和准备尚不充足、网络教学条件和平台运行稳定度尚不完备的问题,阻碍了教师在课前进行教学视频的录制。

(三)归因不一致：东中西部地区线上教学制约条件差异显著

从教师的视角审视,东部地区高校教师线上教学遇到的困难多集中于课堂教学内容和平台工具使用本身等属于教师或平台的单一主体,而西部地区高校教师认为困难主要集中于课堂组织和师生互动方面,更多地偏向于学生对于课堂的支持,属于主客双方的归因。东部地区高校教师认为影响线上教学效果的最主要因素是学生的学习能力、学习习惯和参与程度,而西部地区高校教师则认为主要是学校政策支持和教学空间设备支持。

从学生的视角审视,东部地区高校学生认为线上教学的最大挑战来自学习自律性和良好的学习行为与习惯,从影响线上教学效果的最主要因素来看,东部地区高校学生持有相同的观点,主要从自身角度寻找主观原因。而西部地区高校学生认为影响线上教学效果的最主要因素为电子教学资源的不足、评价方式方法的不合理和网络速度及稳定性差,属于从客观因素寻找原因。西部地区高校学生对线上教学存在缺点的评价,多集中于教师层面,且明显高于东部地区。

总体而言,教师和学生存在归因不一致现象,不同地区也存在归因不一致现象。师生的归因差异在一定程度上显示了制约东中西部地区线上教学发展的因素和条件。

(四)众口同一辞:东中西部地区线上教学未来设想差异微小

从教师对线上教学的总体满意度来看,东部地区教师的满意度明显高于中部地区,且高于西部地区,并且不同地区高校教师在自我评价方面,均体现出交互性越强、互动主体越多、自我评价越低的趋势;不同地区高校师生对目前线上教学存在最主要问题和改进意见的认知也基本一致。由此可见,不同地区高校师生对线上教学的具体实施路径有着相同的期许。当然,这也说明目前被疫情倒"逼"下开展的线上教学具有显著的阶段性特征。

从继续采用线上教学的态度来看,东部地区高校师生对于线上教学的态度更为认可,也更加期望在疫情结束之后继续直接或间接采用线上教学的方式组织课堂教学,西部地区高校师生对于线上教学的态度略有差异,西部地区高校教师对线上教学持积极态度,而西部地区高校学生对于线上教学则较为抵触,继续采用线上教学的意愿明显低于东部和中部地区。针对此问题,东中西部地区师生对线上教学的改进满怀希望,笔者相信,只要有足够多的教育投入、政策支持和设备改进,中西部地区高校师生也会转变对线上教学的态度,对继续采用这一模式持有积极态度。

四、平衡不同区域线上教学差异的对策建议

中西部高等教育是我国高等教育的重要组成部分之一,承担着为中西部地区社会经济发展培养人才和提供智力支持的重任,补齐中西部地区在在线

教学中的短板显得尤为重要和迫切。

（一）优化东中西部教育资源配置，加大对中西部高校在线教学支持

区域差异一直是影响我国高等教育发展和资源配置的重要因素，在线教学作为一种突破空间限制的教学方式，看似不存在传统意义上的区域界限，但实则仍然有界。相比于东中部地区，西部地区为学生提供的课程配套电子教学资源较为匮乏，成为学生认知中影响线上教学效果的最主要因素，电子图书资源不足也成为拉大东西部地区线上教学质量差距的主要原因。值得一提的是，虽然东中部地区线上教学资源要优于西部地区，但加大课程配套教学资源建设也是师生针对线上教学提出的主要改进意见。由此可见，优化线上教学资源配置是东中西部共同的教育期待，西部更为迫切。为了加强各地区线上教学资源建设，政府应该加大投入力度，实施精准扶贫，为各地区高校提供资金支持，帮助其引进校外优质资源，丰富校内线上学习资源。各地区还应该努力促进高等教育资源共享，打破区域资源分配界限，实现网络学习资源的互联互通，满足不同地区学生的在线学习需求。[1]

（二）加强在线教学基础设施建设，注重平台、网络和设备更新换代

网络教学条件、教学平台功能和设备支持是线上教学活动得以有序、高效、稳定进行的物质保障。由于我国各地区经济发展水平存在差异，各地高等教育投入极不平衡，中西部高校基础能力建设普遍相对落后，已成为中西部高等教育发展的重要瓶颈。[2] 加之此次是大规模、建制化的线上教学活动，数以

---

[1] 吴薇,姚蕊,谢作栩.高校教师在线教学满意度的区域与院校差异研究[J].开放教育研究,2020,26(3):71-79.

[2] 范唯,邬大光,等.中国高等学校本科教育质量报告（2013—2018 年）[M].北京:社会科学文献出版社,2019:103.

百千万的高校师生齐涌上网,对网络教学平台服务器造成了巨大压力,网络稳定性差、教学平台功能不完善、设备支持不够等问题集中显现。受地区发展水平的影响,西部地区高等教育信息化建设尚未成熟稳定,其线上教学基础设施不完备成为影响线上教学效果的最主要因素。为了确保线上教学的有序进行,不同教学平台主体应该加大对宽带和服务器的投入力度,扩大课程平台的容量,完善课程平台系统建设,最大化规避网络拥堵、平台崩溃带来的负面影响。① 政府和高校应该积极促进"互联网＋高等教育"体系的构建,加强高等教育信息化建设,注重平台、网络和设备的定期维护和更新换代。尤其要注重平台的开放性和共享率,努力缓解区域之间、学校之间优质在线教学基础设施不平衡的突出矛盾,加大优质平台在中西部地区高校的推广和使用,使中西部地区师生在本地本校即可享受到优质教学平台带来的高质量在线教学体验。

(三)强化师生在线教学技能培训,引导师生注重自我成长和素质提升

东中西部地区教师在线上课堂互动方面呈现出随着互动强度的增大频率一直降低的趋势,造成这个结果的原因主要有两个方面:一是教师尚未改变以往的教学习惯和教学观念;二是教师线上教学技术水平不高,难以实现对操作技巧要求较高的课堂互动方式。对于线上教学挑战而言,东部地区高校学生认为最大的困难是在线学习习惯等,西部地区高校学生认为是教师的评价方式方法等。虽然归因不同,但都反映了在线学习相关素养有待提升的问题。东中西部地区高校应该加大对教师在线教学技能的培训,发挥教师团队作用,持续开展培训工作,打造精品在线课程,以示范课程为引领,全面提升教师在线教学能力。对于教师自身而言,应充分认识到转变教学观念和教学手段的重要性,并在教学实践中不断优化教学方式,加强与学生的互动交流,主动寻求网络教学培训资源,提高网络教学设备使用技巧。教师在线上教学过程中

---

① 胡小平,谢作栩.疫情下高校在线教学的优势与挑战探析[J].中国高教研究,2020(4):18-22,58.

还要学会利用数据分析等工具,关注学生学习进展,及时给予反馈,助力学生自我成长。对于学生个体而言,由于在线学习空间的自由化和学习形式的多样化,学校应该为其开设在线学习技能培训课程和在线自主学习指导课,以帮助学生形成良好的学习习惯,不断提升自学能力和自律性。

教学何以"抗疫"？*

——教师视角下的高校线上教学改进方略

一、问题的提出

新冠疫情暴发以来,以信息技术为载体的线上教学逐渐进入学校教学领域的"深水区"。如何保障线上教学的质量,为线上与线下混合教学的开展奠定思想与经验基础,是线上教学受疫情洗礼后值得我们反思的重要课题。教师作为线上教学感受最深的主体,对教学问题拥有最敏感的洞察力和感知力,其对线上教学的改进建议能精准地指向线上教学中存在的诸多问题。为此,本文将从教师视角出发,通过对高校教师提出的线上教学改进建议进行文本分析,以更深入的方式呈现教师的真切感受,推动高校教学信息化建设,促进教学改革的可持续发展。

通过分析和整理国内学者对疫情期间及后疫情时期教师线上教学满意度的研究可以发现,我国高校教师对线上教学的态度比较积极,但存在区域和院校差异。教师对线上教学的评价一定程度上会受到其在线教学经历的影响,即在疫情之前有过在线教学经历的教师对在线教学的评价更高。① 对后疫情时代高校教师在线教学态度的调查研究发现,超过 3/4 的教师愿意在疫情后

---

* 本篇与黄玉珍合作,原载《高等理科教育》2021 年第 5 期。

① 吴薇,姚蕊,谢作栩.高校教师在线教学经历对自我教学评价的影响:基于全国 334 所高校在线教学的调查分析[J].高等教育研究,2020,41(8):63-72.

采用线上与线下混合式的教学模式。[①] 对陕西、甘肃两省部分高校教师的线上教学调查发现，一半以上的教师对在线教学持赞成态度，仅有 4.8％的教师持反对态度。[②] 不同区域间，东部地区教师满意度高于中部地区，中部地区高于西部地区；不同院校间，研究型大学高于一般本科院校，一般本科院校高于高职院校。[③]

教师对线上教学服务保障的评价，主要表现为教师对平台服务方面的评价。根据厦门大学教师发展中心数据调查显示，60％～70％的教师认为平台、网络稳定性差，教育系统服务器应该加快升级。[④] 教师在线教学中出现网络拥堵、加载慢、APP 崩溃等情况，不少教师提出应该尽快完善平台和网络建设，加大宽带投入和平台扩容的建议。[⑤]

教师对在线教学效果的评价，可以具体概括为师生互动和教师对学生线上自主学习能力期望两方面。有研究对浙、苏、鲁、豫四省高校的在线教学数据进行统计时发现，大约一半的教师认为学生不愿意互动。[⑥] 也有研究表明，超过半数的教师认为在线教学人际互动的频率不如线下教学，平台设计更多地满足了教师一方的符号输出需求。[⑦] 有的教师提到开始教学时师生互动很少，但在教师采取鼓励和奖励机制后学生的学习积极性被调动起来。[⑧] 因此，

① 郑宏,谢作栩,王婧.后疫情时代高校教师在线教学态度的调查研究[J].华东师范大学学报(教育科学版),2020,38(7):54-64.

② 刘燚,张辉蓉.高校线上教学调查研究[J].重庆高教研究,2020,8(5):66-78.

③ 吴薇,姚蕊,谢作栩.高校教师在线教学满意度的区域与院校差异研究[J].开放教育研究,2020,26(3):71-79.

④ 乐传永,许日华.高校在线教学的成效、问题与深化[J].教育发展研究,2020,40(11):18-24.

⑤ 胡小平,谢作栩.疫情下高校在线教学的优势与挑战探析[J].中国高教研究,2020(4):18-22,58.

⑥ 郑东辉,叶盛楠."停课不停教"线上教学调查:基于浙苏鲁豫四省的数据[J].教育发展研究,2020,40(8):23-31.

⑦ 李琳琳.在线教学人际互动的混合研究:上海高校教师的视角[J].华东师范大学学报(教育科学版),2021,39(7):50-61.

⑧ 张建卫,周愉凡,宣星宇,等.疫情防控期高校在线教学与学生发展:基于 B 大学的案例研究[J].中国高教研究,2020(6):64-71.

多数高校教师希望学生能够提高自主学习能力,同时引导他们养成良好的线上学习习惯,提高课堂参与度。①

　　教师在线上教学实践之后,对自我的教学方法和教学理论有了更加清晰的认知。在疫情大考下,只有 60% 的教师使用 ICT 技术辅助教学,且只有 18% 的教师认为需要提升 ICT 能力的专业培训。② 但有研究表示,教师在体验线上教学之后存在诸多焦虑,这些焦虑大多来自课堂互动、设备操作和教学组织等方面,其中有 72.6% 的教师希望得到专业培训。③ 线上教学实践让高校教师的教学理念逐渐发生变化,教师从关注"教"到关注"学",开始反思自身原有的教学手段。④

　　目前,国内大部分关于改进线上教学的探讨都是基于量化研究方法开展的,鲜有利用大规模的质性研究数据深入分析教师对在线教学的真实想法和迫切期望。量化的数据无法深入地获取应答者的真实意见和情感,处在"在线游泳池深水区"的所有人,特别是作为教学主体的教师,对如何实现真正意义上的线上教学依旧感到茫然。如何提高线上教学的效果? 如何将线上与线下教学相结合? 如何引导学生学会独立学习? 是高校教育工作者和实践者正在思考的问题。因此,深入剖析教师对线上教学提出的改进建议,对推进高校的教学改革具有重要意义。为此,本文从教师角度深入挖掘教师对改进线上教学的真实想法和迫切需求,聆听那些无法在结构化量表中呈现的教师意见,力图为常态化的线上教学与线上线下混合教学提供更为精准的改进对策和建议。

---

① 薛成龙,郭瀛霞.高校线上教学改革转向及应对策略[J].华东师范大学学报(教育科学版),2020,38(7):65-74.

② 田蕊,熊梓吟,ROMUALDN.疫情之下全球教与学面临的挑战与应对之策:OECD《2020 应对 COVID-19 教育指南》解析与思考[J].远程教育杂志,2020,38(4):3-14.

③ 王冬冬,王怀波,张伟,等."停课不停学"时期的在线教学研究:基于全国范围内的 33240 份网络问卷调研[J].现代教育技术,2020,30(3):12-18.

④ 梁竹梅.在线教学对教师教学理念的影响研究:基于对 J 大学一线教师的调研和访谈[J].中国大学教学,2021(8):86-91.

二、研究设计

(一)研究方法

本文主要采用质性研究方法，在扎根理论的指导下，对大规模的文本数据进行分析。扎根理论是由美国学者格拉斯(Glaser)和斯特劳斯(Strauss)提出的一种典型的质性研究路径，主张从经验资料中得出理论。扎根理论的核心思想是研究者在研究开始之前不建立理论假设，而是在系统收集资料的基础上，寻找反映社会现象的核心概念，然后通过这些概念之间的联系建构相关的社会理论。① 扎根理论关注人们生活中的经验，认为日常的经验虽然缺乏客观性，但对深度研究具有重要的意义。它的主要思路是对获得的经验资料进行三级编码，包括开放性编码、主轴编码以及核心编码。"编码"即对经验资料进行连续比较，将其概念化，最后形成类属或范畴。扎根理论不仅能服务于学术研究者，而且能够为实践者改变现状提供思路，但其作为一种研究路径需要根据教育研究的实际，进行本土化调试，看到研究资料中的本土特色。②

(二)数据收集

本研究的样本来自厦门大学教师发展中心在线教学课题组编制的线上教学情况调查(教师卷)中最后一道开放式题目"您对线上教学的建议"所收集到的文本数据。该问卷涉及全国 334 所高校，调查时间为 2020 年 3 月 13 日—3月 31 日，共获得有效问卷 5433 份，其中回答开放式题目的问卷数为 2702 份，剔除含"无"字以及无文字意义的文本后有效问卷数为 1874 份，即收集到了1874 条有效意见，文本字数共计 59604 字。

---

① 陈向明.扎根理论的思路和方法[J].教育研究与实验,1999(4):58-63,73.
② 陈向明.扎根理论在中国教育研究中的运用探索[J].北京大学教育评论,2015,13(1):2-15,188.

(三)分析工具

本文使用 NVivo 12 软件作为文本数据的研究工具,该软件给质性研究者提供了一个便捷的"档案袋",研究者可以利用该"档案袋"组织、存贮和探索一些待处理的定性数据,例如访谈文本、文献内容、社交媒体和网页内容等,且该软件支持导入文本、音频、视频、图片、表格等多种格式的数据内容。研究者还可以通过该软件的词频分析、文本编码、文本搜索、建立备忘录等功能得出多种可视化的分析结果。NVivo 12 不仅提高了质性研究者的工作效率,而且还能帮助质性研究者发掘更多有效的信息,是分析文本数据的一大利器。

(四)数据分析思路

首先,把问卷中收集的开放题文本进行整理后,运用 NVivo 12 软件对文本的初始语句进行编码,即对初始语句进行语义归类或现象摘要,形成三级编码。其次,在整理出来的三级编码之下再进行种类或特征的细分,形成二级编码。在整合二级编码和三级编码的过程中,不断调整编码属性,对同类型的文本进行归类,对父节点和子节点之间的关系进行整合。再次,将二级编码进行范畴化形成一级编码,再根据词频分析结果调整一级编码的范畴命名。最后,以可视化的形式呈现出编码中的信息。由于该文本数据主要是教师对线上教学所提出的建议,因此还用 NVivo 12 软件对文本数据进行了情感分析,从而了解教师对此次线上教学的情感倾向。

三、研究过程

(一)开放性编码

用 NVivo 12 软件对编号为 K1～K1874 的原始建议文本进行整理,合并语义相同的语句,共整理出 1249 条表述清晰、语义明确的语句,然后对这些表述明确的语句进行现象摘要分析得到41条初始概念（yy1～yy41）。由于这些初始概念具有较大的重复性，所以继续对初始概念进行分类合并，最终得到22个初始范畴，将其编码为 Y1～Y22。教师对线上教学建议的开放性编码示例图如表1所示。

表1 教师对线上教学建议的开放性编码示例图

编码号	原始语句	现象摘要	概念化	范畴化
K1	线上教学对大多数教师来说都是新鲜事物，需要学校持续进行教学培训，要有系统性，从线上教学的意义、目的，一直到具体的教学方法、软件的使用，对教师进行全流程、系统性的培训，不能讲一个小时就完事	y1:多数教师不熟悉线上教学 y2:学校需要对教师进行系统的线上教学培训	yy1:教师的线上教学素养 yy2:师资培训	Y1:教学内容 Y2:教学评价 Y3:教学资源 Y4:教学模式 Y5:教学效果 Y6:教学设计
K2	如何提高学生的自主学习能力、培养良好的学习习惯和提高学生课堂参与度是关键问题	y3:学生的自主学习能力、学习习惯、课堂参与度是关键	yy3:学生的线上学习情况	Y7:教学自主权 Y8:教学服务 Y9:教学观念 Y10:学生管理
K3	不是每门课程都适合直播在线教学的，特殊时期开展线上教学是非常必要的，针对疫情结束后，是否继续开展，必须视各个课程的具体情况而定，不可一刀切。多增加配套课程资源，网络优秀课程资源需要进一步增加免费课程内容	y4:根据各个课程的具体情况开展线上教学 y5:特殊时期有必要开展在线教学 y6:需要增加网络教学资源	yy4:线上课程的选择 yy5:开展线上课程的必要性 yy6:网络教学资源情况	Y11:学生的负担 Y12:学习资料 Y13:学习情况 Y14:学生的适应程度 Y15:加大课程资源建设 Y16:选择合适的课程
K4	为教师提供网络速度保证，保证网络稳定，健全教学平台功能，目前缺少教育教学功能齐全的教学平台	y7:保证网络的稳定性 y8:健全教学平台功能	yy7:网络条件 yy8:教学平台设施	Y17:平台支持 Y18:设备支持 Y19:作为辅助教学方式
K5	线上教学是一种辅助教学手段，不能作为主要教学手段，线上教学的方式适合理论类的知识学习，如果是语言类或者实践类的课程就会有点不适合，而且对教师跟学生的要求都比较高，希望能跟线下教学相辅相成，结合使用	y9:线上教学是辅助性教学 y10:希望线上和线下教学相结合	yy9:线上教学为辅 yy10:线上＋线下混合教学	Y20:根据实际情况开展 Y21:支持线上教学 Y22:不支持线上教学

273

(二)主轴编码

通过主轴编码,对编码为 Y1～Y22 的 22 个初始范畴进行比较,分析初始范畴之间的内在逻辑和联系,将属性相同的初始范畴归纳为一个主范畴。例如,将教学评价、教学资源、教学模式、教学效果、教学设计、教学自主权、教学服务、教学观念这 8 个初始范畴归纳为"教师教学方面"。对 22 个初始范畴进行归纳后,最终得到 5 个主范畴(见表2)。

1.教师教学方面

从 NVivo 12 的编码节点来看,在教学评价方面,"完善教学评价方式"被提及 21 次,"改革或变革教学评价方式"被提及 15 次,说明教师认为教学评价还需要不断完善;在教学资源方面,"教学资源建设"被提及 43 次,表明较多教师要求加强线上教学资源建设;在教学模式方面,"采用混合教学模式"被提及 86 次,表明较多教师赞同采用线上和线下相结合的混合教学模式;在教学效果方面,"教学质量"被提及 36 次,"教学互动"被提及 25 次,说明教师更注重线上教学质量,其次是教学互动;"教学设计"被提及 8 次;"教学自主权"被提及 13 次;在教学服务方面,"技能培训"被提及 34 次,说明在开展线上教学之前,多数教师希望能接受技能培训;"教学观念"被提及 15 次,说明教师认为应该及时转变自身的教学观念。

2.学生学习方面

从 NVivo 12 的编码节点来看,在学生管理方面,对学生"加强监督管理"被提及 30 次,"难以监督学生学习"被提及 24 次,说明教师较为关注如何对学生进行监督管理,期望了解在授课时学生学习状态的变化;在学生的负担方面,教师提及的建议较少,教师关注的是学生的设备、流量与作业方面的负担,"设备与流量负担"被提及 8 次,学生的"作业负担"被提及 7 次;在学习情况方面,"增强学生学习自主性"被提及 82 次,"提升学习积极性"被提及 35 次,教师认为学习自主性对学生的在线学习至关重要,同时对学生"加强引导与答疑"被提及 11 次;在学生的适应程度方面,"根据学生情况而定"被提及 17 次。

3.课程资源建设方面

从 NVivo 12 的编码节点来看，"提供学习资料"被提及 11 次；"加大课程资源建设"被提及 40 次，其中"推进精品课程建设"被提及 16 次，"开放免费课程"被提及 4 次；"选择合适的课程"被提及 218 次，其中建议"根据课程性质"选择线上课程被提及 114 次，建议"根据课程内容"与"根据课程特点"选择线上课程分别被提及 13 次和 12 次。

表 2　主轴编码形成的主范畴

初始范畴	主范畴
教学评价	教师教学方面
教学资源	
教学模式	
教学效果	
教学设计	
教学自主权	
教学服务	
教学观念	
学生管理	学生学习方面
学生的负担	
学习情况	
学生的适应程度	
学习资料	课程资源建设方面
加大课程资源建设	
选择合适的课程	
教学内容	
平台支持	平台设备支持方面
设备支持	
作为辅助教学方式	对线上教学的态度
根据实际情况开展	
支持线上教学	
不支持线上教学	

4.平台设备支持方面

从 NVivo 12 的编码节点来看，"平台支持"被提及 89 次，其中"优化平台"被提及 35 次，"建设平台"被提及 15 次，"稳定平台"被提及 11 次，说明"优化平台"是教师在平台建设中最为关注的问题；"设备支持"被提及 117 次，其中"加大网络支持"被提及 87 次，"加大硬件支持"被提及 20 次，"加大设备投入"被提及 8 次，表明高校线上教学中，网络是影响教师线上教学的一个突出因素，其次是教学的硬件问题。

5.对线上教学的态度

从 NVivo 12 的编码节点来看，"作为辅助教学方式"被提及 77 次；"根据实际情况开展"被提及 99 次，其中建议"不强制实行"被提及 65 次；"支持线上教学"被提及 55 次；"不支持线上教学"被提及 23 次。为了进一步明确教师对线上教学的情感倾向，利用 NVivo 12 软件对此次文本数据进行情感分析，结果显示对线上教学持中立态度的意见最多，表明对线上教学表现中立情感的高校教师最多，其次是对线上教学持正向态度的意见，而对线上教学持负向态度的意见数量最少，表明对线上教学表现出消极情感的高校教师最少。高校教师对线上教学的情感倾向如图 1 所示。

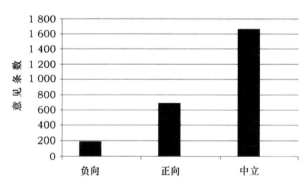

图 1　高校教师对线上教学的情感倾向

(三)理论饱和度检验

扎根理论思想提倡从资料分析中得出相关的理论或结果，为了保证理论的有效性,需要对初步获得的理论或结果进行饱和度检验。在完成首轮编码之后,邀请两位研究者按照扎根理论的思路,分别对同一份初始建议文本进行三级编码。之后,将两位研究者的编码结果和首轮编码结果进行对照,没有发现新的概念或范畴产生,说明理论已经达到饱和。

四、结论与建议

(一)结 论

在扎根理论思想的指导下,本文通过分析高校教师对线上教学的建议,并对建议文本划分类属和范畴,以 NVivo 12 的编码节点作为参考,得出与教学相关的问题是高校教师关注的核心问题,学生的学习问题是影响教师线上教学效果的重要因素,课程的选择是线上教学建设的关键环节。总体而言,高校教师从比较客观的角度看待此次疫情下实施的在线教学,绝大部分高校教师认识到线上教学虽然存在很多不足之处,但线上教学的确是疫情下最好的教学模式,且认为线上和线下相结合的教学方式可以作为未来教学的发展方向,而此次疫情期间的线上教学正好为探索混合教学模式做了铺垫。

1."教学"相关问题是高校教师最关注的方面

从教师建议文本的编码分析数据可以看出,教师对自身教学方面的建议最多,其中教学模式、教学资源、教学服务和教学效果被提及的次数最多,说明这些都是教师线上教学体验中重点关注的问题。在教学模式方面,教师们反馈应采用混合教学模式,有的教师建议"线上线下混合教学是趋势,线上教学更适合辅助线下教学";有的教师认为"根据不同课型,采取线下为主,线上为辅的混合式教学模式";有的教师表示"混合式教学应该结合线上与线下学习的优势,使教学与学习效率最大化"。由此可以看出,高校教师认为线上教学虽然无法代替线下教学,但线上教学不失为一种很好的辅助教学方式。在教学资源方面,教师主要指出线上教学资源匮乏的问题。教师没有丰富的教学资源作为备课的资源库,很多学校还十分缺乏电子教学资源,尤其是学校之间存在壁垒,没有共享教学资源的渠道。对于无法自建又无法拥有共享资源的学校,在线教学的开展更加举步维艰。在教学服务方面,部分高校没有及时举办相关培训,教师只能自行探索对相关平台和设备的使用,导致前期线上教学效果较差。

2.学生的学习问题是影响教师线上教学效果的重要因素

在学生学习方面,首先,增强学生学习的自主性被提及的次数最多,说明教师认为学生学习的自主性是影响在线学习的最重要因素。有的教师认为"直接影响线上教学效果的因素是学生的自主性";有的教师认为"调动学生的主动学习精神,这个比传统课堂更重要";有的教师认为"学生自主学习能力和自律性要好,否则效果不好保证"。其次,学生线上学习的积极性较低是困扰大部分教师开展线上教学的主要难题,没有学生参与的线上课堂缺乏生机和活力。还有部分教师特别指出学生的自律性问题。另外,部分教师注重线上教学的答疑与引导,认为这是完成教学工作不可缺少的一部分。在学生管理方面,多数教师反映线上教学中,需要加强对学生学习的监督,而实际上教师在线上教学中却难以有效监督学生的学习。最后,有教师指出设备、流量和作业都可能成为学生的学习负担,从而影响学生线上学习的效果。

3.课程的选择是线上教学建设的关键环节

高校教师对线上课程的选择提出了较多的建议。其中,"根据课程性质"选择线上教学被提及的次数较多,说明大部分教师认识到开展线上教学首先要考虑不同课程的性质,或进行线上课程的个性化定制。另外,线上教学的内容也是高校教师关注的重点问题,教师建议合理选择用于课堂教学的内容与课后供学生自主学习的内容,线上教学内容应尽量满足学生的需求,课外教学辅助内容不应该太过繁杂。最后,有部分教师建议要根据课程的特点来选择合适的教学内容,有的课程理论性较强,有的课程实践性较强,理论性强的课程可能适合线上教学,实践性强的课程可能不适合线上教学。这就需要综合考虑线上教学的优势和劣势,选择适合开展线上教学的课程。

(二)建议

新冠疫情目前并没有完全从我们的生活中消失,与疫情共存的时期高校教学需要防患于未然,提高教学的"抗疫"能力。基于以上研究结论,对高校的线上教学提出以下三个方面的建议,为线上＋线下的混合教学提供参考。

1.从"教学"本身出发开展线上教学

第一,实现"线上教学"与"线下教学"模式的优势互补。多数教师认为线上教学目前无法取代线下教学,线上和线下相结合的混合教学方式是教师们倾向的一种方式。情感互动是人与人相处时最基本的需求,因此师生之间的情感传递是提升教学效果的重要条件。在传统的线下教学情境中,教师在固定的教学场所与学生面对面授课,教师可以和学生进行实时的眼神交流和肢体语言的互动,从而实现师生之间的情感传递,而这种情感传递正是线上教学所缺乏的。随着互联网和信息技术的飞速发展,线上教学平台的功能也越来越完善,例如录播、回放、共享等功能极大地弥补了线下教学的不足之处,打破了线下教学对时间和空间的限制。在线上教学中,学生可以通过回放功能,反复学习课程难点和重点。另外,线上教学过程中,教师之间可以实时分享学习资料和学习信息,学生之间也可以进行学习共享,促进学习共同体的形成;教师可以利用线上教学的优势提升自身的教学能力,学生也可以充分利用互联网带来的便利性进行有效学习。因此,线上教学和线下教学各有优势和不足,它们不是对立关系,而是互补关系,在选择任何一种教学方式时应该避免非此即彼的二元观念,在教学实践中努力实现两者的优势互补。

第二,线上教学资源的建设应与线上教学的开展齐头并进。古人云"巧妇难为无米之炊",线上教学的开展亦是如此,如果没有给教师和学生提供相应的教学资源,即便是教学能力较强的教师也难以取得好的教学效果。疫情期间开展的线上教学是为了减轻疫情对教育的影响而采取的一种临时性教学计划,彼时线上教学资源的不足给教师的线上教学带来极大的困难,学生和教师没有统一配套的电子教学资源导致线上教学陷入混乱的状态。疫情期间的线上教学尝试让我们认识到线上教学资源的建设要和线上教学的开展齐头并进,不能滞后于线上教学的开展,否则线上教学就成了"无米之炊"。因此,高校在准备开展线上教学时,要建设好与课程配套的电子教学资源,为教师和学生精选优质的课内和课外教学资源,并完善网络教学资源的共享通道,促进教师之间的资源共享。

第三,保障线上教学的相应设施和服务。除教师的教学能力外,相应的设施条件和服务水平也会影响线上教学的效果。疫情初期开展的线上教学,事先准备仓促,高校没有提前给教师进行相关的技能培训,绝大部分教师只能在不断试错和盲目探索中开启线上教学,导致线上教学的效果不尽如人意,因此,多数高校教师要求进行教育教学技能培训。其次,保障线上教学的空间环境建设与教学平台的功能及稳定性也至关重要,良好的教学空间环境包括稳定的网络环境以及教学所需的硬件设备等,这些是教师线上教学的有力保障,而这些保障不能仅由教师个人独立承担,学校应该给予这方面的支持。在开展线上教学之前,学校应该对各种教学平台进行功能及稳定性测试,选出最优的教学平台供教师参考。此外,学校应该完善相关的支持与鼓励政策并给予教师更多的教学自主权来充分调动教师线上教学的积极性,使教师主动参与到线上教学的建设中。教师的教学积极性是推动高校教学改革和创新的重要力量,因此高校应该保障线上教学相关的设施和服务,推动高校线上教学及线上和线下混合教学的发展。

2.加强培养学生的自主学习能力

学生的在线学习状态决定了学生的学习效率和学习质量,尤其是在疫情期间,学生的在线学习环境没有保障,这使学生充分认识到学习自律和学习态度的重要性。[①] 线上教学需要学生具有较强的自我管理、自我监控、自我评价等方面的能力,但是学生之间在学习能力、态度、动机、个性特征、学习习惯等方面存在一定的差异性,因此并不是所有学生都能积极自觉地参与线上教学。这就要求高校教师在日常的教学过程中,将培养学生的自主学习能力作为重

---

① 贾文军,郭玉婷,赵泽宁.大学生在线学习体验的聚类分析研究[J].中国高教研究,2020(4):23-27.

要的目标,精心准备数字化的教学内容,同时通过师生的有效互动来完成既定的教学目标。另外,线上教学需要学生具备较强的主动学习能力,因此,教师在进行线上教学之前要考虑到学生个体的差异性,精心设计教学内容,让学生的被动学习转变为主动学习,激发学生学习的主动性。

3.选取合适的课程,实事求是地开展线上教学

线上教学借助互联网和信息技术的优势,打破了时间和空间对传统教学的限制,这是其最大的优势,但对于有些课程而言,这个优势反而变成劣势。正如不少教师在建议中所言,医学类、理工类和艺术类课程不适合开展线上教学,理工科的许多课程需要教师和学生在实验室进行授课,在授课过程中需要学生动手操作,艺术类的课程需要声乐设备和合适的教学空间,而目前的线上教学无法解决这些问题,因此这些实践性很强的课程不适合用线上教学的方式进行。对于文科类等理论性较强的课程,完全可以采用线上教学的方式,不会对教师的教学计划和学生的学习计划产生太大的影响。但疫情期间很多高校为了积极响应教育部"停课不停教、停课不停学"的号召,在选取线上课程方面出现了"一刀切"的现象,忽视课程性质和课程特点,硬性要求一些不适合线上教学的课程也开展线上教学,结果适得其反。因此,高校应摒弃"一刀切"的做法,根据课程的性质和特点,实事求是地开展线上教学。

高校线上教学将何去何从？ *

——基于师生视域下的线上教学改进方略

教育的发展与科学技术的发展密切相关,在线教学并非从天而降,而是伴随计算机和互联网应运而生的产物。20世纪90年代,多媒体个人计算机的出现使得大学生可以通过视频、音频和动画进行学习,国外的很多高校开始提供在线课程,从此,因特网真正变成了一种教育媒介。21世纪初,智能手机和平板电脑等移动设备的出现改变了教师的教学方式,也改变了大学生的学习方式。在线教学又被称为"在线学习",是利用网络技术工具,借助远程网络平台对学习者进行知识的传授,这种教学方式可不受时空限制。在线教学模式的开发和使用已有20年历史,而新冠疫情的暴发,让它成为"救星",拯救师生于"水火之中"。据统计,在疫情期间,我国高等教育领域有1454所高校开展线上教学,103万教师在线讲授107万门课,合计1226万次课程,参加在线学习的学生数达到1775万人,合计23亿人次。① 这场空前规模的线上教学,也为研究者研究高校线上教学的改进和优化提供了难得的机遇。目前有很多研究者分别从教师和学生的角度研究在线教学的发展方向,而本研究拟变换研究视角,利用全国344所高校关于线上教学情况调查的文本数据(即1874条教师线上改进建议和31717条学生线上教学改进建议),将教师和学生的改进

---

* 本篇与李广平、贾文军合作,原载《高等理科教育》2021年第6期。

① 迷途edu.教育部:再也不可能、也不应该退回到疫情发生之前的教与学状态[EB/OL].(2020-05-14)[2020-08-05].https://baijiahao.baidu.com/s?id=1666668608391938972&wfr=spider&for=pc.

建议进行对比分析,旨在透过文本数据全面揭示师生关于线上教学的态度和期望,呈现教学主体间关于线上教学改进建议的共性和个性,积极探析结构化数据所不能反映出的问题,并给出具有针对性的建议。

一、文献综述

史无前例的大规模线上教学吸引了众多研究者展开研究,并取得了丰硕的研究成果。以下分别从教师层面和学生层面梳理与本研究相关的主要研究文献。

从教师线上教学反观线上教学问题发现,教师自身存在着很多问题,教师期待自身、学生与设备网络等能够做出改进,从而确保线上教学得以顺利开展。在线上教学教师信息化能力不足方面,王冬冬等在全国范围内进行教师在线教学能力调研时发现,教师在师生互动、设备操作和教学组织3个方面有诸多焦虑情绪。[①] 付卫东和周洪宇认为疫情期间教师面对在线教学时存在对信息技术水平和应变能力的"力不从心"之感。[②] 吴薇等利用多元线性回归分析进行高校教师在线教学满意度区域与院校差异研究时,总结教师在线教学满意度影响因素包括教师自身因素,比如对平台设备、课堂组织、有效备课等的熟练程度。[③] 在对线上教学认识不到位方面,谢幼如等通过案例调查认为,有部分教师只是将线下的课程搬到线上讲授而已,所谓的在线教学只是教学活动和互联网技术的简单加法。[④] 乐传永和许日华根据北京大学在线教学质量报告得出,教师线上课程教学方式与线下课程讲授基本相似,教师需要根据线

① 王冬冬,王怀波,张伟,等."停课不停学"时期的在线教学研究:基于全国范围内的33240份网络问卷调研[J].现代教育技术,2020,30(3):12-18.
② 付卫东,周洪宇.新冠肺炎疫情给我国在线教育带来的挑战及应对策略[J].河北师范大学学报(教育科学版),2020,22(2):14-18.
③ 吴薇,姚蕊,谢作栩.高校教师在线教学满意度的区域与院校差异研究[J].开放教育研究,2020,26(3):71-79.
④ 谢幼如,邱艺,黄瑜玲,王芹磊.疫情防控期间"停课不停学"在线教学方式的特征、问题与创新[J].电化教育研究,2020,41(3):20-28.

上教学特点重新建构课堂体系,在天津大学在线教学质量报告中发现教师同样存在移植线下教学的现象,教师未能体会线上教学与线下教学的区别。^① 关于线上教学改进方面,郭瀛霞等在研究不同区域教师教学差异问题时总结得出,从教师的视角审视教学中存在的困难,东部教师认为是学生自身的能力问题,而中西部更倾向于是教育设备支持的问题。^② 郑宏等通过调查后疫情时代高校教师在线教学态度指出,教师对"学生"改进意见均值最高,其次为"教师"和"网络"。^③

线上教学不仅在教师方面存在问题,在学生方面也存在着亟待解决的问题。在学生线上学习体验方面,贾文军等在对学生的在线教学评论进行聚类分析后得出,学生认为首先学习的硬件设备不够完善,这在一些偏远地区或经济落后地区尤为严重;其次是学校的支持度也存在差异;再次是上课时由于教师使用的教学平台过多,直播课程忘关麦或是卡顿等现象频出;最后是在家学习环境诱惑颇多,影响学生的学习状态。^④ 陈武元和贾文军通过调查更深入地研究了影响学生学习体验的因素,将学生个体特征和体验相关的变量进行逐步回归分析得出,影响学习体验效果的因素从强到弱排列依次是"使用网上各种学习工具""课堂直播效果""网络提交作业"和"教师反馈作业"。^⑤ 在学生学习自律性方面,张建卫等基于案例研究发现,部分同学表示在线教学相比在校教学,主动性会有所降低。^⑥ 刘燚和张辉蓉在调查大学生线上学习适应性时总结道,接近一半的学生反映在线上教学过程中会做与学习无关的事情,

---

① 乐传永,许日华.高校在线教学的成效、问题与深化[J].教育发展研究,2020,40(11):18-24.

② 郭瀛霞,李广平,陈武元.我国高校大规模线上教学的区域差异:基于疫情期间师生调查问卷的实证研究[J].教育发展研究,2020(11):37-48.

③ 郑宏,谢作栩,王婧.后疫情时代高校教师在线教学态度的调查研究[J].华东师范大学学报(教育科学版),2020,38(7):54-64.

④ 贾文军,郭玉婷,赵泽宁.大学生在线学习体验的聚类分析研究[J].中国高教研究,2020(4):23-27.

⑤ 陈武元,贾文军.大学生在线学习体验的影响因素探究[J].华东师范大学学报(教育科学版),2020(7):42-53.

⑥ 张建卫,周愉凡,宣星宇,等.疫情防控期高校在线教学与学生发展:基于B大学的案例研究[J].中国高教研究,2020(6):64-71.

小部分学生表示在家从不或很少主动学习。① 邬大光和沈忠华基于 6 所本科高校展开实证调查发现,超过五分之一的学生表示自己自制力差。② 在平台设备使用方面,胡小平和谢作栩结合全国 57 所高校在线教学质量报告分析得出,高校学生均反映大规模线上教学活动造成网络拥堵、服务器崩溃、加载慢等问题,一半以上的学生认为使用平台太多对学习造成了困扰。③

从以上文献梳理中可以发现,目前,研究者以调查问卷中的结构性数据为主流研究范式,而利用调查问卷中的一些非结构性数据即文本数据进行研究比较少见;而且大多数的研究或是基于教师视角或是基于学生视角来分析线上教学问题,基于师生视角的研究比较鲜见,无法全面且有深度地呈现师生关于线上教学的改进意见。为此,本文拟利用非结构性数据即文本数据,采用文本编码法将师生观点进行对比,深入挖掘教师和学生提出的线上教学改进建议,力图为线上教学提供更为精准的改进对策和建议。

二、研究方法与研究思路

(一)数据来源

本研究的样本数据主要来自厦门大学教师发展研究中心在疫情期间开展的全国高校线上教学情况调查的最后一道开放题"您对线上教学的建议"的文本数据,该文本数据经整理共获得 1874 条教师有效建议和 31717 条学生有效建议。基于前期工作基础,样本数据已经按照教师和学生两个类别进行整理归纳,并利用 NVivo 12 plus 软件将教师和学生有效建议分别进行编码,使教师与学生的线上教学改进建议更加条理化、清晰化和可视化。

① 刘燚,张辉蓉.高校线上教学调查研究[J].重庆高教研究,2020,8(5):66-78.
② 邬大光,沈忠华.我国高校开展在线教学的理性思考:基于 6 所本科高校的实证调查[J].教育科学,2020,36(2):1-8.
③ 胡小平,谢作栩.疫情下高校在线教学的优势与挑战探析[J].中国高教研究,2020(4):18-22,58.

(二)研究思路

根据 NVivo 的词频分析对文本内容进行整理归纳,将高词频确定为编码主题,最后形成了有关师生对线上教学改进建议的编码分析。本文主要利用两次编码结果,将学生建议和教师建议进行对比研究,揭示不同主体间关于线上教学改进方略的同一性、差异性和独特性。同一性代表了师生对某类问题的共同意见,说明这类问题为双方共有,必须引起重视;差异性代表了师生对某类问题的不同意见,是为对方没有察觉的问题进行补充说明,期待对方做出改进;独特性代表了师生基于特有的主体视角而提出的具有个性化的线上教学改进建议。为了便于比较分析,本文将一级节点进行归纳概括,对于教师主体而言,将教学方面和课程方面定义为教师教学,将学生方面定义为学生学习,将平台及设备支持方面定义为平台与设备;对于学生主体而言,将教学模式、教学效果、课堂互动和教学内容定义为教师教学,将自主学习和学习负担定义为学生学习,将平台支持与网络建设定义为平台与设备,将负面作用定义为负面影响,具体研究思路如图 1 所示。

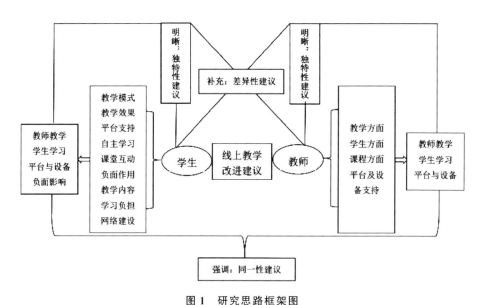

图 1　研究思路框架图

三、文本数据分析

(一)关于师生线上教学改进建议的整体情况

对比教师和学生线上教学改进建议的整体分类情况,在教师的线上教学改进建议中,教师教学改进建议最为重要,占 55.65%;其次是学生学习建议,占 24.46%;最后是平台与设备建议,占 19.89%。在学生的线上教学改进建议中,教师教学改进建议与教师线上教学改进建议一致,同样最为重要,占 53.09%;其次是平台与设备建议,占 21.09%;再次是负面影响,占 17.30%;最后是学生学习建议,占 8.52%。

(二)关于师生线上教学改进建议的局部分析

表 1 和表 2 呈现了教师和学生线上教学改进建议的编码结果。通过对比可以发现,师生的线上教学改进建议存在相同和不同之处,更有基于主体切身感受而提出的独特性建议。因此,本文从同一性、差异性和独特性三个角度揭示师生线上教学改进建议的共性与个性,有助于全面了解师生线上教学面临的主要问题和期待改进的具体方面。

表 1　教师对线上教学改进建议的编码分析

名称	一级节点	二级节点	参考点	三级节点
教师教学	教学方面	教学模式	86	采用混合教学模式
			20	教学方法改革
		教学资源	43	教学资源建设
			17	共享教学资源
			11	精选教学资源
		教学服务	34	技能培训
		教学效果	36	教学质量
			25	教学互动

续表

名称	一级节点	二级节点	参考点	三级节点
教师教学	教学方面	教学内容	37	
		教学评价	21	完善教学评价方式
			15	变革教学评价方式
		教学观念	15	
		教学自主权	13	
	课程方面	选择合适的线上课程	114	根据课程性质
			13	根据课程内容
			12	根据课程特点
学生学习	学生方面	学生学习	82	增强学习自主性
			35	提升学习积极性
			28	增强学习自律性
			11	加强引导与答疑
		学生管理	30	加强监督管理
			24	难以监督学生学习
		学生负担	8	设备与流量负担
			7	作业负担
平台与设备	平台与设备支持方面	平台建设	35	优化平台
			15	建设平台
			11	稳定平台
			7	平台太多
		设备支持	87	加大网络支持
			20	加大硬件支持
			8	加大设备投入

表 2　学生对线上教学改进建议的编码分析

名称	一级节点	二级节点	参考点	三级节点
教师教学	教学模式	课前	613	教学资源
			276	签到问题
			66	课程安排
			55	备课问题
		课中	720	教师授课态度
			455	授课模式
			128	课堂纪律管理
			78	课堂测验
		课后	1160	作业量
			370	成绩
			164	反馈
	教学效果	老师	1093	教师设备不佳
			855	视频质量不高
			548	上课时间延迟
		学生	1530	学习效果差
			192	授课进度过快跟不上
	教学内容	知识	99	讲解不到位
			33	枯燥乏味
		课程	256	课程需要精选
	课堂互动	师生互动	634	
		参与度	75	
		生生互动	73	
学生学习	自主学习	自律性	759	
		学习	430	
		缺乏时间	54	
	学习负担	流量不够	239	
		家里无网	39	

续表

名称	一级节点	二级节点	参考点	三级节点
平台与设备	网络建设	网速稳定	642	
		网速问题	486	
	平台支持	硬件	17	改进硬件
		数量	572	减少平台数
			13	增加平台数
		稳定性	1245	
		完善功能	122	回放功能
			49	提醒功能
			16	记录功能
			16	智能功能
			11	交流功能
		优化平台	369	
		完善系统	121	
		优化服务器	84	
负面影响	负面作用	眼睛	624	视力损伤
		沟通效果	1681	不如线下
			493	交流不畅
			288	手机崩溃

1.众口一词:师生线上教学改进建议的同一性

同一性建议反映了师生线上教学面临的共同问题,解决这类问题对促进线上教学具有重要意义。从教师教学层面来看,师生关注的共同点主要集中在课程选择、教学资源、教学互动和教学评价 4 个方面。对于课程选择而言,教师和学生都意识到应该有针对性地选择适合线上教学的课程,比如可以根据课程性质、课程内容和课程特点等决定教学模式;对于教学资源而言,教师和学生普遍认为应该加强教学资源建设,实现教学资源的整合、共享和免费,应该配备与课程内容相符的、成套的电子资源,其中学生对非电子教学资源的诉求也比较强烈;对于教学互动而言,教师和学生都认为需要强化线上教学互动意识,教师需要学会引导学生,学生需要提高课堂讨论参与度,采用视频线上教学的师生更应该注重眼神的互动交流；对于教学评价而言，由于线上教学不同于传统教学，所以教师和学生认为应该建立适用于线上教学的评价体系，能够对学生学习效果做出准确评价。

从学生学习层面来看，教师和学生一致认为学生的自主学习能力和自律性有待提高。线上学习的最大特点就是师生分离，教师没有办法像传统教学那样亲自监督学生学习和掌握学生学习情况。为此，师生都希望学生的自学能力要有所增强，形成更强的自律性、自主性和积极性；学生希望教师能给予更多的自主学习安排时间，教师期望学生能够抵制周围诱惑、专心认真学习。值得一提的是，教师和学生都认为线上教学加重了学生的学习负担，一是作业量大，二是一些地区偏远、家庭条件困难的学生将会面临网络不通、设备不足等问题，其中流量不够已经成为影响学生线上学习的重要因素。

从平台与设备层面来看，加强平台建设、升级网络技术、增强设备支持等成为师生进行线上教学的硬件需求。首先，关于平台建设方面，优化平台、增强稳定性、完善功能和减少数量成为师生的主要诉求。其次，关于网络技术方面，网速存在不稳定、不流畅、速率低等问题，希望能够进一步加大网络技术支持力度，提高网速，改善网络教学环境。最后，关于设备支持方面，希望能够加大教学终端设备投入力度，使线上教学活动更加便捷。

2.查缺补漏：师生线上教学改进建议的差异性

差异性建议反映了师生对待线上教学问题的不同看法，对这类问题进行阐释说明有利于使师生更加了解对方需求和期望，共同努力改进线上教学。从教学层面来看，对于教学模式而言，学生希望教师课前能够认真备课，加大精力投入，不要过度依赖视频等已有资源，要合理安排课程，课程过多不利于理解和掌握知识内容，教师还应该对签到问题加以重视，比如延长签到时间、不将签到与成绩挂钩（因为有时网络卡顿无法签到）、提醒签到等。此外，加强课堂纪律管理、改变授课态度、减少测验、提供及时反馈等也是学生希望教师改进的方面。对于教学效果而言，学生认为教师存在教学视频质量不高、上课时间延迟、教学设备不佳、讲课速度过快等问题，导致学生的学习效果没有得到保障。

相比于学生,教师在线上教学改进意见中,除了上述同一性建议提到的希望学生加强自主学习能力外,并没有对学生做出其他改进要求。面对学生提到的上述建议,教师在线上教学改进建议中并没有提及,因此,教师应该注重这一部分意见,并做出改进,才能更好地完善线上教学,提高教学质量,促进学生成长。

3.各有千秋:师生线上教学改进建议的独特性

由于教师是教的主体,学生是学的主体,所以在线上教学过程中除了同一性建议和差异性建议外,还有基于主体本身教学感受而提出的具有独特性的建议。就教师而言,从教师教学层面来看,首先,教师提出要将线上教学质量放在首位,但在情感分析中发现,教师对线上教学质量还有一定忧虑情绪,持有负向情感比例偏大。其次,教师希望学校能够提供线上教学技术指导与培训,增强教师线上教学自主权。最后,教师认为自身应该为适应线上教学而改进教学方法、教学观念,根据学科性质灵活设计教学方式。从学生学习层面来看,教师认为自身应该加强对学生的监督管理、引导和答疑,但由于线上教学难以实现亲自监督,这让教师对学生管理持有负向的态度,可见,线上学生管理对教师具有一定挑战性。就学生而言,从负面作用层面来看,部分学生认为线上教学不如线下,线上交流不够顺畅,长期观看屏幕导致视力损伤,使用太多平台软件对手机性能造成了影响。通过对师生线上教学改进独特性建议的分析,有利于呈现师生关于线上教学的态度和感受,明晰师生面临的困难与需求,提供具有针对性的帮助。

四、结论与讨论

教师和学生是线上教学的主要参与者和体验者,他们是推进线上教学的重要因素。本研究从师生对比视角揭示了师生关于线上教学改进建议的同一性、差异性和独特性,在对文本进行分析时还发现,教学主体对学校和有关部门的努力也做出了期待,为此我们需要认识到学校和相关部门对线上教学的支持也是推进线上教学的有力保障。因此,本文主要从教师、学生、学校和相关部门等视角出发,讨论未来线上教学应该做出哪些改进,以满足教学主体对线上教学的需求。

(一)"传道授业"需变法,"答疑解惑"是良方

1.改变教学观念,做好线上教学设计

经历为期数月的线上教学之后,高校教师们对自身的教学过程进行了一定反思。从教师建议文本编码分析中可以看到,教师主要反思了其教学观念和教学方法这两个方面。常言道"观念指导人的行动",不同的观念必然促使人们做出不一样的行动。教师对线上教学持有的不同观念,一定程度上影响着其线上教学的态度和方式。部分教师由于受时代和环境的影响,习惯于传统教学方式,不易接受线上教学,甚至抵触线上教学。因此,在高校统一开展线上教学时,这些教师便显得比较被动,失去对教学原有的积极性,容易"消极"备课和授课,在授课中只是机械地完成教学任务,而绝大部分时间让学生自学,而这也是在学生建议文本中反映教师教学效果和教学模式不佳等问题的原因。相反,那些接纳线上教学的教师更愿意主动探索线上教学,对他们而言,线上教学是一次新的教学尝试,可以积累不同的教学经验,以应对未来的挑战和变化。因此,这部分教师在开展线上教学的过程中会比较主动,他们会在课前做好教学设计,并且在课后听取学生的建议,积极调整自身的教学方法,改善线上教学效果,从而获得意想不到的收获。与前者相比,对线上教学持积极态度的教师往往能取得更好的教学效果。因此,教师需要适时改变自身的教学观念,及时调整授课方法,创新与线上教学相配套的考核评价方法,保持良好的授课态度,提高对线上教学的积极性。

2.精选教学内容,增加教学互动

从教师和学生建议编码分析中可以看到,教师与学生的线上教学改进建议聚焦于教学内容和师生互动这两个方面。在教学内容方面,教师和学生都意识到应该有针对性地选择适合线上教学的内容,在互动方面,教师和学生认为线上教学缺乏师生互动,学生课堂参与感较差。因此,教师在课前要精心挑

选合适的线上教学内容,例如在选择教学视频时,教师可以先在班级群内调查学生的学习特点和需求,然后结合学生的能力特点和需求选择与课程内容相关的教学视频。教师也要注意把控课堂时间和进度,不能选择过长的教学视频。教学互动是影响课堂效果的另一重要因素,良好的教学互动能促进学生对课堂内容的理解。在线上教学过程中,教师把课堂的大部分时间都用于知识讲授,没有与学生进行实时的互动,导致很多线上课堂逐渐变成教师一个人在台上表演的"独角戏"。因此,教师在线上教学中,应该采取不同的互动形式,增加与学生的互动环节,例如可以在课上进行答疑讨论、小组互评、小组辩论等活动,让学生积极参与线上课堂,增强学生在线上教学中的获得感和参与感。

(二)"勤思律己",方可乘风破浪

1.主动学习,积极思考,做好课前准备

当学生建议教师应该在线上教学前做好充足的准备时,他们同时也反思了自己在线上教学中的学习状态,从学生建议文本编码中可见,学生主要对自己的自主学习能力进行了反思,而增强自主学习能力也是教师期望学生做出努力的方面。自主学习和传统的接受学习相对应,它是指学生积极主动地去分析问题、探索知识,发挥动手实践能力,进行知识的再创造。与传统教学相比,在线上教学中,脱离了来自教师的有效监督和同伴的隐性压力,学生就如同断了线的风筝,失去了牵引的同时也失去了方向,如果学生自己不能学会"乘风而上",那么就会一无所获。线上教学要取得良好的效果,不能只靠教师一人的努力,学生作为线上教学的主体,同样肩负着重大的责任。因此,在线上教学中,学生需要改变自己的学习方式,从传统被动式的接受学习逐渐转变为主动式的自主学习,激发自己学习的内驱力,在探索中学会思考,在思考中学会质疑,配合教师完成课前课后的学习任务,这样不仅能促进自己对课堂知识的吸收和理解,而且也能保证线上教学的有效性。值得注意的是,"有效的自主学习还需要学习者定期进行自我评价,即意味着学生要进行自我导向与控制,自我审视与诊断,自我促进与激励",学生可以借助量表、测验和概念图

等工具实现有效的自我评价。①

2.提升自律和自控能力,学会对自己的学业负责

从对学生自主性建议文本编码进行分析可以发现,"自律性"的参考节点最多,说明"自律"的确是学生在线上教学中需要形成的一个重要学习品质。值得一提的是,当进一步分析学生提出"自律性"建议内容时,发现学生主要是从两个方面期望形成学习自律行为,一是寄希望于外界的帮助,希望教师和学校能加大对他们线上学习的监督力度,例如制定相应的奖惩制度来强迫学生自律。二是寄希望于自己,希望自己在日常的学习中逐渐提升自律和自控能力,例如通过一些学习软件来帮助自己提升自律性和自控力。但作为学生应该清晰地认识到,通过外界的强制性压力,只能保证自己在短时间内实现自律,一旦失去外界的压力作用,可能会立马回归懒散消极的学习状态,所以学生在线上学习中缺乏教师的监督后,学习积极性容易降低,学习效果也不尽如人意。因此,"打铁还需自身硬",学生只有从自身出发,提升自己的自律性和自控能力,才能真正摆脱外界环境变化给自身学习带来的影响,而这也是一名大学生对自己学业负责的表现。

(三)以提升质量为本,以"科技"助力发展

1.提升教学质量依然是线上教学的核心目的

高校在积极响应教育部"停课不停教、停课不停学"的号召之下,经过短时间的准备之后决定开展大规模的"线上教学",但此次史无前例的大规模线上教学因为准备仓促也产生了不少问题。从教师和学生的建议文本编码分析中可以看到,此次线上教学的几个突出问题均指向教学资源不足、教学模式有待完善、教学平台和设施需要优化等,而这些问题都是影响教学质量的关键因素。由于疫情的影响,高校被迫延迟开课。为了尽快追赶被耽误的教学计划,高校只能加快线上教学的节奏,原本学生一周上一次的课程,基本变成一周需

---

① 黄荣怀,汪燕,王欢欢,等.未来教育之教学新形态:弹性教学与主动学习[J].现代远程
　教育研究,2020,32(3):3-14.

要上两次甚至三次,这不仅增加了学生和教师的负担,而且影响了线上教学的质量。对于教师而言,增大了教师短时间内备课的压力,教师为了赶时间容易"草率"备课,这就导致教学内容质量低下;而对于学生而言,没有足够的时间进行课前准备和课后内容消化,加之课外作业负担较重,导致学生学习效果不理想。线上教学虽然在形式上不同于线下教学,但其追求的根本依然是教学质量。高校在督导教师教学的同时,也应该了解教师和学生的需求,合理安排课程数量和时间,唯此才有利于缓解教师的工作压力、学生的学习和用眼压力。此外,高校还需要大力推动线上教学平台和教学设备的建设,可以与政府、企业形成联动机制,共同解决师生网络、终端、工具等信息化教学条件不足的现实困难,①努力做到在教学条件方面解决师生的"后顾之忧",确保线上教学与线下教学质量同质等效。为了丰富教师教学资源和学生学习资源,高校要努力完善资源库建设,积极与校外合作,引进优质资源,提供免费的精品课程,有条件的高校还可以为学生邮寄纸质参考书,满足学生的学习需求,提高线上教学质量。值得注意的是,由于教师在监管学生方面存在诸多压力,学校在这方面也应该采取一定的帮扶举措,帮助教师制订合理有效的配套管理方案。

2.推动科技与教学的紧密结合

科技的发展使我们的生活发生了翻天覆地的变化,线上教学就是科技发展的产物。习近平总书记曾说"科技是国之利器,国家赖之以强,企业赖之以赢,人民生活赖之以好",科技与教学的结合必将促进高校教学的发展。高校线上教学在疫情期间暴露出来的一系列问题,例如线上教学平台繁多、教学网络不稳定、麦克风和摄像头等设备不足等,从侧面反映出我国高校在平时的教学管理和教学设计中没有将当下科技与教学紧密结合,对目前出现的线上教学平台不够了解,也没有对平台的功能进行学习和测试。此外,高校给予教师参与线上教学培训和学习的机会也较少,不利于教师提升信息化能力,以至于

---

① 吴砥,余丽芹,饶景阳,等.大规模长周期在线教学对师生信息素养的挑战与提升策略[J].电化教育研究,2020,41(5):12-17,26.

当新冠疫情到来时，高校只能被迫在准备不充分的情境下仓促开展线上教学。新冠疫情是一场突发性的公共卫生危机，但也为我国高校敲响了警钟，提醒高校在任何时候都要紧跟时代和科技的发展，并且让科技为教育所用，在教育领域中充分发挥科学技术的优势。学校及相关部门管理者需要意识到，科学技术与高校教学紧密结合将有利于提高教师和学生的创新能力，激发教师对教学的热情，开创高校线上教学的新局面。

后　记

　　这本专书是我与9位研究生携手合作的研究结晶,也是我近年来聚焦人才培养课题的研究成果汇总。2020年初,新冠疫情突如其来,应邬大光教授的热忱邀请,我加入了他组织的"线上教学"研究团队。在那段特殊时期,我与学生们齐心协力,撰写了多篇研究论文。与此同时,我们还围绕大学转型、教学管理、教学学术等若干与人才培养紧密相关的问题进行深入探讨,产出了一系列研究成果,并陆续发表在国内高等教育研究期刊和大学学报上。

　　高等教育从精英化迈向大众化,再发展至普及化,这是世界各国高等教育发展的普遍规律。在每个不同的发展阶段,各国高等教育系统都会面临独特的挑战,催生出新的研究课题。自1999年我国高等教育开始扩招,仅仅用了20年的时间,就实现了从精英化到大众化再到普及化的跨越式发展。在这一过程中,我国高等教育系统已经或正在面临哪些挑战与课题?本书以人才培养为主线,将人工智能、大数据等信息技术的高速发展作为时代背景,从大学转型、教师教学、学生学习、课程设置、教学管理、教学评价等中观和微观的多个角度展开研究,希望能够回应我国社会在高等教育普及化背景下,对高校如何保障并提升人才培养质量的普遍关切。

　　本书收录的各篇章创作于2020—2024年期间。为完整保留当时的研究思路与成果,此次结集成册时,我们既未对内容进行修改,也未更新相关数据。在书稿整理的过程中,我曾指导过的硕士李广平(现为厦门大学教育研究院博士生)不辞辛劳,认真细致地对书稿进行了文字校对和体例统一工作。在此,我向她致以诚挚的感谢!

全书由我负责审校并最终定稿。在本书即将付梓之际,我还有诸多感谢之情难以言表。首先要衷心感谢邬大光教授,四年前他的邀请,为我开启了人才培养研究这片崭新天地,给予我难得的机遇;还要感谢大连理工大学高等教育研究院的李枭鹰教授,他慷慨应允为本书作序,助力本书增色不少;同时,我要诚挚感谢厦门大学教育研究院,无论是直接的支持还是间接的帮助,都为本书的出版奠定了坚实基础。此外,厦门大学出版社编校人员也为本书的出版付出了大量心血。近几年,我的多部著作都由厦门大学出版社出版,与他们的合作无比愉快,他们的专业素养和敬业精神让我深感敬佩。

陈武元

2024 年 12 月 1 日于厦门大学黄宜弘楼 413 室